조영경 엮음 | 권석란·박지연 그림

지경사

○ **일러두기** 1년 365일, 1주일 단위로 분야를 나누어 수록했습니다!

- 과학·자연
- 역사
- 문학
- 동물·식물·인체
- 예술·스포츠
- 세계·문화
- 사회·생활

들어가며

　'상식'은 보통 알고 있거나 알아야 하는 '지식'을 말해요. 그리고 '교양'은 학문, 지식, 사회생활을 바탕으로 이루어지는 품위를 가리키지요. 왠지 재미 없고 머리 아플 것만 같지요?

　그런데 상식은 단순한 지식이 아니에요. 상식이 바탕이 되면 이해력도 생기고 판단력도 키울 수 있어요. 나아가 더 큰 호기심이 생기기도 하지요.

　상식의 범위는 우리가 살고 있는 현재는 물론 먼 옛날, 지구가 생겼을 때부터 시작돼요. 또 우리가 살고 있는 현실과 눈에 보이는 것은 물론 눈에 보이지 않는 세계까지 모두 포함하고 있지요. 그래서 상식은 알아야 할 분야도 많고 어렵다고 생각하지만 우리 생활과 밀접하기 때문에 이미 아는 것도 있고 재미있는 것도 많답니다.

　이 책에는 과학과 자연, 동물, 식물, 인체, 역사, 문학, 예술, 사회, 생활 등 다양한 분야에서 꼭 알아야 중심 내용을 모았어요. 하루에 한 가지씩 1주일 단위로 구성했지요. 이미 한두 번쯤 들어 본 이야기도 있고, 궁금했거나 전혀 모르고 있던 재미난 내용일 수도 있어요.

　이 책을 통해 아는 것은 더 확실히 다지고, 몰랐던 것은 새로 익혀 지식이 풍부한 어린이가 되기 바랍니다.

엮은이 조영경

차례

과학·자연 | 위대한 발견

- 001일 아르키메데스의 원리 · 14
- 002일 만유인력의 법칙 · 15
- 003일 DNA의 발견 · 16
- 004일 상대성 이론 · 17
- 005일 지동설 · 18
- 006일 뢴트겐 사진 · 19
- 007일 피타고라스의 정리 · 20

역사 | 인류사 중대 사건

- 008일 불의 발견 · 21
- 009일 농업 혁명 · 22
- 010일 아테네 민주 정치 · 23
- 011일 르네상스 · 24
- 012일 기독교 탄압 · 25
- 013일 로마 제국의 몰락 · 26
- 014일 노예 해방 · 27

문학 | 세계 어린이가 읽는 명작

- 015일 <안데르센 동화> · 28
- 016일 <그림 형제 동화> · 29
- 017일 <이솝 우화> · 30
- 018일 <빨간 머리 앤> · 31
- 019일 <안네의 일기> · 32
- 020일 <허클베리 핀의 모험> · 33
- 021일 <파브르 곤충기> · 34

동물·식물·인체 | 생리 현상

- 022일 똥 · 35
- 023일 오줌 · 36
- 024일 방귀 · 37
- 025일 재채기 · 38
- 026일 하품 · 39
- 027일 딸꾹질 · 40
- 028일 트림 · 41

예술·스포츠 | 대표 화가

- 029일 레오나르도 다 빈치 · 42
- 030일 미켈란젤로 · 43
- 031일 모네 · 44
- 032일 세잔 · 45
- 033일 반 고흐 · 46
- 034일 피카소 · 47
- 035일 로댕 · 48

세계·문화 명언

- 036일 주사위는 던져졌다 · 49
- 037일 인생은 짧고 예술은 길다 · 50
- 038일 소년들이여, 야망을 가져라 · 51
- 039일 카르페 디엠 · 52
- 040일 건강한 신체에… · 53
- 041일 배부른 돼지보다… · 54
- 042일 검은 고양이든 흰 고양이든… · 55

사회·생활 분야별 권위 있는 상

- 043일 노벨상 · 56
- 044일 퓰리처상 · 57
- 045일 필즈상 · 58
- 046일 아카데미상 · 59
- 047일 그래미상 · 60
- 048일 토니상 · 61
- 049일 아스트리드 린드그렌상·칼데콧상 · 62

과학·자연 대표 과학자

- 050일 갈릴레이 · 63
- 051일 뉴턴 · 64
- 052일 아인슈타인 · 65
- 053일 다윈 · 66
- 054일 프랭클린 · 67
- 055일 에디슨 · 68
- 056일 마리 퀴리 · 69

역사 인류 문명

- 057일 이집트 문명 · 70
- 058일 메소포타미아 문명 · 71
- 059일 인더스 문명 · 72
- 060일 황허 문명 · 73
- 061일 그리스 문명 · 74
- 062일 잉카 문명 · 75
- 063일 마야 문명 · 76

문학 대표 문학가 1

- 064일 셰익스피어 · 77
- 065일 톨스토이 · 78
- 066일 에드거 앨런 포 · 79
- 067일 생텍쥐페리 · 80
- 068일 마거릿 미첼 · 81
- 069일 미하엘 엔데 · 82
- 070일 조앤 K. 롤링 · 83

동물·식물·인체 무서운 질병

- 071일 페스트 · 84
- 072일 천연두 · 85
- 073일 이질 · 86
- 074일 말라리아 · 87
- 075일 결핵 · 88
- 076일 암 · 89
- 077일 바이러스·인플루엔자 · 90

예술·스포츠 | 대표 음악가

- 078일 바흐 · 91
- 079일 모차르트 · 92
- 080일 베토벤 · 93
- 081일 브람스 · 94
- 082일 차이콥스키 · 95
- 083일 말러 · 96
- 084일 스트라빈스키 · 97

세계·문화 | 말의 유래

- 085일 아킬레스건 · 98
- 086일 에티켓 · 99
- 087일 보이콧 · 100
- 088일 디데이 · 101
- 089일 악어의 눈물 · 102
- 090일 시치미 · 103
- 091일 어처구니 · 104

사회·생활 | 세계의 춤

- 092일 발레 · 105
- 093일 왈츠 · 106
- 094일 삼바 · 107
- 095일 플라멩코 · 108
- 096일 아이리시 댄스·탭댄스 · 109
- 097일 밸리 댄스 · 110
- 098일 한국 무용 · 111

과학·자연 | 편리한 발명품

- 099일 텔레비전·라디오 · 112
- 100일 컴퓨터 · 113
- 101일 전화·스마트폰 · 114
- 102일 냉장고 · 115
- 103일 세탁기 · 116
- 104일 전자레인지 · 117
- 105일 엘리베이터 · 118

역사 | 정치 지도자

- 106일 알렉산드로스 대왕 · 119
- 107일 엘리자베스 1세 · 120
- 108일 진시황제 · 121
- 109일 나폴레옹 · 122
- 110일 링컨 · 123
- 111일 처칠 · 124
- 112일 만델라 · 125

문학 | 대표 문학가 2

- 113일 호메로스 · 126
- 114일 워즈워스 · 127
- 115일 릴케 · 128
- 116일 타고르 · 129
- 117일 두보·이백 · 130
- 118일 김소월 · 131
- 119일 윤동주 · 132

동물·식물·인체 | 우리 몸

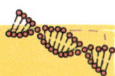

- 120일 　인체의 구조 · 133
- 121일 　소화 기관 · 134
- 122일 　호흡 기관 · 135
- 123일 　감각 기관 · 136
- 124일 　배설 기관 · 137
- 125일 　생식 기관 · 138
- 126일 　뼈·근육·신경 · 139

예술·스포츠 | 명화가 많은 미술관

- 127일 　루브르 박물관 · 140
- 128일 　바티칸 미술관 · 141
- 129일 　프라도 미술관 · 142
- 130일 　뉴욕 현대 미술관 · 143
- 131일 　오르세 미술관 · 144
- 132일 　우피치 미술관 · 145
- 133일 　에르미타슈 미술관 · 146

세계·문화 | 세계 문화유산

- 134일 　파르테논 신전 · 147
- 135일 　마추픽추 · 148
- 136일 　앙코르 와트 · 149
- 137일 　콜로세움 · 150
- 138일 　타지마할 · 151
- 139일 　창덕궁 · 152
- 140일 　자금성 · 153

사회·생활 | 사회 현상

- 141일 　나비 효과 · 154
- 142일 　풍선 효과 · 155
- 143일 　님비 현상 · 156
- 144일 　플라세보 효과 · 157
- 145일 　피그말리온 효과 · 158
- 146일 　방관자 효과 · 159
- 147일 　머피의 법칙 · 160

과학·자연 | 자연 현상

- 148일 　비 · 161
- 149일 　눈 · 162
- 150일 　구름 · 163
- 151일 　안개·이슬 · 164
- 152일 　바람 · 165
- 153일 　지진 · 166
- 154일 　화산 · 167

역사 | 희생적인 위인

- 155일 　뒤낭 · 168
- 156일 　나이팅게일 · 169
- 157일 　슈바이처 · 170
- 158일 　페스탈로치 · 171
- 159일 　마틴 루서 킹 · 172
- 160일 　간디 · 173
- 161일 　테레사 수녀 · 174

문학 **소설 속 주인공**	동물·식물·인체 **멸종·희귀 동물**
162일 로미오와 줄리엣 · 175	169일 공룡 · 182
163일 돈 키호테 · 176	170일 북극곰 · 183
164일 햄릿 · 177	171일 황제펭귄 · 184
165일 장 발장(레 미제라블) · 178	172일 푸른바다거북 · 185
166일 조(작은 아씨들) · 179	173일 바다사자 · 186
167일 주디(키다리 아저씨) · 180	174일 나무늘보 · 187
168일 에릭(오페라의 유령) · 181	175일 피라냐 · 188

예술·스포츠 **유명 건축물**	세계·문화 **종교**
176일 베르사유 궁전 · 189	183일 기독교 · 196
177일 아야 소피아 · 190	184일 가톨릭교(천주교) · 197
178일 쾰른 대성당 · 191	185일 불교 · 198
179일 상트 바실리 대성당 · 192	186일 이슬람교 · 199
180일 에펠탑 · 193	187일 힌두교 · 200
181일 자유의 여신상 · 194	188일 도교 · 201
182일 시드니 오페라 하우스 · 195	189일 유교 · 202

사회·생활 **국경일·기념일**	과학·자연 **우주·태양계**
190일 3·1절 · 203	197일 행성 · 210
191일 광복절 · 204	198일 블랙홀 · 211
192일 제헌절 · 205	199일 빅뱅 · 212
193일 개천절 · 206	200일 혜성 · 213
194일 한글날 · 207	201일 별자리 · 214
195일 어린이날 · 208	202일 일식·월식 · 215
196일 현충일 · 209	203일 우주 왕복선 · 216

역사 **앞선 탐험가**	문학 **베스트·스테디셀러**
204일 콜럼버스 · 217	**211일** <성경> · 224
205일 마르코 폴로 · 218	**212일** <논어> · 225
206일 마젤란 · 219	**213일** <나의 라임오렌지나무> · 226
207일 제임스 쿡 · 220	**214일** <그리스 로마 신화> · 227
208일 아문센 · 221	**215일** <손자병법> · 228
209일 리빙스턴 · 222	**216일** <코스모스> · 229
210일 암스트롱 · 223	**217일** <토지> · 230

동물·식물·인체 **가축**	예술·스포츠 **클래식 명곡**
218일 개 · 231	**225일** <무반주 첼로 모음곡> 바흐 · 238
219일 고양이 · 232	**226일** <운명> 베토벤 · 239
220일 닭 · 233	**227일** <환상 교향곡> 베를리오즈 · 240
221일 소 · 234	**228일** <비창> 차이콥스키 · 241
222일 돼지 · 235	**229일** <신세계로부터> 드보르자크 · 242
223일 말 · 236	**230일** <핀란디아> 시벨리우스 · 243
224일 양·염소 · 237	**231일** <피아노 협주곡 2번> 라흐마니노프 · 244

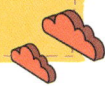

세계·문화 **대표 음식**	사회·생활 **정치 제도**
232일 김치 · 245	**239일** 대통령제 · 252
233일 스시 · 246	**240일** 의원 내각제 · 253
234일 피자 · 247	**241일** 군주제 · 254
235일 타코 · 248	**242일** 삼권 분립 · 255
236일 퐁듀 · 249	**243일** 선거 제도 · 256
237일 피시 앤 칩스 · 250	**244일** 정당 · 257
238일 커리 · 251	**245일** 시민 단체 · 258

과학·자연 여러 에너지

- 246일 빛에너지 · 259
- 247일 열에너지 · 260
- 248일 운동 에너지 · 261
- 249일 화석 에너지 · 262
- 250일 전기 에너지 · 263
- 251일 원자력 에너지 · 264
- 252일 신재생 에너지 · 265

역사 생각쟁이 철학자

- 253일 소크라테스 · 266
- 254일 플라톤 · 267
- 255일 아리스토텔레스 · 268
- 256일 데카르트 · 269
- 257일 니체 · 270
- 258일 칸트 · 271
- 259일 파스칼 · 272

문학 노벨 문학상 수상 작가

- 260일 셀마 라게를뢰프 · 273
- 261일 펄 벅 · 274
- 262일 헤세 · 275
- 263일 헤밍웨이 · 276
- 264일 카뮈 · 277
- 265일 보리스 파스테르나크 · 278
- 266일 가와바타 야스나리 · 279

동물·식물·인체 식물 불가사의

- 267일 바오밥나무 · 280
- 268일 선인장 · 281
- 269일 맹그로브 · 282
- 270일 라플레시아 · 283
- 271일 끈끈이주걱 · 284
- 272일 시계꽃 · 285
- 273일 동충하초 · 286

예술·스포츠 영화·오페라·뮤지컬

- 274일 영화의 탄생 · 287
- 275일 세계 3대 영화제 · 288
- 276일 월트 디즈니와 애니메이션 · 289
- 277일 블록버스터 · 290
- 278일 영화 감독 · 291
- 279일 오페라 · 292
- 280일 뮤지컬 · 293

세계·문화 전통 의상

- 281일 한복 · 294
- 282일 킬트 · 295
- 283일 기모노 · 296
- 284일 아오자이 · 297
- 285일 판초 · 298
- 286일 치파오 · 299
- 287일 사리 · 300

사회·생활 | 경제 용어

- 288일 M&A · 301
- 289일 거품 경제 · 302
- 290일 금융 실명제 · 303
- 291일 인플레이션 · 304
- 292일 벤치마킹 · 305
- 293일 스톡옵션 · 306
- 294일 DM 광고 · 307

과학·자연 | 지형으로 본 지구

- 295일 산 · 308
- 296일 바다 · 309
- 297일 강 · 310
- 298일 호수 · 311
- 299일 폭포 · 312
- 300일 사막 · 313
- 301일 남극·북극 · 314

역사 | 20세기 중대 사건

- 302일 인류 첫 비행 성공 · 315
- 303일 제1·2차 세계 대전 · 316
- 304일 러시아 혁명 · 317
- 305일 세계 대공황 · 318
- 306일 원자 폭탄 투하 · 319
- 307일 베를린 장벽 붕괴 · 320
- 308일 미국 9·11 테러 · 321

문학 | 한국의 고전

- 309일 <구운몽> · 322
- 310일 <홍길동전> · 323
- 311일 <심청전> · 324
- 312일 <콩쥐팥쥐전> · 325
- 313일 <흥부전> · 326
- 314일 <춘향전> · 327
- 315일 <토끼전> · 328

동물·식물·인체 | 꽃 이야기

- 316일 장미 · 329
- 317일 백합 · 330
- 318일 국화 · 331
- 319일 개나리 · 332
- 320일 카네이션 · 333
- 321일 튤립 · 334
- 322일 프리지어 · 335

예술·스포츠 | 스포츠

- 323일 스포츠 용어 · 336
- 324일 선수 유니폼 · 337
- 325일 올림픽의 역사 · 338
- 326일 올림픽 경기 종목 · 339
- 327일 고대 올림픽과 현대 올림픽 · 340
- 328일 월드컵 · 341
- 329일 올림픽 에피소드 · 342

세계의 신화 〔세계·문화〕

- **330일** 그리스 로마 신화 · 343
- **331일** 북유럽 신화 · 344
- **332일** 이집트 신화 · 345
- **333일** 켈트 신화 · 346
- **334일** 한국 신화 · 347
- **335일** 인도 신화 · 348
- **336일** 중국 신화 · 349

사회 용어 〔사회·생활〕

- **337일** 고령화 사회 · 350
- **338일** 팬데믹 · 351
- **339일** 번아웃 · 352
- **340일** 인구 공동화 현상 · 353
- **341일** 리콜 제도 · 354
- **342일** 서킷 브레이커 · 355
- **343일** 온실 효과 · 356

전쟁 〔역사〕

- **344일** 페르시아 전쟁 · 357
- **345일** 십자군 전쟁 · 358
- **346일** 백년 전쟁 · 359
- **347일** 미국 독립 전쟁 · 360
- **348일** 아편 전쟁 · 361
- **349일** 베트남 전쟁 · 362
- **350일** 한국 전쟁 · 363

곤충 불가사의 〔동물·식물·인체〕

- **351일** 십칠년매미 · 364
- **352일** 사마귀 · 365
- **353일** 송장벌레 · 366
- **354일** 톡토기 · 367
- **355일** 폭탄먼지벌레 · 368
- **356일** 체체파리 · 369
- **357일** 자벌레 · 370

세계의 불가사의 〔세계·문화〕

- **358일** 피라미드 · 371
- **359일** 만리 장성 · 372
- **360일** 스톤헨지 · 373
- **361일** 나스카 평원 지상화 · 374
- **362일** 이스터섬 모아이 · 375
- **363일** 피사의 탑 · 376
- **364일** 그랜드캐니언 · 377
- **365일** 세계사 주요 연표 · 378
- ○ 사진 출처 · 380

하루 하나씩 쌓아 올리는

지식 타워 365층

과학·자연 주간

오늘의 지식 하나
001

읽은날: 월   일

• 위대한 발견 •
아르키메데스의 원리

> 💡 '유레카'란?
>
> 고대 그리스의 수학자이자 물리학자인 아르키메데스(기원전 287?~기원전 212)는 목욕을 하다 고민하던 문제의 답을 찾았어요. 너무 기뻐서 옷도 입지 않은 채 "유레카!"라고 외치며 뛰쳐나갔대요. 유레카는 '알았다'라는 뜻이에요.

아르키메데스는 어떤 사람일까?

아르키메데스는 어릴 때부터 만드는 것을 좋아했어요. 물을 퍼 올리는 양수기와 지렛대를 이용한 투석기, 기중기 등을 만들었지요. 그리고 부력의 법칙인 '아르키메데스의 원리'를 발견했어요.

어떻게 발견했을까?

아르키메데스는 왕의 금관이 순금인지 아닌지 알아내야 했어요. 복잡한 머리를 식히려고 목욕탕에 들어간 아르키메데스는 목욕탕의 물이 넘치는 순간, 머릿속에 뭔가 번뜩 떠올랐어요. 물이 가득 찬 통에 물체를 넣었을 때 흘러넘친 물의 부피가 바로 그 물체의 부피와 같다는 것을 알아낸 것이지요. 금관의 성분을 알아내려면 부피를 알아야 했던 아르키메데스는 금관이 순금이 아니라는 것을 밝혀냈어요.

👉 **부피** 어떤 물체나 물질이 공간을 차지하는 크기. 부피의 기본 단위로는 cm^3, m^3가 있어요. $1cm^3$는 가로, 세로, 높이의 길이가 모두 1cm인 정육면체의 부피예요. 모양이 일정하지 않은 물체는 물의 부피로 바꿔 재기도 해요.

읽은날: 월   일

오늘의 지식 하나
002

과학·자연 주간

• 위대한 발견 •
만유인력의 법칙

> 💡 **만유인력의 법칙이 뭘까?**
>
> 우리나라에서 보면 정반대 쪽에 있는 아르헨티나 사람들은 거꾸로 매달려 있을 것 같은데 어떻게 떨어지지 않고 서 있을 수 있을까요? 그 이유는 지구와 물체가 서로 끌어당기는 힘, '중력' 때문이에요. 이처럼 물체가 서로 끌어당기는 힘을 '만유인력'이라고 해요.

만유인력의 법칙은 어떻게 발견했을까?

뉴턴(1642~1727)은 영국의 물리학자이자 수학자, 천문학자예요. 케임브리지 대학에 다닐 때 흑사병이 퍼져 고향으로 돌아온 뉴턴은 책을 읽으며 지냈지요. 어느 날, 나무에서 떨어지는 사과를 보고 어떤 힘이 사과를 떨어뜨렸을까 연구하던 뉴턴은 '만유인력의 법칙'을 발견했어요.

태양계에도 있는 만유인력의 법칙

만유인력의 법칙은 지구뿐 아니라 우주에도 있어요. 태양계에는 태양을 중심으로 여덟 개의 행성(수성, 금성, 지구, 화성, 목성, 토성, 천왕성, 해왕성)이 돌고 있어요. 태양과 잡아당기는 힘이 일정해 서로 거리를 두고 움직이고 있지요. 이 또한 만유인력 때문이에요. 만약 어느 한쪽의 힘에 변화가 생긴다면 행성과 행성이 부딪히는 엄청난 사고가 일어날 거예요.

뉴턴

☞ **흑사병** 페스트균의 감염으로 일어나는 병이라서 '페스트'라고도 해요. 중세 시대 유럽에서 크게 유행하는 바람에 수많은 사람이 목숨을 잃었어요.

과학·자연 주간

오늘의 지식 하나
003

읽은 날: 월 일

• 위대한 발견 •

DNA의 발견

> 💡 **DNA가 뭘까?**
>
> DNA는 유전 물질이에요. 우리가 부모님을 닮은 것도 DNA를 물려받았기 때문이지요. 범죄 사건이 나면 국립 과학 수사 연구원에서 현장의 증거물들을 조사해 DNA 검사를 하지요. 해결하지 못했던 사건도 침이나 머리카락, 혈액, 뼈에서 찾은 DNA로 범인을 잡기도 해요.

DNA는 누가 발견했을까?

모든 생명체가 가지고 있는 염색체에는 DNA라는 유전 물질이 있어요. 이중나선 모양의 DNA를 발견한 사람은 제임스 왓슨과 프랜시스 크릭이에요. DNA의 발견으로 유전학이 빠르게 발전할 수 있었지요. 그 공로를 인정받은 왓슨과 크릭은 1962년 모리스 윌킨스와 공동으로 노벨 생리 의학상을 받았어요.

비밀이 많은 DNA

DNA를 연구해 유전이나 범죄 수사 분야뿐 아니라 식량 개선과 멸종 위기 동물을 보호하기도 해요. 우수한 농작물을 교배해 새로운 품종을 만들기도 하지요. 생명공학 기술로 유전자를 변형시킨 생물을 유전자 변형 생물(GMO)이라고 해요. GMO 식품은 안정성 논란도 있지만 기아 문제를 해결할 수 있는 방법 중 하나예요.

👉 **인간 염색체** 인간은 유전자의 집합체인 23쌍의 염색체를 가지고 있어요. 22개는 똑같고 마지막 23번째 염색체가 남자는 XY, 여자는 XX인데, 이 23번째 염색체로 남녀의 성별이 정해져요.

읽은날: 월 일

오늘의 지식 하나
004

과학·자연 주간

• 위대한 발견 •

상대성 이론

상대성 이론이 뭘까?

1905년, 아인슈타인이 시간과 공간은 관찰하는 사람에 따라 달라진다는 이론을 발표하면서 이전까지의 시간과 공간의 개념이 달라졌어요. 특수 상대성 이론과 일반 상대성 이론을 통틀어 '상대성 이론'이라고 해요.

아인슈타인

상대성 이론이 가져온 변화

아인슈타인은 상대성 이론에 의해 질량이 에너지로 바뀌면 엄청난 에너지가 나온다는 것을 발견했어요. 그런데 제2차 세계 대전 때, 독일에서 상대성 이론을 바탕으로 원자 폭탄을 연구한다는 소문이 돌았어요. 아인슈타인은 독일을 막으려고 미국의 루스벨트 대통령에게 편지를 써서 원자 폭탄을 먼저 개발하도록 했어요.

하지만 1945년 8월, 일본에 원자 폭탄이 떨어지고 말았어요. 자신 때문에 많은 사람이 희생되었다는 자책감에 시달린 아인슈타인은 이후 핵무기 폐기 등 평화를 지키는 일에 많은 노력을 했어요.

히로시마 원자 폭탄 폭발 장면

☞ **원자 폭탄** 제2차 세계 대전 때 일본이 항복을 거부하자 1945년 8월, 히로시마와 나가사키에 원자 폭탄을 떨어뜨려 수많은 사람이 죽었어요. 원자 폭탄이 인류를 위협하는 무서운 무기라는 것을 알게 되었지요.

과학·자연 주간

오늘의 지식 하나
005

읽은 날: 월 일

• 위대한 발견 •

지동설

태양이 돈다고?

지구가 태양 주위를 돈다는 것은 누구나 아는 과학 상식이에요. 그런데 이와 같은 사실 그대로 말하면 목숨이 위태롭던 때가 있었어요. 천문학이 발달하지 않은 16세기까지 사람들은 지구가 우주의 중심이고, 태양이 지구 주위를 돈다는 천동설(지구 중심설)을 믿었거든요. 당시 천동설은 교회의 교리였고, 교회의 뜻을 어기면 화형을 당할 수도 있었어요.

지동설은 누가 주장했을까?

고대 그리스의 천문학자이자 수학자인 아리스타르코스는 지구가 태양 주위를 돈다는 지동설을 주장했어요. 천동설을 믿던 당시에 지동설을 귀담아 듣는 사람은 없었어요. 그런데 1700년 후, 폴란드의 천문학자 코페르니쿠스가 아리스타르코스와 같은 생각을 했어요. 태양을 중심으로 행성의 움직임을 연구하다 지구의 자전과 공전을 알게 된 것이지요.

하지만 코페르니쿠스의 의견은 받아들여지지 않았어요. 지동설에 관해 쓴 <천체의 회전에 관하여>라는 책도 금서가 되었지요. 지동설이 인정된 것은 코페르니쿠스가 죽은 지 100년이 지나고 나서였어요.

코페르니쿠스

☞ **천동설** 아리스토텔레스와 프톨레마이오스가 천동설을 주장한 대표적인 학자예요. 지구가 우주의 중심에 있고 지구 둘레를 달과 태양, 그 외 행성들이 공전한다는 우주관으로 16세기까지 대부분의 사람들이 믿었어요.

• 위대한 발견 •

뢴트겐 사진

누가 처음 찍었을까?

독일의 물리학자 뢴트겐은 진공관(크룩스관)으로 음극선을 연구하고 있었어요. 빛이 통과하지 못하게 진공관을 검은 마분지로 쌌지만 새어 나오는 것을 보고 마분지를 뚫는 빛이 있다는 것을 알았지요. 그런데 그 빛은 금속판과 뼈는 통과하지 못했어요. 뢴트겐이 아내 손에 이 신기한 빛을 비춘 후 필름을 현상하자 손가락뼈가 나타났어요. 뢴트겐 사진이 탄생한 순간이지요. 발견 당시 '알 수 없는 선'이라는 뜻에서 엑스(X)선이라고 해요. 뢴트겐은 1901년 세계 최초로 노벨 물리학상을 받았어요.

뢴트겐선은 안전할까?

뢴트겐선을 쬐면 혈액 속의 백혈구나 적혈구가 줄어들어요. 하지만 어쩌다 한 번 짧게 쬐는 경우는 큰 영향을 받지 않아요. 뢴트겐 사진을 찍는 촬영 기사는 몸을 보호하기 위해 납으로 만든 옷을 입기도 해요.

☞ **백혈구와 적혈구** 혈액을 이루는 요소인 백혈구는 우리 몸에 들어오는 나쁜 세균에 맞설 항체를 만들어요. 적혈구 속 헤모글로빈은 몸의 각 부분으로 산소를 나르고, 혈소판은 상처 났을 때 피를 멎게 하는 지혈을 도와요.

과학·자연 주간

오늘의 지식 하나
007

읽은날: 월 일

• 위대한 발견 •

피타고라스의 정리

💡 피타고라스의 정리가 뭘까?

어느 날, 신전 바닥 타일의 넓이를 구하던 피타고라스는 '직각 삼각형의 빗변을 한 변으로 하는 정사각형의 면적은, 다른 두 변을 각각 한 변으로 하는 두 개의 정사각형의 면적의 합과 같다'는 사실을 알게 되었어요. 이 증명을 '피타고라스의 정리'라고 해요.

피타고라스의 정리는 어떻게 활용할까?

고대 이집트인들은 건축물을 세울 때 피타고라스의 정리를 적용했어요. 밧줄에 매듭을 지어 세 변의 길이가 각각 3, 4, 5인 삼각형을 만들면 피타고라스의 정리에 따라 직각 삼각형을 만들 수 있지요. 지금도 건물을 지을 때 피타고라스의 정리가 활용돼요. '트러스 구조'라고 불리는 삼각형 구조는 다리나 큰 건물 등에 활용되고 있어요.

피타고라스와 피타고라스학파

피타고라스는 고대 그리스의 철학자이자 수학자예요. 세상의 모든 것은 '수'에서 시작되었다고 생각하며 숫자마다 의미가 있다고 여겼어요. 또한 피타고라스학파는 최초로 정오각형을 그린 것으로 유명해요. 눈금 없는 자와 컴퍼스만으로 정오각형을 그린 것은 아주 대단한 일이었어요.

피타고라스와 필롤라오스

☞ **피타고라스와 숫자** 피타고라스는 숫자에 의미를 두었어요. 1은 모든 수의 원천이고 2는 의견, 3은 조화, 4는 정의, 5는 결혼, 6은 창조, 7은 행성 그리고 짝수는 남자, 홀수는 여자로 여겼다고 해요.

• 인류사 중대 사건 •

불의 발견

불을 처음 사용한 인류

오스트랄로피테쿠스는 1925년 남아프리카에서 화석으로 발견되었어요. 300만 년 전쯤에 살았으며 완전 직립 보행에 손으로 도구를 사용했다는 점에서 인류에 가깝지요.

170만~150만 년 전쯤에는 오스트랄로피테쿠스보다 더 인류에 가까운 호모 에렉투스가 나타났어요. 오스트랄로피테쿠스보다 훨씬 다양한 도구를 만들어 사용할 줄 알았고 불도 다룰 수 있었지요.

불은 어떻게 발견했을까?

호모에렉투스가 불을 다룰 줄 알면서 인류의 생활이 많이 변했어요. 불을 사용해 따뜻해지자 추위를 두려워하지 않게 돼 활동 범위나 사는 지역이 더 넓어졌지요. 불로 음식을 익혀 먹자 병이나 탈이 덜 나서 더 오래 살 수 있게 되었어요. 또한 잘 먹다 보니 몸이 튼튼해지고 두뇌가 발달했지요. 불을 다루는 방법이 발전하면서 흙으로 빚은 그릇을 구워 단단한 토기를 만들고, 금속을 녹여 무기를 만들기도 했어요.

☞ **루시** 1974년 에티오피아에서 오스트랄로피테쿠스 화석이 발견되었어요. 약 320만 년 전 것으로 추정되는 이 화석의 이름이 '루시'예요. 1992년 아르디피테쿠스가 발견되기 전까지는 루시가 최초의 인류 화석이었어요.

역사 주간

오늘의 지식 하나
009

읽은날: 월 일

• 인류사 중대 사건 •

농업 혁명

언제부터 농사를 지었을까?

먼 옛날, 인류는 먹을 것을 찾아 떠돌며 동굴에서 지냈어요. 그러다 농사가 잘되는 땅을 골라 한 곳에 머물면서 농사를 짓기 시작했어요. 이 큰 변화가 신석기 혁명 또는 농업 혁명이지요. 농사를 지으면서 움집을 짓고 살았는데 구덩이를 파서 지붕을 얹고, 집 한가운데에 화덕을 만들어 불을 사용했어요. 또한 토기를 만들어 곡식을 저장하기도 했지요.

농사와 생활

조, 수수 같은 잡곡 농사를 짓다가 청동기 시대에 쌀농사를 시작했어요. 돌괭이, 돌삽, 돌낫 등의 도구를 사용하자 수확량이 늘었고, 농사가 잘되는 땅에 사람들이 모이면서 집단과 지배자가 생겼지요. 농사는 자연의 영향을 많이 받기 때문에 자연을 숭배했어요. 태양 등에 영혼이 있다고 믿고, 그 영혼과 인간을 연결해 줄 제사장이나 주술사도 필요했어요.

• 인류사 중대 사건 •

아테네 민주 정치

💡 도시 국가가 뭘까?

고대 그리스에는 도시 국가인 폴리스가 생겨났어요. 폴리스 중 아테네가 가장 빠르게 발전했어요. 해안에 위치해 바다를 통한 무역이 발달하자 평민 중에도 장사로 돈을 많이 번 사람들이 늘어났고 이들은 점점 정치에 목소리를 높여 갔어요.

아테네의 민주 정치

재산이 많아 정치에 참여할 수 있게 된 평민과 귀족의 대립이 나타났고, 그 대립을 이용하는 사람도 나타나기 시작했지요. 그래서 여러 개혁을 통해 귀족의 세력을 약화하고 평민의 권리를 지키는 제도를 만들었어요. 그중 대표적인 것이 '도편 추방제'예요. 도편 추방제는 비밀 투표 형식의 시민 투표를 통해 참주가 되려는 야심가를 가려내 나라 밖으로 쫓아내던 제도예요. 오늘날의 민주주의는 이렇게 시작되었어요.

도편 추방제에 썼던 도자기 조각

현재와 다른 민주주의

아테네는 시민들이 직접 참여하고 결정하는 직접 민주 정치였지만 여자와 노예, 외국인은 제외되었어요. 현재는 모든 사람이 평등하게 정치에 참여할 수 있기는 해도 영토도 넓고 인구도 많아 한자리에 모여 결정할 수 없어요. 그래서 선거로 시민의 대표를 뽑아 정치를 하게 하지요.

👉 **도편 추방제** 아테네에서 나라에 나쁜 영향을 줄 위험 인물의 이름을 도자기 조각에 적어 6,000표가 넘으면 나라 밖으로 10년 동안 내쫓던 제도예요. 훗날 정치적으로 뜻이 맞지 않는 사람을 제거하는 데 쓰이기도 했어요.

역사 주간

오늘의 지식 하나
011

읽은날 :   월   일

• 인류사 중대 사건 •
르네상스

💡 르네상스가 뭘까?

르네상스(Renaissance)는 14~16세기에 일어난 문예 부흥 운동이에요. '부활', '재생'이라는 뜻이지요. 이탈리아에서 시작되었지만 독일과 프랑스 등으로 번져 유럽의 문화뿐만 아니라 정치 등의 분야에도 많은 영향을 주었어요.

신 중심에서 인간 중심으로

기독교가 큰 권력을 지니고 있던 중세 시대에는 신 중심의 예술 작품이 많았어요. 그러다 14세기 들어 영주나 교황의 간섭에서 벗어나 인간의 아름다움과 자연 과학의 원리에 관심을 갖기 시작했지요.

이전까지는 그림도 중요하게 생각하는 것을 크게 그렸지만 르네상스 시대에는 눈에 보이는 대로 그리되 원근법과 명암을 적용했어요. 건축도 사원보다 일반 건물을 주로 짓고 비례와 안정감을 중요시했지요. 피렌체 성당, 산피에트로 성당 등이 르네상스 시대의 대표적 건축물이에요.

메디치가의 로렌초

메디치 가문의 후원

이탈리아의 피렌체에서 르네상스가 크게 일어난 이유 중 하나는 메디치 가문 덕분이에요. 무역으로 많은 돈을 번 메디치 가문은 레오나르도 다 빈치, 미켈란젤로 등의 예술가들을 후원했어요. 메디치 가문에서 교황이 나와 로마 전체에 큰 영향을 미쳤어요.

☞ **레오나르도 다 빈치** 대표 작품으로 <모나 리자>, <최후의 만찬> 등이 있어요. 화가이자 건축가, 발명가로 다양한 분야에서 재능을 발휘했어요. 뛰어난 상상력과 창의력으로 낙하산, 헬리콥터 등을 설계하기도 했어요.

읽은날: 월 일

오늘의 지식 하나
012

역사 주간

• 인류사 중대 사건 •

기독교 탄압

💡 **기독교는 언제 생겨났을까?**

기독교(그리스도교)는 약 2,000년의 역사를 지닌 종교예요. 예수 그리스도에 의해 창시되었으며 불교, 이슬람교와 함께 세계 3대 종교예요. 예수는 이스라엘 베들레헴에서 태어났으며 '예수(Jesus)'라는 이름에는 '구원자'라는 의미가 있어요.

왜 기독교를 탄압했을까?

네로 황제가 로마를 다스리던 64년, 로마에 큰 불이 났어요. 백성들 사이에서는 네로가 불을 질렀다고 했지만 네로는 기독교인이 벌인 일이라며 기독교인들을 잡아다 화형시켰어요.

로마 제국은 황제 숭배를 거부하는 기독교를 탄압했어요. 하지만 그럴수록 신도들이 똘똘 뭉치자 위협을 느낀 지배자들은 성경을 불태우고 교회를 폐쇄하기도 했어요. 폭력을 싫어한 기독교인들은 로마 제국의 군국주의에 반대하며 탄압에 맞서 카타콤(비밀 지하 묘지)에서 몰래 모였어요.

네로 황제

로마의 종교가 된 기독교

313년, 콘스탄티누스는 밀라노 칙령을 공포하며 기독교 박해를 멈추기로 결정했어요. 자신이 원하는 신을 섬길 수 있는 자유와 기독교인들의 권리를 보장하게 된 것이지요. 밀라노 칙령 이후 기독교는 로마의 종교가 되었어요.

☞ **콘스탄티누스** 고대 로마의 황제. 밀라노 칙령을 발표해 신앙의 자유를 인정했고, 관료 제도와 여러 세금 제도를 정비했어요. 그리고 수도를 비잔티움으로 옮겨 '콘스탄티노플'이라고 불렀어요.

25

• 인류사 중대 사건 •

로마 제국의 몰락

💡 로마 제국의 탄생

늑대 젖을 먹고 자란 쌍둥이 형제 중 동생 로물루스가 세운 나라가 로마예요. 영토를 넓히고 무역으로 힘을 키워 이탈리아를 통일한 후 지중해까지 차지했지요. 고대 도시 국가에서 시작해 공화정과 삼두 정치를 거쳐 아우구스투스가 통일을 이루었어요.

로마 제국의 전성기

카이사르의 양아들인 옥타비아누스(아우구스투스)는 악티움 해전에서 안토니우스와 클레오파트라 연합군을 물리치고 황제가 되었어요. 이후 200년 동안 로마는 다섯 명의 현명한 황제(오현제)가 다스려 영토도 넓히고 문화도 많이 발전하며 평화로웠어요.

로마 제국의 멸망

오현제 시대 이후 황제들의 권력 다툼과 페르시아와 게르만족의 침략으로 로마는 점점 쇠퇴했어요. 콘스탄티누스는 로마를 살리기 위해 수도를 콘스탄티노플(이스탄불)로 옮기고 기독교인들의 종교도 인정해 주었지만 결국 동로마와 서로마로 나뉘었어요. 서로마 제국은 476년 게르만족에게 멸망하고, 동로마 제국은 비잔틴 제국이라는 이름으로 1453년까지 유지되다가 오스만튀르크(오스만 제국)에게 멸망했어요.

👉 **카이사르** 군인 출신의 정치가로 군대를 이끌고 로마로 향하며 병사들에게 "주사위는 던져졌다!"고 외쳤어요. 그 후 자신을 반대하는 무리를 물리치며 "왔노라! 보았노라! 이겼노라!"라고 말했지요. 하지만 브루투스에게 배신당해 "브루투스 너마저"라는 유명한 말을 남기고 숨을 거두었어요.

오늘의 지식 하나
014

읽은날: 월   일

역사 주간

• 인류사 중대 사건 •
노예 해방

남북 전쟁의 시작

영국으로부터 독립 전쟁에서 승리한 후 미국은 남부와 북부가 전쟁을 벌였어요. 남부는 면화(목화)를 재배해 노예가 필요했지만 공업이 발달한 북부는 노예가 필요 없었어요. 남부의 농장 주인들이 노예를 심하게 다루면서 폭동이 일어나 노예 제도에 반대하는 사람들이 점점 많아졌지요.

노예 제도에 반대하는 링컨이 대통령이 되자 남부의 일부 주가 연방에서 탈퇴해 새로운 나라를 세우겠다고 하면서 남북 전쟁이 시작되었어요.

남북 전쟁의 결과

1863년 1월 1일, 링컨 대통령이 노예 해방을 선언했지만 노예 제도가 완전히 사라진 것도, 전쟁이 끝난 것도 아니었어요. 그 해 7월, 게티즈버그에서 치열한 싸움이 벌어져 북부의 승리로 끝이 났지요. 그리고 1865년, 미국 의회는 노예 제도 금지법을 만들었어요.

링컨 대통령

☞ **<톰 아저씨의 오두막집>**
백인들의 학대에 시달리는 흑인 노예 톰 이야기. 이 소설의 영향으로 사람들은 노예 제도 폐지 운동에 참여하게 돼요.

문학 주간

오늘의 지식 하나
015

읽은날 :   월   일

• 세계 어린이가 읽는 명작 •
<안데르센 동화>

안데르센은 누구일까?

'동화의 아버지' 하면 안데르센(1805~1875)이 떠올라요.

덴마크에서 태어난 안데르센은 아버지가 들려주는 옛이야기를 들으며 어려서부터 글쓰기와 노래, 연기를 좋아했어요. 연기자를 꿈꾸던 안데르센은 수도 코펜하겐으로 갔지만 여러 극단에서 퇴짜를 맞았어요. 이후 '죽어가는 아이'라는 시를 발표해 좋은 평가를 받은 안데르센은 작가가 되기로 마음먹었어요.

안데르센 동화에는 어떤 것이 있을까?

1843년, 안데르센은 <미운 오리 새끼>가 수록된 동화집으로 아주 유명해졌고, 덴마크 국민 최고의 명예인 단네브로 훈장을 받기도 했어요.

<인어 공주>, <벌거벗은 임금님>, <성냥팔이 소녀>, <엄지 공주>, <빨간 구두>, <눈의 여왕> 등 안데르센이 남긴 200여 편의 동화는 여전히 사랑받고 있어요.

☞ **안데르센상** 국제아동청소년도서협의회에서 2년마다 주는 상으로 아동 문학 분야 최고의 국제적 권위를 자랑해요. 글·그림 작가 각각 한 명에게 돌아가며, 한 작품이 아니라 모든 업적을 다루고 살아 있는 작가에게만 줘요.

읽은날: 　월　　일

오늘의 지식 하나
016

문학 주간

• 세계 어린이가 읽는 명작 •

<그림 형제 동화>

그림 형제는 누구일까?

그림 형제는 독일의 동화 작가 '야코프 그림'과 '빌헬름 그림'이에요. 형제는 아버지가 일찍 세상을 떠나 어렵게 자랐어요. 대학에서 언어학과 문헌학을 공부하면서 전해 오는 이야기들을 모아 1812년 <어린이와 가정을 위한 옛이야기>를 출간했지요. 86편이 들어 있던 이 책에 이야기를 덧붙여 출판하면서 1857년에는 200편에 이르렀어요. 200여 년의 세월이 흘렀지만 여전히 전 세계 독자들의 사랑을 받고 있지요.

그림 형제 동화에는 어떤 것이 있을까?

그림 형제의 동화집이 처음 나왔을 때는 사람들이 그다지 좋아하지 않았어요. 아이들이 읽기에 알맞지 않았기 때문이지요. 그래서 여러 번 고쳐 쓴 이야기들이 오늘날 우리가 알고 있는 그림 형제 동화예요.

<백설 공주>, <라푼젤>, <빨간 모자>, <헨젤과 그레텔>, <브레멘 음악대>, <피리 부는 사나이>, <개구리 왕자> 등이 있어요.

☞ **<피리 부는 사나이>** 13세기 독일 하멜른에서 어린이가 사라진 사건을 바탕으로 한 이야기예요. 하멜른의 공문서에는 '1284년 6월 26일에 하멜른 시내에서 130명의 어린이들이 갑자기 사라졌다'는 기록이 있다고 해요.

문학 주간

오늘의 지식 하나
017

읽은날: 월 일

• 세계 어린이가 읽는 명작 •

<이솝 우화>

이솝은 누구일까?

이솝은 기원전 6세기 무렵 고대 그리스에 살았던 노예라고 전해져요. 사모스의 철학자 크산토스에게 노예로 팔려 갔는데 이야기를 잘했대요. 또한 영리해 전쟁의 위기에서 사모스를 구하기도 했어요. 덕분에 이솝은 노예 신분에서 벗어나 자유인이 되어 여러 곳을 돌아다니며 사람들에게 이야기를 들려주었다고 해요.

이솝 이야기에는 어떤 것이 있을까?

이솝이 했던 이야기들은 사람들의 입에서 입으로 전해져 왔어요. 그 이야기들을 17세기에 프랑스 시인 라 퐁텐이 정리해서 <이솝 우화>라는 책으로 출간했지요. '토끼와 거북', '여우와 두루미', '은혜 갚은 생쥐', '개와 고깃덩어리', '시골 쥐와 서울 쥐', '여우와 포도', '양치기 소년' 등이 있어요.

이솝 우화는 대개 짤막짤막한 이야기지만 재미있고 교훈적이에요. 동물을 주인공으로 내세워 인간의 어리석음을 풍자한 작품이 많아요.

☞ **우화** 우화는 인간이 아닌 동물이나 식물이 인간처럼 말하고 행동하면서 교훈을 주는 이야기예요. 주로 인간의 어리석음이나 약점을 들추어 재미와 함께 교훈을 주지요.

• 세계 어린이가 읽는 명작 •

<빨간 머리 앤>

빨간 머리 앤은 누구일까?

앤은 주근깨투성이에 머리가 빨간색인 고아 여자아이예요. 여기저기 떠돌다가 매튜와 마릴라 남매가 사는 초록 지붕 집에 입양되지요. 상상력이 풍부하고 수다스러운 앤에 비해 매튜와 마릴라 남매는 무뚝뚝하고 말이 없어요. 농장 일을 도울 남자아이를 원했던 두 사람은 전달이 잘못되는 바람에 온 앤을 고아원으로 돌려보내려다 함께 살기로 하지요.

캐나다 프린스 에드워드섬의 초록 지붕 집

<빨간 머리 앤>은 어떤 이야기일까?

앤은 이웃집 다이애나와 단짝이 돼요. 새 학기가 시작되어 학교에 간 앤은 자신의 빨간 머리를 홍당무라고 놀리는 길버트와 크게 다투기도 하지만 나중에는 친해져요.

앤이 가는 곳에는 늘 사건이 끊이지 않아요. 엉뚱한 앤을 마음에 들어 하지 않는 어른도 있지만, 앤의 진심을 알고 나면 모두 좋아하게 되지요. 책읽기와 글쓰기를 좋아하는 앤은 자신을 돌봐준 매튜와 마릴라에게 늘 고마워하며 열심히 공부해요. 그리고 앤이 홀로 남겨진 마릴라 곁을 지키며 아이들을 가르치는 선생님이 된다는 이야기예요.

☞ **몽고메리(1874~1942)** <빨간 머리 앤>을 쓴 캐나다 작가로 어려서부터 작가의 재능을 보였으며 기자로 일하기도 했어요. 소설의 배경이 된 몽고메리의 고향 프린스 에드워드섬을 찾는 관광객들이 많아요.

문학 주간

오늘의 지식 하나
019

읽은날 :   월   일

• 세계 어린이가 읽는 명작 •

<안네의 일기>

💡 안네는 누구일까?

안네 프랑크는 1929년 독일에서 태어났어요. 히틀러가 정권을 잡으면서 유대인을 학살하기 시작하자 안네의 가족은 나치를 피해 네덜란드 암스테르담으로 망명했지요. 하지만 누군가의 신고로 숨어 지내던 곳이 발각돼 수용소로 끌려가 죽고 말았어요.

안네는 왜 일기를 썼을까?

안네는 열세 살 생일 선물로 아빠에게 일기장을 선물 받았어요. 그리고 일기장에 '키티'라는 이름을 지어 주고 속마음을 털어놓았어요.

안네가 쓴 일기에는 은신처에 갇혀 지내는 답답하고 불안한 상황 속에서도 믿음과 희망을 잃지 않는 사춘기 소녀의 마음이 잘 나타나 있어요.

안네의 사진과 동상

<안네의 일기>는 어떻게 출간되었을까?

제2차 세계 대전 당시 독일군에게 붙잡혀 수용소로 끌려간 안네의 가족 중 아빠만 살아남아 안네의 일기를 책으로 냈어요. 이후 여러 나라 언어로 번역되어 많은 사람들에게 감동을 주고 있지요. <안네의 일기>는 전쟁의 참혹함과 그로 인해 희생당한 사람들의 모습을 살펴볼 수 있는 귀한 책이에요.

☞ **아우슈비츠 수용소** 제2차 세계 대전 때 폴란드에 있던 나치 강제 수용소. 유대인 대량 학살이 일어났던 곳으로 가스실과 고문실, 당시 유대인들이 가지고 있던 물건들이 보존되어 있으며 나치의 만행을 기억하기 위해 유네스코 세계 문화유산으로 지정했어요.

• 세계 어린이가 읽는 명작 •

<허클베리 핀의 모험>

허클베리 핀은 누구일까?

더글러스 부인의 양자가 된 허클베리 핀은 어느 날 주정뱅이 아버지가 찾아와 숲속에 갇히게 돼요. 간신히 도망친 허클베리 핀은 흑인 노예 '짐'을 만나요. 짐도 팔려가기 싫어서 도망친 노예였지요. 도망자가 된 허클베리 핀과 짐은 함께 뗏목을 타고 미시시피강을 따라 내려가며 여러 사람을 만나고, 사고를 당하기도 하면서 우정을 쌓아요. 그리고 짐이 팔려가게 되자 허클베리 핀은 친구 톰과 함께 짐을 탈출시키는 이야기예요.

<허클베리 핀의 모험>과 <톰 소여의 모험>

허클베리 핀의 친구 톰은 개구쟁이예요. 어느 날 허클베리 핀과 해적이 숨겨 놓은 보물을 찾으러 가다 살인 사건의 범인을 잡아 영웅이 돼요. 그리고 허클베리 핀은 더글러스 부인의 양자가 되지요. 그 뒷이야기가 <허클베리 핀의 모험>인데 <톰 소여의 모험>의 속편이라고 할 수 있어요.

<허클베리 핀의 모험>은 인종 차별과 노예 문제를 사실적으로 다루어 한동안 금서로 지정되기도 했고, 흑인을 '검둥이'로 표현한 것 때문에 논란이 되기도 했어요.

☞ **마크 트웨인(1835~1910)** 본명은 새뮤얼 랭호 클레멘스예요. 신문 기자로 일하면서 1863년에 마크 트웨인이라는 필명을 쓰기 시작했어요. <톰 소여의 모험>, <허클베리 핀의 모험>, <왕자와 거지> 등을 썼어요.

• 세계 어린이가 읽는 명작 •

<파브르 곤충기>

파브르는 누구일까?

프랑스에서 농부의 아들로 태어난 장 앙리 파브르(1823~1915)는 혼자서 글을 깨우칠 정도로 똑똑했지만 집안 형편이 어려워 농장 일을 도와야 할 때가 많았어요.

1849년, 섬의 중학교 교사가 된 파브르는 곤충에 관심을 갖게 되었어요. 당시만 해도 곤충에 관한 연구 자료가 없었어요. 파브르는 적은 월급으로 힘들게 지내면서도 곤충 연구를 위해 책과 관찰 도구를 샀어요. 땅바닥에 엎드려 곤충을 관찰하다 이상한 사람으로 오해 받기도 했대요.

<파브르 곤충기>

1879년~1907년에 10권으로 출판된 파브르의 <곤충기>에는 곤충의 생태는 물론 습성 등이 정확하고 객관적으로 씌어 있어요. 특히 쇠똥구리의 생태, 사냥벌이 먹이를 잡는 방법, 기생 곤충의 생활을 관찰한 내용이 유명해요. 어려운 형편에도 끊임없이 곤충을 관찰하고 연구한 파브르는 그 노고를 인정받아 프랑스 학술원과 교육부 장관에게 상을 받았어요.

• 생리 현상 •

똥

💡 똥색은 왜 똥색일까?

음식이 소화되는 과정에 쓸개즙이 섞여요. 쓸개즙은 지방의 알갱이를 분해하고 소화를 돕지요. 그런데 이 쓸개즙 색깔이 어두운 색이라서 똥색이 되는 것이지요. 쓸개 같은 소화 기관이 없는 달팽이는 음식물을 소화하고 색소를 분해하지 못해 먹이의 색과 똥색이 비슷해요.

많이 누어도 문제, 못 누어도 문제

큰창자(대장)는 음식물의 수분을 흡수하기 때문에 오래 머무를수록 물기가 없이 딱딱해져요. 이러한 현상을 '변비'라고 해요. 이와 반대로 작은창자(소장)를 거친 음식물 찌꺼기가 큰창자에서 바로 빠져나가면 '설사'지요. 큰창자에서 음식물의 수분이 충분히 흡수되지 못해 묽게 나오는 거예요. 주로 소화 불량이나 세균 감염 때문에 설사를 하는 경우가 많아요.

똥의 색깔로 알 수 있는 건강 상태

똥으로 몸의 건강 상태를 알 수도 있어요. 건강한 사람의 똥은 보통 누런색이나 황금색이에요. 똥에 빨간색이 비치면 위나 큰창자에 출혈이 있을 수 있고 검은색일 때는 위에 문제가 있을 수 있어요. 그리고 간에 이상이 있으면 담즙이 잘 만들어지지 않아 똥도 회색이나 옅은 갈색이에요.

☞ **소화 기관** 섭취한 영양소를 소화하고 흡수하는 기관. 우리가 밥을 먹으면 입, 식도, 위 그리고 십이지장과 작은창자, 큰창자 순서로 거쳐 가요. 여기에 소화가 잘되도록 도와주는 쓸개, 간을 포함해 소화 기관이라고 해요.

• 생리 현상 •

오줌

💡 오줌은 왜 생길까?

오줌은 우리 몸의 혈액 속에 있는 노폐물을 신장(콩팥)에서 걸러 만들어져요. 그리고 오줌 주머니인 방광에 모인 후 밖으로 나가지요. 어른의 경우 방광에 약 1L 정도가 들어가지만 보통 0.4L만 차도 뇌에 신호를 보내 오줌이 마렵다는 느낌이 들어요.

겨울에는 왜 화장실에 더 자주 갈까?

날씨가 덥거나 운동을 해서 땀을 많이 흘리면 오줌이 별로 마렵지 않아요. 수분이 땀으로 배출됐기 때문이지요. 반대로 겨울에는 땀을 흘릴 일이 별로 없어 수분이 배출되지 않기 때문에 오줌이 자주 마려워요. 추울 때 오줌을 누고 나면 몸이 부르르 떨리기도 하는데, 오줌을 통해 체온이 빠져나갔기 때문이에요.

방광에 오줌이 차지 않아도 긴장을 하면 오줌이 마려운 느낌이 드는데, 교감신경이 작용해서 그래요.

오줌으로도 건강 상태를 알 수 있다?

오줌은 95%가 물이고 나머지는 요소와 요산이에요. 오줌 색깔이 다른 것은 그때 그때 몸의 상태가 다르기 때문이지요.

건강한 사람의 오줌은 옅은 노란색이에요. 물을 많이 마시면 투명에 가깝고 몸에 수분이 적으면 짙은 노란색이 돼요. 만약 갈색이거나 붉은 피가 섞여 있으면 병원에 가 보는 것이 좋아요.

☞ **오줌 비누** 기원전 고대 로마에서는 공중 화장실에서 모은 오줌에 찰흙을 섞어 비누를 만들었대요. 우리나라도 오줌으로 빨래는 물론 얼굴을 씻었다는 기록도 있어요. 오줌에 든 요소가 기름기를 없애주기 때문이지요.

읽은날: 월   일

오늘의 지식 하나 024

동물·식물·인체 주간

• 생리 현상 •

방귀

방귀는 어떻게 생길까?

우리 몸에 음식물이 들어오면 소화되는 과정에서 가스가 생겨요. 이 가스와 음식을 먹으면서 함께 들이마신 공기가 항문을 통해 나오는 것이 바로 방귀예요. 사람은 하루에 보통 10~15번 정도의 방귀를 뀌어요.

방귀는 왜 냄새가 날까?

방귀 냄새는 '황화수소'라는 성분 때문이에요. 고기나 콩, 달걀 같은 단백질 음식을 많이 먹으면 냄새가 더 진해요. 그래서 초식 동물보다 육식 동물의 방귀 냄새가 더 지독하지요. 또한 방귀를 뀔 때 나는 소리는 항문 주변의 괄약근이 진동하는 소리예요.

방귀를 자주 뀌는 이유는?

방귀를 뀌는 것은 장의 활동이 활발하다는 증거예요. 방귀를 줄이려면 음식을 꼭꼭 씹어 먹어야 해요. 제대로 씹지 않고 삼키면 대장에서 분해하는 데 더 많이 활동해야 하지요. 그러다 보면 가스가 많이 생겨 방귀도 자주 나와요. 탄산음료나 고구마를 먹으면 방귀가 잘 나오고 채소보다 고기가 방귀를 더 많이 만들어요.

☞ **껌과 방귀** 껌을 씹을 때는 우리 몸 안으로 공기가 들어와요. 이렇게 들어온 공기는 방귀를 통해서 밖으로 나가지요. 그렇기 때문에 껌을 많이 씹으면 방귀가 많이 나올 수 있어요.

• 생리 현상 •

재채기

> 💡 **재채기는 왜 나올까?**
> 참으려 해도 잘 참아지지 않는 것이 바로 재채기지요. 재채기는 코의 점막이 자극을 받아서 나와요. 코의 점막은 주위 온도가 변하거나 자극하는 물질이 들어오면 바로 밖으로 내보내려고 하거든요. 때로는 알레르기나 밝은 빛 또는 심리적인 것도 재채기의 원인이 돼요.

재채기 막는 법

재채기를 할 때는 눈을 질끈 감게 돼요. 얼굴에 경련도 일고 눈물이 나기도 하지요. 조용히 있어야 하는 곳에서 갑자기 재채기가 나오려고 하면 두 손가락으로 코밑을 세게 눌러 보세요. 재채기는 속도가 빨라서 나오려는 순간 재빨리 눌러야지 안 그러면 실패하기 쉬워요.

재채기의 속도

우리가 숨을 쉴 때 공기의 속도는 시속 10~20km인데 재채기는 시속 320km나 된다고 해요. 1초에 약 100m를 가는 것과 비슷한 엄청난 속도예요. 그래서 재채기를 할 때면 반사적으로 눈 주위의 근육이 수축돼 눈이 감기지요. 만약 재채기를 할 때 눈을 뜨고 있으면 안구가 돌출될 수도 있대요.

☞ **재채기 예절** 재채기나 기침을 하면 침이나 콧물이 함께 튀어나오므로 조심해야 해요. 옷이나 소매로 입을 가리면 침이나 콧물이 다른 사람에게 튀지 않아요. 만약 손으로 막았다면 침이 튀었으니 바로 손을 씻어야 해요.

읽은날: 월 일

오늘의 지식 하나
026

동물·식물·인체 주간

• 생리 현상 •
하품

 하품은 왜 하는 걸까?

하품을 왜 하는지 확실히 밝혀진 것은 없지만, 우리 몸속 혈액에 산소가 부족할 때 나온다고 해요. 우리가 들이마신 산소 중 25%는 뇌가 사용해요. 그런데 뇌에 산소가 부족하면 산소를 얻기 위해서 하품을 하는 것으로 여기지요.

하품을 하면 왜 눈물이 날까?

하품할 때 눈물이 나는 이유는 근육 때문이에요. 하품을 하면 눈물을 모아두는 눈물주머니가 얼굴 근육에 눌리게 돼요. 그러면 눈물주머니에 있던 눈물이 밖으로 나와 눈가가 촉촉해지지요.

동물도 하품을 할까?

사람뿐만 아니라 포유류는 물론이고 양서류 그리고 어류까지 대부분의 척추동물이 하품을 해요. 그리고 누군가 하품을 하면 전염된 것처럼 따라 하듯이 반려동물도 주인이 하품을 하면 따라 하기도 해요. 또 새들도 한 마리가 하품을 하면 따라서 한다고 해요.

☞ **기지개** 피곤할 때 팔다리를 쭉 뻗는 것을 기지개라고 해요. 아침에 일어나자마자 하는 기지개는 키 크는 데 도움이 돼요. 자고 일어나 하품하면서 기지개를 켜면 잠든 뇌를 깨워 몸이 가뿐하고 정신도 맑아져요.

• 생리 현상 •

딸꾹질

💡 **딸꾹질을 멎게 하려면 어떻게 해야 할까?**

딸꾹질은 갑자기 온도 변화가 있을 때도 하므로 더운 여름에 너무 차가운 음료를 마시거나 찬물로 샤워를 하지 않는 게 좋아요. 또 탄산음료를 마시거나 과식을 했을 때도 딸꾹질을 하기 쉬워요. 따라서 과식을 하거나 탄산음료를 많이 마시지 않는 것이 좋아요.

딸꾹질은 왜 할까?

우리 몸속 가슴과 배 부근에는 횡격막이 있어요. 근육이 없는 폐가 호흡을 잘 하도록 돕지요. 포유류에만 있고 둥근 지붕처럼 생겼어요. 횡격막이 자극을 받으면 목청이 막히면서 독특한 소리가 나는데 바로 딸꾹질이에요. 탄산음료를 마시거나 과식으로 위가 늘어났을 때, 놀랐을 때 등 스트레스를 받으면 나요. 아기는 온도 변화에도 딸꾹질을 해요.

어떻게 하면 딸꾹질을 멈출 수 있을까?

딸꾹질을 빨리 멈추고 싶을 때는 숨을 참아 보세요. 또는 재채기를 하거나 비닐봉지에 대고 숨을 쉬면 멎기도 해요. 물을 마시거나 혀의 깊은 곳을 눌러 구역질이 나게 해도 딸꾹질이 멎어요.

☞ **탄산음료** 이산화탄소가 들어간 청량 음료를 말해요. 향이나 색을 내기 위한 첨가물이 들어가고 열량도 높기 때문에 너무 많이 마시면 건강에 해로울 수도 있어요.

읽은날: 월   일

오늘의 지식 하나
028

동물·식물·인체 주간

• 생리 현상 •

트림

💡 트림은 왜 나올까?

음식을 먹을 때 함께 마시게 되는 공기가 거꾸로 식도로 올라오면서 소리를 내는 것이 트림이에요. 음식을 급하게 먹으면 공기가 많이 들어와 트림을 자주 하게 돼요. 특히 이산화탄소가 든 탄산음료를 마시면 트림이 잘 나와요.

아기는 왜 트림을 시킬까?

아기는 젖이나 분유를 먹을 때 공기도 함께 삼켜요. 그런데 아기의 위가 젖(분유)과 공기로 꽉 차면 팽창한 공기가 식도 쪽으로 역류해 토할 수 있어요. 그래서 수유를 한 아기는 등을 문지르거나 두드려 트림을 하도록 도와주어야 해요.

트림과 방귀가 지구 환경을 파괴한다고?

환경을 보호하려면 채식을 해야 한다고 주장하는 사람들이 있어요. 예를 들어 되새김질하는 소는 트림과 방귀에 메탄가스가 들어 있어요. 따라서 소의 방귀가 환경 보호에 문제가 된다는 것이지요. 소 두 마리가 1년 동안 내뿜는 메탄가스는 자동차 한 대와 비슷하다고 해요.

사람들이 쇠고기를 많이 먹으면 그만큼 소를 많이 키워야 하지요. 실제로 축산업이 온실가스 배출로 지구 온난화와 환경 오염에 미치는 영향이 크다고 해요.

👉 **트림 예절** 다른 사람 앞에서 소리 내어 트림을 하는 것은 예의에 어긋나는 행동이에요. 하지만 캐나다의 이누이트족은 트림을 하면 음식에 대한 감사를 나타내는 것으로 여긴다고 해요.

예술·스포츠 주간 | 오늘의 지식 하나 **029** | 읽은날: 월 일

• 대표 화가 •

레오나르도 다 빈치 (1452~1519)

💡 레오나르도 다 빈치는 누구?

이탈리아의 천재 미술가이자 과학자이면서 기술자·사상가예요. 어려서부터 뛰어난 재능으로 많은 사람들을 놀라게 했지요. 15세 때 유명한 조각가인 베로키오 밑에서 공부했는데, 제자의 그림이 자신보다 뛰어나자 스승 베로키오는 그림 그리기를 그만두었다고 해요.

화가일까, 과학자일까?

르네상스를 대표하는 예술가 레오나르도 다 빈치의 대표작으로 <모나 리자>와 <최후의 만찬>을 꼽을 수 있어요. <최후의 만찬>은 십자가에 달려 죽기 전 예수가 제자들과 저녁 식사하는 장면을 그린 것으로 구성, 빛, 원근법에 새로운 시도를 한 작품이지요.

다 빈치는 특히 인체 연구를 많이 해 '인체도' 외에 뼈의 구조와 피부, 근육에 관한 그림도 많이 남겼어요.

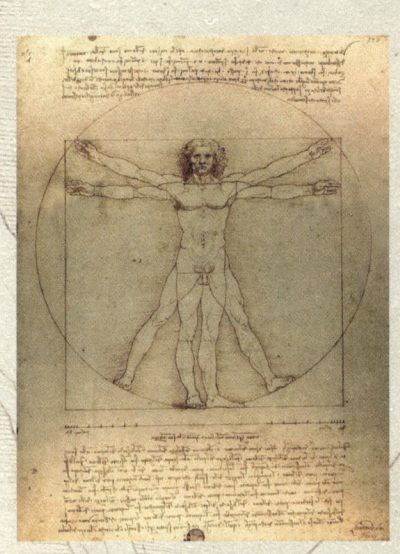

<비트루비우스의 인체 비례>, 다 빈치, 1490년, 소묘, 34.3×24.5cm

풀리지 않는 <모나 리자>의 수수께끼

그림 속 여인 모나 리자는 왜 눈썹이 없을까요? 당시에는 눈썹을 그리지 않는 것이 유행했다, 완성하지 못한 작품이다, 복원하면서 사라졌다 등으로 추측할 뿐이에요. 특수 카메라로 분석한 결과, 입체감을 표현하기 위해 유약을 겹쳐 바르면서 눈썹이 떨어져 나간 것으로 보기도 해요.

☞ <모나 리자> '모나 리자'에서 '모나(Mona)'는 이탈리아어로 '결혼한 여인'을 뜻해요. '모나'에 초상화를 주문한 조콘다의 아내 리자 케라르디니의 이름 '리자'를 더해 그림 제목이 되었어요.

오늘의 지식 하나 030

• 대표 화가 •

미켈란젤로 (1475~1564)

미켈란젤로 부오나로티는 누구?

이탈리아의 화가이자 조각가이면서 건축가·시인이에요. 어려서부터 미술에 천재적인 재능을 보였어요. 아버지의 반대에도 13세 때 피렌체의 뛰어난 화가의 제자가 되어 그림을 공부했지요. 이후 메디치 가문의 조각 학교에 입학해 여러 작품을 접하며 실력을 키웠어요.

메디치 가문의 후원을 받은 미켈란젤로

피렌체의 큰 부자인 메디치 가문의 후원 덕분에 미켈란젤로는 자유롭게 작품 활동을 해 나갈 수 있었어요. 고대 그리스·로마의 미술을 연구해 인체를 아름답게 묘사한 비법을 알아냈지요. 또한 시체 해부를 통해 사람의 몸을 세밀하게 표현할 수 있었어요.

어떻게 천장에 그림을 그렸을까?

미켈란젤로는 <피에타>상으로 유명해졌어요. 1504년에는 <다비드>상(왼쪽 사진)을 완성했고, 1512년 시스티나 대성당의 천장화 <천지 창조>를 완성했지요. 천장화를 그릴 때는 높은 작업대 위에 올라가 고개를 젖히고 거의 누운 상태로 그림을 그렸어요. 눈으로 물감이 들어가는 것도 참아야 했지요. 시력도 많이 떨어지고, 목에 이상이 생길 정도로 힘겨웠지만 4년여 만에 완성했어요.

☞ **메디치가** 학문과 예술, 건축에 열정을 가진 메디치 가문 사람들은 진심으로 문화와 예술을 사랑해 후원을 아끼지 않았어요. 피렌체가 화려한 문화를 꽃피울 수 있었던 것도 메디치 가문 덕분이지요.

• 대표 화가 •

모네 (1840~1926)

<인상·일출> 1872년경, 캔버스에 유채, 48×63cm, 프랑스 마르모탕 미술관

인상파를 최고 수준으로 끌어올린 '빛의 화가'

프랑스의 인상파 화가인 모네는 돈을 벌기 위해 풍자화를 그려 문구점에 걸어 놓았어요. 어느 날 부댕이라는 화가가 모네의 그림을 보게 되었어요. 부댕과의 만남 이후 모네는 화실이 아닌 밖에서 그림을 그리는 방법을 배웠지요. 자연의 아름다움에 눈을 뜬 모네는 사물이 빛과 시간에 따라 시시각각 변하는 모습을 자세히 관찰해 그림에 표현했어요.

☞ **인상파** 모네, 르누아르, 세잔 등이 전시회를 열었을 때 모네가 출품한 <인상·일출>이라는 작품을 본 한 기자가 '전람회장의 그림들이 그림이기보다는 한 인상에 지나지 않는다'고 비난하는 기사를 썼어요. 이후 모네, 마네, 르누아르, 세잔 등의 화가를 '인상파'라고 부르게 되었지요.

• 대표 화가 •

세잔(1839~1906)

뒤늦게 빛을 본 화가

세잔은 마흔 살이 넘어서야 전람회에 입선했어요. 그것도 심사 위원의 제자여서 혜택을 받은 덕분이었지요. 하지만 첫 개인전에서 훌륭한 예술가로 인정받게 되었어요.

세잔은 입체주의(큐비즘)의 선구자예요. 20세기 미술의 거장 피카소와 브라크가 세잔의 영향을 받았지요. 세잔은 전통적인 원근법을 거부하고, 사물을 입체적으로 표현하는 새로운 회화법의 작품들을 남겼어요.

<사과와 오렌지> 1895년경, 캔버스에 유채, 74×93cm, 프랑스 오르세 미술관

☞ **세잔** 정물화를 특히 잘 그린 세잔은 한 작품을 오랫동안 정성을 다해 그렸어요. 그림을 그리려고 정물대에 올려놓은 과일이 다 썩어 버린 적도 있다고 해요.

• 대표 화가 •

반 고흐 (1853~1890)

💡 반 고흐는 누구?

빈센트 반 고흐는 네덜란드의 화가예요. 초기에는 어두운 느낌의 그림을 주로 그리다가 프랑스에서 인상파 화가들과 사귀면서 밝은 색채의 열정적인 화풍으로 바뀌었어요. 프랑스 남부의 아를에 머물며 후기 인상파의 대표적인 화가로 활동했지요.

반 고흐는 왜 해바라기를 그렸을까?

아를로 이사한 반 고흐는 '노란 집'에서 여러 화가들과 그림을 그리고 싶어 했어요. 존경하던 고갱이 노란 집에 오게 되자 반 고흐는 그가 좋아하는 해바라기 그림을 걸어 두었어요. 고갱은 해바라기를 그리는 반 고흐의 모습을 그리기도 했지요.

하지만 두 사람은 자주 다투었고 참지 못한 반 고흐는 자신의 오른쪽 귀를 자르기까지 했어요. 살아 있을 때는 특별히 주목받지 못했던 반 고흐는 세상을 떠난 뒤 세계적인 화가가 되었어요.

<밤의 카페테라스> 1888년, 캔버스에 유채, 81×65.5cm, 네덜란드 크뢸러 뮐러 미술관

👉 **폴 고갱(1848~1903)** 프랑스 후기 인상파 화가인 고갱은 특이하게도 은행에서 일하다 그림을 그리기 시작했어요. 남태평양의 타히티섬으로 건너가 살면서 <타히티의 여인들> <언제 결혼하니?> 등의 작품을 남겼어요.

오늘의 지식 하나
034

예술·스포츠 주간

읽은날: 월   일

• 대표 화가 •

피카소(1881~1973)

피카소는 누구?

파블로 피카소는 에스파냐(스페인) 태생의 프랑스 화가예요. 어릴 때부터 그림 그리기를 좋아했지요. 아들의 재능을 알아차린 아버지는 화가로 성장할 수 있도록 전용 화실을 마련해 줄 만큼 열성적으로 도왔다고 해요.

피카소는 왜 '20세기 천재 화가'로 불릴까?

피카소는 화가인 아버지에게서 그림을 배웠어요. 그리고 미술 학교에 입학해 14세 때 사실주의 작품인 <첫 영성체>를 그렸어요. 이 그림으로 이미 거장들의 구도와 색채 그리고 기법을 완전히 익혔다는 것을 알 수 있어요. 19세 때 파리로 간 피카소는 세상을 떠날 때까지 4만여 점의 작품을 남겼어요. 대표작으로 <게르니카>, <아비뇽의 처녀들>이 있어요.

현대 미술의 시작이 된 입체주의

1907년, 피카소는 <아비뇽의 처녀들>을 발표했지만 나쁜 평을 받았어요. 지금까지 보아 온 그림 속 여자의 모습과 완전히 달랐기 때문이지요. 정면 얼굴에 옆모습의 코, 각진 얼굴, 큰 발 등 아름답지도 않고 흉하기까지 했어요. 입체감 있게 그려진 이 그림으로 '입체주의'와 함께 현대 미술이 시작되었어요.

피카소의 청색시대 그림이 있는 오르세 미술관

☞ **추상 미술** 유럽의 표현주의와 초현실주의가 미국적 미술로 체계화한 것을 말해요. 순수한 조형의 요소와 원리를 이용해 그림을 그리는데, 몬드리안과 칸딘스키가 대표적이에요.

• 대표 화가 •

로댕 (1840~1917)

> 💡 **오귀스트 로댕은 누구?**
>
> 20세기 최고의 조각가로 손꼽히는 프랑스의 조각가예요. 미술전에 여러 번 출품했지만 너무 사실적이라는 이유로 거부를 당했대요. 로댕의 작품은 인체 묘사가 매우 정교해 모델을 보고 조각한 것이 아니라 사람의 몸을 본떠 만든 것으로 의심될 정도였어요.

'신의 손'이라 불린 조각가

로댕은 1878년 <청동 시대>를 전시회에 내놓으면서 '신의 손'으로 천재성을 인정받았어요. <지옥의 문>은 파리 장식 미술관의 출입문으로 만든 작품이에요. 높이 7m에 186명의 인물상을 꾸밀 예정이었지만 미술관 건립이 취소돼 석고로 수정해서 공개했어요. 로댕은 <지옥의 문>을 완성하지 못한 채 세상을 떠났지요.

1880년 독립 작품으로 발표한 <생각하는 사람>은 1904년 살롱(공식 전람회)에 출품하면서 유명해졌어요. 이후 청동으로 만든 <생각하는 사람>은 파리시에 기증돼 팡테옹 광장 앞에 공개되었어요.

<지옥의 문>

☞ **부르델(1861~1929)** 제자가 자신을 뛰어넘었다며 스승 로댕이 작업실에 발길을 끊게 만들었다는 <아폴론 두상>, 부르델을 유명하게 만든 <활을 쏘는 헤라클레스> 등의 작품을 남겼어요.

읽은날: 월 일

오늘의 지식 하나
036

세계·문화 주간

• 명언 •

주사위는 던져졌다

'주사위는 던져졌다'는 언제 사용할까?

어떤 일을 결정하고 돌이킬 수 없을 때 사용해요. 되돌릴 수 없으니 결과를 운명에 맡기겠다는 뜻이지요. 로마의 군인이자 정치가인 카이사르가 루비콘강 앞에서 한 말로 '루비콘강을 건넜다'는 말과 함께 쓰기도 해요.

왜 '주사위는 던져졌다'고 했을까?

카이사르는 시민들에게 인기가 많고 부하들에게도 존경받았어요. 그러자 두려워진 원로원은 카이사르가 군대를 이끌고 갈리아 지방으로 간 사이, 그가 반역을 저질렀다고 거짓말을 했어요. 소식을 들은 카이사르는 몹시 화가 났지만 갈리아 지방을 정복한 후 로마를 코앞에 둔 채 루비콘 강가에서 잠시 망설였어요. 군대를 이끌고 강을 건너면 진짜 반역자가 되는 것이니까요. 마침내 카이사르가 외쳤어요.
"주사위는 던져졌다! 강을 건너자!"

☞ **원로원** 귀족들로 이루어진 고대 로마의 입법·자문 기관. 귀족만으로 구성되었다가 평민도 참가할 수 있게 됐어요.

· 명언 ·

인생은 짧고 예술은 길다

💡 히포크라테스는 누구일까?

'의학의 아버지'라 불리는 히포크라테스(기원전 460?~기원전 377?)는 고대 그리스의 의사예요. 의술을 가르치는 학교를 세우고, 의학 책을 쓰기도 했지요. 의사는 실력도 중요하지만 인격과 도덕도 쌓아야 한다고 주장했어요.

인생은 짧고 예술은 길다

히포크라테스의 잠언집 첫머리에 나오는 이 말은 원래 '인생은 짧고 의술은 길다'였어요. 의학을 공부하려면 시간이 많이 걸리지만 사람의 생명은 짧으므로 부지런히 공부해야 한다는 뜻이었지요. 그런데 미국의 시인 롱펠로가 '인생은 짧고 예술은 길다'로 고쳐 쓰면서, 인생은 짧지만 예술 작품은 오래 남아 사랑받는다는 의미가 되었어요.

히포크라테스 선서

의료인이 가져야 할 윤리적 지침이에요. 전 세계 대부분의 국가에서 사용하고 있으며, 우리나라도 의과 대학 졸업식 때 사용해요.

<히포크라테스 선서>는 시대에 맞게 수정되었어요. 의과 대학을 졸업할 때 하는 선서는 1948년 스위스 제네바에서 열린 세계 의사협회에서 정한 거예요. 제2차 세계 대전 때처럼 인체 실험이나 비윤리적 의료 행위가 일어나지 않도록 하기 위해서였지요. 그 후에도 몇 번 수정되었어요.

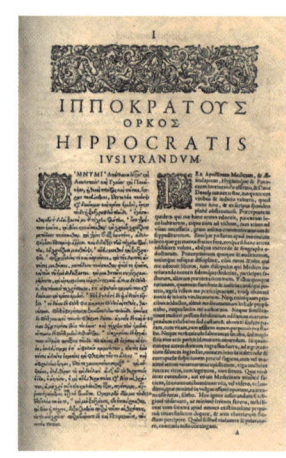

히포크라테스 선서

☞ **롱펠로(1807~1882)** 미국의 시인. 단테의 <신곡>을 비롯해 유럽의 민요를 번역해 미국 대중에게 알렸어요. <에반젤린>, <밤의 소리>, <민요 시집>, <인생의 찬가> 등의 작품이 있어요.

읽은날: 월   일

오늘의 지식 하나
038

세계·문화 주간

• 명언 •

소년들이여, 야망을 가져라

젊은이에게 야망을 심어 준 클라크

일본은 근대화에 힘을 쏟을 무렵, 서양에서 과학자와 기술자를 초청했어요. 공업뿐 아니라 식량을 늘리기 위해 농업 기술을 개발하는 데도 애썼지요. 농업 학교를 세운 일본 정부는 미국의 과학자 클라크를 초청했어요. 클라크는 일본의 농업 학교 학생들에게 서양식 농사법을 가르쳤어요.

꿈을 가지고 미래를 펼쳐 나가라

시간이 흘러 미국으로 돌아가는 클라크에게 학생들이 손수건을 흔들며 작별 인사를 하자 클라크가 말했어요.

"소년들이여, 야망을 가져라! 돈을 위해서도 말고, 이기적인 성취를 위해서도 말고, 사람들이 명성이라 부르는 덧없는 것을 위해서도 말고, 단지 인간이 갖추어야 할 모든 것을 얻기 위해서."

이 말에서 자주 사용하는 '소년들이여, 야망을 가져라'는 큰 꿈을 가지고 자신의 미래를 펼쳐 나가라는 뜻이에요.

☞ **홋카이도 대학** 일본의 명문 대학으로 낙농업과 농업이 유명해요. 1876년에 삿포로 농학교로 설립되어 클라크가 초대 학장을 지냈어요. 홋카이도 대학에는 클라크의 동상을 비롯해 클라크의 이름을 딴 건물도 있어요.

• 명언 •

카르페 디엠

카르페 디엠은 무슨 뜻일까?

'카르페 디엠(Carpe diem)'은 '현재를 잡아라'라는 뜻의 라틴어예요. 영화 <죽은 시인의 사회>에서 키팅 선생이 학생들에게 해서 유명해진 말이지요. 키팅 선생은 전통과 규율에 도전하는 학생들에게 '지금 살고 있는 현재 이 순간에 충실하라'는 뜻으로 이 말을 자주 했어요.

카르페 디엠은 어디서 나온 말일까?

로마의 황제였던 카이사르는 조카 옥타비아누스를 자신의 뒤를 이을 사람으로 꼽았어요. 카이사르의 유언대로 옥타비아누스는 안토니우스, 레피두스와 함께 삼두 정치를 했어요. 이후 악티움 해전을 승리로 이끌며 로마의 지배자가 되었지요. 그리고 혼란스럽던 로마에 평화가 찾아왔어요. 로마 시민들에게 이제 안심해도 된다는 뜻으로 시인 호라티우스가 '카르페 디엠'이라는 말을 썼어요.

<죽은 시인의 사회>는 어떤 영화일까?

전통과 규칙을 중요하게 생각하는 엄격한 학교에 새로 온 키팅 선생은 학교 규율과 반대되는 수업을 해요. 학생들은 키팅 선생의 가르침을 받으면서 자유롭게 생각하고 자신을 돌아보게 돼요. 그리고 '죽은 시인의 사회'라는 모임을 만들지요.

하지만 이를 달갑지 않게 여긴 교장은 결국 키팅 선생을 학교에서 내보내요. 진정한 꿈과 희망을 알게 해 준 키팅 선생이 떠나는 날, 학생들은 책상 위로 올라가 감사 인사를 해요.

☞ **악티움 해전** 옥타비아누스가 안토니우스와 이집트의 여왕 클레오파트라의 연합군과 벌인 싸움. 옥타비아누스가 이 해전에서 승리하면서 로마의 내전은 끝이 나고, 그 공로로 아우구스투스라는 칭호를 받아요.

읽은날: 월 일

오늘의 지식 하나
040

세계·문화 주간

· 명언 ·

건강한 신체에 건강한 정신이 깃든다

사자와 싸우는 검투사

'건강한 신체에 건강한 정신이 깃든다'는 누가 한 말일까?

고대 로마의 시인 유베날리스가 한 말이에요. 유베날리스는 삶을 풍자한 시를 썼어요. 특히 부정부패가 넘치는 사회를 비판하는 시를 많이 썼지요. '로마에서는 정직한 사람은 살아갈 수 없다'는 식의 시를 쓰다 보니 황제의 미움을 사 추방당하기도 했어요.

'건강한 신체에 건강한 정신이 깃든다'는 무슨 뜻일까?

'건강한 신체에 건강한 정신이 깃든다'는 유베날리스의 <풍자시집>의 일부분이에요. 당시 로마 원형 경기장에서는 결투가 성행했어요. 서로 죽이는 잔인한 경기를 보면서 로마 시민들은 검투사들의 멋진 몸에 열광했대요. 책을 읽고 학문을 연구하기보다 겉모습에 더 신경을 썼지요. 유베날리스는 젊은이들에게 정신을 차리라는 뜻으로 '건전한 신체에 건강한 정신까지 깃들면 바람직할 것이다'라는 말을 했어요.

이후 영국의 사상가인 존 로크가 유베날리스의 말을 빌려 '건강한 신체에 건강한 정신이 깃든다'고 했어요. 몸이 건강해야 즐겁고 밝게 생활할 수 있어서 정신도 건강해진다는 뜻이지요.

☞ **풍자** 사회 현상이나 현실을 과장하고 비꼬는 방법이에요. 우스꽝스럽게 표현하는 것은 해학과 비슷하지만 풍자는 사실을 비꼬아 비판적인 웃음을 자아낸다는 것이 달라요.

오늘의 지식 하나
041

• 명언 •

배부른 돼지보다 배고픈 소크라테스가 낫다

💡 '배부른 돼지보다 배고픈 소크라테스가 낫다'는 누가 한 말일까?

영국의 철학자 밀은 인간의 가장 큰 목표를 행복이라고 생각했어요. 벤담의 '최대 다수의 최대 행복'이라는 생각에는 동의했지만 인간의 행복은 동물의 즐거움과 질적으로 차이가 있다고 생각했지요. 그래서 '배부른 돼지보다 배고픈 소크라테스가 낫다'고 말했어요.

공리주의가 무엇일까?

철학자이자 법학자인 제러미 벤담이 주장한 공리주의는 옳고 그름의 기준을 사람들의 이익과 행복에 두었어요. 인간의 삶의 목적이 '최대 다수의 최대 행복'에 있다고 본 공리주의는 오늘날 민주주의의 기초가 되었어요.

제러미 벤담

벤담과 밀은 무엇이 다를까?

벤담과 밀은 둘 다 공리주의를 주장했지만 조금 달라요. 벤담이 살았던 시대는 귀족과 성직자에게 특혜를 주던 때예요. 그래서 '많은 사람들의 행복을 존중해야 한다'는 공리주의는 꽤 충격적이었어요.

밀은 벤담에게 공리주의를 배우면서 행복의 질에 대해 생각하게 되었어요. 그래서 질적으로 높은 즐거움을 추구해야 한다고 주장했지요. 밀의 이러한 주장을 벤담의 주장과 구분해 '질적 공리주의'라고 해요.

☞ **제임스 밀(1773~1836)** 존 스튜어트 밀의 아버지. 공리주의자였던 제임스 밀은 아들을 철학자로 만들고 싶어 친구 벤담에게 교육을 맡겼어요. 밀은 철학자가 되었지만 벤담의 공리주의를 이어 나가지는 않았어요.

읽은날: 월 일

오늘의 지식 하나
042

세계·문화 주간

· 명언 ·

검은 고양이든 흰 고양이든 쥐만 잘 잡으면 된다

중국은 어떻게 변했을까?

1949년, 마오쩌둥(모택동)은 공산당을 이끌며 중화 인민 공화국을 세웠어요. 하지만 당시 중국의 경제가 너무 어려워 마오쩌둥은 경제를 발전시킬 계획을 세웠어요. '대약진 운동'이라 불리며 개인 농가를 없애고 공동으로 농사를 지어 생산량을 늘리고자 한 것이지요. 하지만 생산량이 늘기는커녕 계속 줄어들어 사람들이 굶어죽는 지경에 이르렀어요.

마오쩌둥이 사망한 후 덩샤오핑(등소평)이 지도자가 되어 농민들에게 개인 땅을 갖게 하자 생산량이 점점 늘었어요. 그리고 외국 기업들이 중국에서 사업을 하도록 문을 열자 일자리도 생기고 세금도 걷을 수 있어 일석이조였지요. 예상대로 중국 경제는 빠르게 좋아졌어요.

'검은 고양이든 흰 고양이든 쥐만 잘 잡으면 된다'

공산주의 국가에서는 개인의 재산을 인정하지 않아요. 외국에 경제를 개방하는 것도 자본주의 국가의 방법이었지요. 덩샤오핑은 자신의 개혁이 공산주의에 맞지 않는다고 여기는 사람들에게 말했어요.

"검은 고양이든 흰 고양이든 쥐만 잘 잡으면 된다."

중국 경제를 살리는 것이 우선이기 때문에 공산주의든 민주주의든 상관없다는 뜻이에요. 덩샤오핑의 예상대로 중국은 강대국이 되었지요.

☞ **덩샤오핑(1904~1997)** 중국의 정치가. 1967년 문화혁명으로 물러났다가 1973년에 다시 당 지도자가 되었어요. 마오쩌둥의 뒤를 이어 개혁을 추진했고 1978년 미국과 외교 관계를 맺기도 했어요.

사회·생활 주간

오늘의 지식 하나
043

읽은날: 월 일

• 분야별 권위 있는 상 •
노벨상

> 💡 **노벨상은 언제, 어디서 줄까?**
>
> 노벨상 수상자는 해마다 10월에 발표해요. 시상식은 노벨이 사망한 12월 10일에 열리고 수상자에게는 900만 크로나의 상금과 금메달, 상장이 주어져요. 노벨상 수여는 스웨덴의 수도 스톡홀름에서 하지만 평화상은 노르웨이의 수도 오슬로에서 해요.

노벨상은 언제 만들어졌을까?

노벨상은 인류의 복지에 공헌한 개인 또는 단체에 주어지는 아주 명예로운 상이에요. 스웨덴의 알프레드 노벨(1833~1896)이 만들었지요.

다이너마이트를 발명한 노벨은 자신이 만든 다이너마이트가 사람들에게 도움을 주기도 하지만 전쟁에 사용된다는 것이 마음 아팠어요. 많은 사람들의 목숨을 빼앗아 간 다이너마이트로 부자가 되었다며 노벨을 '죽음의 상인'이라고도 했지요. 충격을 받은 노벨은 세계 평화를 위해 전 재산을 내놓아 노벨상을 만들었어요.

노벨상 메달(앞면과 뒷면)

노벨상은 어떤 상일까?

노벨상에는 문학, 화학, 물리학, 생리학 및 의학, 평화, 경제학상이 있어요. 다섯 개 부문이었다가 1969년에 경제학상이 추가되었지요. 노벨 평화상은 노르웨이의 노벨 위원회가 정하고 나머지는 스웨덴의 연구소와 예술원에서 선정해요.

☞ **이그 노벨상** 노벨상이 발표되기 한 달 전에 미국 하버드 대학에서는 이그 노벨상을 발표해요. 엉뚱하고 재미있는 연구를 한 과학자에게 주는 상으로 1991년에 제정되었어요.

오늘의 지식 하나
044

사회·생활 주간

• 분야별 권위 있는 상 •
퓰리처상

> ### 💡 퓰리처상은 어떤 상일까?
> 퓰리처상은 미국에서 가장 권위 있는 보도와 문학, 음악에 관한 상이에요. 1911년에 사망한 저널리스트 조셉 퓰리처가 기부한 유산으로 1917년에 제정되었어요. 해마다 4월에 뉴스, 보도 사진, 문학, 음악 등 여러 분야에서 업적을 이룬 인물에게 수여해요.

퓰리처는 어떤 사람일까?

퓰리처(1847~1911)는 헝가리 출신의 미국 저널리스트예요. 가난한 이민자였던 퓰리처는 노숙자 생활까지 할 정도로 힘들었지만 우연히 독일어로 발행된 신문에 투고를 하면서 기자가 되었어요.

열심히 일하고 공부해 신문사를 사들인 퓰리처는 신문도 재미가 있어야 한다고 여겨 사람들이 좋아할 만한 이야기나 만화, 스포츠 관련 소식을 실었어요. 그러자 퓰리처가 경영하는 신문《뉴욕 월드》는 인기를 끌며 미국 최고 발행 부수를 자랑하게 되었지요.

황색 언론과 퓰리처상

《뉴욕 월드》가 크게 성공하자 따라 하는 사람들이 생겼어요. 결국 더 자극적인 기사를 싣기 위해 경쟁하다 '황색 언론'이라는 말을 낳기도 했지요. 퓰리처는 황색 언론의 대명사가 되었던 것을 후회했다고 해요. 그래서 실수를 만회하고 제대로 된 언론인을 만들기 위해 퓰리처상을 제정하게 되었어요.

 황색 언론 옐로 저널리즘. 퓰리처가《뉴욕 월드》에 황색 옷을 입은 소년을 기재한 것을 흉내 낸《뉴욕 저널》과 경쟁하면서 생긴 이름이에요. 이후 선정적인 기사를 싣는 신문을 '옐로 페이퍼'라고 부르게 되었어요.

· 분야별 권위 있는 상 ·

필즈상

필즈상은 어떤 상일까?

필즈상은 노벨상에 버금가는 수학상이에요. 캐나다 토론토 대학의 수학 교수였던 필즈가 만든 상으로, 노벨상에 수학상이 없는 것을 안타까워해서 만들었다고 해요.

수학자 최고의 명예인 필즈상은 1936년부터 4년에 한 번씩 열리는 국제 수학자 회의에서 메달과 함께 수여해요. 전 세계 어느 수학자나 받을 수 있지만 40세가 넘으면 받을 수가 없다고 해요. 아직 우리나라에는 필즈상을 받은 사람이 없어요.

필즈상 메달

왜 노벨 수학상은 없을까?

'세계에서 가장 권위 있고 명예로운 상' 하면 대부분 노벨상을 꼽을 거예요. 노벨상은 6개 부문에 상을 주는데 자연 과학의 기본인 수학 분야의 상은 없어요. 노벨상을 만들 때 수학은 아예 빼놓았다고 해요. 노벨과 당시 유명한 수학자였던 레플러의 사이가 안 좋았는데, 레플러가 노벨 수학상을 받는 것이 싫어 노벨상에 수학을 포함시키지 않았다고 해요.

☞ **아벨상** 노르웨이의 수학자 아벨을 기리는 상이에요. 노르웨이 왕실에서 수여하며 2003년부터 해마다 한 명을 뽑아 수여하고 있어요. 일생 동안 쌓아 온 업적을 심사해 상을 주기 때문에 수상자의 나이가 많은 편이에요.

오늘의 지식 하나
046

• 분야별 권위 있는 상 •
아카데미상

💡 오스카 트로피의 의미

아카데미상 수상자에게 주는 트로피 이름이 오스카예요. 사람 모양의 트로피를 보고 누군가 '오스카 삼촌이랑 닮았네.'라고 말한 데서 붙여졌다고 해요. 손에 칼을 쥐고 필름 릴 위에 있는 모습인데 5개의 필름 릴은 배우, 감독, 제작, 기술, 각본 다섯 분야를 상징한다고 해요.

아카데미상은 어떤 상일까?

2020년 2월 10일 미국 아카데미 시상식에서 우리나라 봉준호 감독의 영화 <기생충>이 작품상과 각본상, 감독상 그리고 국제 장편 영화상을 수상했어요. 아카데미 역사상 외국어 영화가 작품상과 감독상을 수상한 것은 처음이었지요. 아카데미상은 1929년에 생긴 영화상으로 오스카상이라고도 해요. 전 세계가 주목하는 영화상이지요.

아카데미상을 받을 수 있는 조건

아카데미상 후보는 미국 작품과 외국 작품은 물론 장편과 단편까지 모든 영화를 대상으로 해요. 단, 미국에서 상영을 해야 한다는 조건이 있어요. 전년도 1월 1일부터 12월 31일 사이 로스앤젤레스(LA) 지역 극장에서 1주일 이상 연속 상영된 영화여야 해요. 아무리 뛰어난 작품이라고 하더라도 LA에서 상영되지 않았으면 후보에 오르지 못해요.

☞ **아카데미상을 거부한 배우** 1972년, 영화 <대부>로 남우 주연상에 선정된 배우 말론 브란도는 미국의 인디언 차별에 항의하는 의미로 수상을 거부했어요.

• 분야별 권위 있는 상 •

그래미상

그래미상은 어떤 상일까?

그래미상은 미국의 권위 있는 음악상으로 1959년 제1회가 개최되었어요. 대중음악과 클래식을 포함해 그 해 최우수 작사가, 작곡가, 가수, 연주자 등 65개 부문의 수상자를 선정해요. 음악적인 예술성은 물론 다양한 요소를 반영해 수상자를 결정하기 때문에 최고의 상으로 꼽히지요. '그래미'는 축음기라는 뜻의 '그래머폰'에서 비롯되었어요. 그래서 수상자에게는 나팔관이 부착된 축음기 모양의 기념 트로피가 수여돼요.

그래미상 트로피

또 다른 음악상

그래미상과 함께 아메리칸 뮤직 어워드와 빌보드 뮤직 어워드는 미국 3대 음악 시상식으로 손꼽혀요. 그래미상은 1만 명이 넘는 음악인과 음반 프로듀서, 기술자 그리고 음반 산업 종사자들의 투표에 의해 결정되지만 아메리칸 뮤직 어워드는 팬들의 투표로 이루어져요. 빌보드 뮤직 어워드는 빌보드 차트 데이터를 집계해서 결정하지요.

우리나라 '방탄소년단'이 아메리칸 뮤직 어워드와 빌보드 뮤직 어워드에서 수상했고 2021년 아시아 가수 최초로 그래미상 후보에 올랐어요.

☞ **빌보드 차트** 미국의 대중음악 순위 차트. 1936년에 시작돼 매주 순위를 발표해요. 싱글 차트와 앨범 차트를 따로 발표하며, 우리나라 가수로는 2009년 원더걸스가 최초로 76위에 올랐고, 2012년 싸이의 <강남스타일>이 7주 동안 2위를 했어요. 그리고 2020년 8월 방탄소년단의 <다이너마이트>가 싱글 차트 1위에 올랐어요.

읽은날: 월 일

오늘의 지식 하나 048

사회·생활 주간

• 분야별 권위 있는 상 •

토니상

토니상은 어떤 상일까?

영화에 아카데미상이 있고 음악에 그래미상이 있다면 연극과 뮤지컬에는 토니상이 있어요. 1947년 브로드웨이의 유명한 여배우 '앙투아네트 페리'를 기념해 만든 상으로 'A. 페리상'이라고도 해요. 토니는 페리의 애칭이에요. 수상자는 미국 연극협회 평의원을 비롯해 유명한 배우와 연출가 등 700여 명의 투표로 선발해요. 아카데미상을 받은 영화가 큰 인기를 끌 듯이 토니상을 받은 연극은 흥행에도 큰 영향을 미쳐요.

최다 수상 작품은 무엇일까?

'연극의 아카데미상'이라 불리는 토니상은 브로드웨이에서 공연을 한 작품만 수상 후보 자격이 있어요. 브로드웨이에 있는 연극 공연에 이용되는 극장 중에서도 500석 이상 되는 곳에서 공연해야 후보에 오를 수 있지요.

지금까지 토니상을 가장 많이 받은 작품은 12개 부문에서 상을 받은 <프로듀서스>예요. 1968년에 상영된 영화 <프로듀서스>를 뮤지컬로 각색한 작품이에요.

☞ **브로드웨이** 미국 뉴욕 맨해튼에 있는 거리에 뮤지컬을 비롯한 쇼에 관련된 극장이 많아요. 이 극장가를 브로드웨이라고 부르기도 해요. 요즘은 미국 연극계와 같은 의미로 사용하기도 해요.

• 분야별 권위 있는 상 •

아스트리드 린드그렌상·칼데콧상

> 💡 **아스트리드 린드그렌은 누구?**
>
> <삐삐 롱스타킹>과 <방랑자 라스무스>를 쓴 동화 작가예요. 아이들에게 들려주었던 삐삐 이야기를 글로 써서 출간한 <내 이름은 삐삐 롱스타킹>으로 많은 사랑을 받았지요. 2005년 린드그렌의 필사본을 비롯한 관련 기록들이 유네스코 세계 기록유산이 되었어요.

아스트리드 린드그렌상은 어떤 상일까?

2002년 스웨덴 정부가 제정한 아동 문학상이에요. 특정 작품이 아닌 작가의 작품 활동에 대한 상으로 '아동 문학의 노벨상'이라고 불려요. 해마다 아동·청소년 문학에 공헌한 생존 작가나 기관에게 수여해요. 볼로냐 라가치상, 안데르센상과 함께 세계 3대 아동 문학상으로 꼽혀요.

칼데콧상은 어떤 상일까?

삽화가 랜돌프 칼데콧을 기리기 위해 미국 어린이 도서관협회에서 주관하는 그림책상이에요. '그림책의 노벨상'이라 불리며, 전년도에 영어로 출간된 도서 중 미국 시민이거나 미국에 거주하는 삽화가의 작품에게 수여해요. 1971년부터는 칼데콧 수상자의 작품 다음으로 뛰어난 그림책을 1~5권 선정해 칼데콧 아너상도 함께 수여하고 있어요.

칼데콧 아너상 수상작 <안 돼, 데이빗!>

👉 **뉴베리상** 칼데콧상과 함께 미국 아동 문학계 최고의 상으로 꼽혀요. 18세기 영국의 출판인 존 뉴베리의 이름을 따서 지은 상으로, 미국 도서관협회에서 주관해요. 전년도에 출판된 작품 중 미국 아동 문학 발전에 이바지한 작품의 작가에게 메달을 수여해요.

읽은날: 월 일

오늘의 지식 하나
050

과학·자연 주간

• 대표 과학자 •
갈릴레이 (1564~1642)

그래도 지구는 돈다

망원경으로 천체를 관찰하던 갈릴레이는 코페르니쿠스의 지동설이 옳다는 것을 알고 그 사실을 책으로 엮었어요.

하지만 갈릴레이는 교황청으로부터 종교 재판을 받았어요. 천동설을 믿었던 당시에 지동설을 주장했다가는 자칫 목숨을 잃을 수도 있었지요. 그래서 갈릴레이는 천동설이 옳다고 거짓으로 대답했어요. 간신히 목숨을 구한 갈릴레이는 재판소를 나오면서 "그래도 지구는 돈다."고 중얼거렸다고 해요.

갈릴레이의 묘(이탈리아 산타크로체 성당)

갈릴레이는 어떤 과학자일까?

갈릴레이는 이탈리아의 물리학자예요. 실험과 관찰을 통해 확인된 사실만을 옳다고 여겨 실험을 아주 많이 했지요. 지동설 이외에도 높은 곳에서 물체를 떨어뜨리는 낙하 실험을 통해 물체는 질량과 상관없이 동시에 떨어진다는 '자유 낙하 운동'을 발견했고, 성당에 걸린 샹들리에가 흔들리는 것을 보고 '진자의 등시성'을 발견했어요. 그리고 천체 망원경을 만들어 달의 산, 계곡 및 태양의 흑점, 목성의 위성 따위를 발견했어요.

☞ **천체 망원경** 이름 그대로 하늘을 관찰하는 망원경이에요. 갈릴레이가 기존 망원경의 원리를 이용해 만들어서 하늘을 관찰했지요.

과학·자연 주간

오늘의 지식 하나
051

읽은날 :   월   일

• 대표 과학자 •
뉴턴 (1642~1727)

> 💡 **뉴턴과 사과**
>
> 인류 역사에서 빼놓을 수 없는 유명한 사과가 있어요. 바로 하와(이브)의 사과, 화가 세잔의 사과 그리고 뉴턴의 사과예요. 뉴턴은 나무에서 사과가 떨어지는 것을 보고 '만유인력의 법칙'을 발견했어요.

뉴턴은 어떤 사람일까?

영국 잉글랜드의 작은 마을에서 태어난 아이작 뉴턴은 친구들과 어울려 놀기보다 혼자 있는 시간이 많았어요. 한 번 생각에 빠지면 시간 가는 줄도 몰랐대요. 약속을 해놓고 까맣게 잊어버리거나 연구 결과를 계산하느라 달걀 대신 시계를 삶기도 했지요. 밥 먹는 시간도 아까워하며 연구에 매달린 뉴턴은 기사(Sir) 작위까지 받은 위대한 과학자예요.

뉴턴의 운동 법칙

뉴턴은 광학 망원경을 발명하고 프리즘으로 햇빛을 분산해 나타내기도 했어요. 또한 운동 법칙도 정리했어요. 물체는 어떤 힘이 작용하지 않으면 운동 상태를 계속 유지한다는 관성의 법칙, 움직이는 물체에 힘이 작용하면 그 크기와 방향에 따라 변한다는 힘과 가속도의 법칙, 밀고 당기는 힘은 두 물체 사이에서 일어난다는 작용과 반작용의 법칙이 바로 뉴턴의 운동 법칙이에요. 과학뿐만 아니라 수학 이론도 많이 발표했어요.

☞ **광학 망원경** 갈릴레이와 뉴턴이 만들었어요. 렌즈나 거울을 이용한 망원경으로 천체를 관찰해요. 갈릴레이는 광학 망원경으로 달의 표면을 관찰했으며 목성의 위성을 발견했어요.

오늘의 지식 하나
052

· 대표 과학자 ·
아인슈타인 (1879~1955)

💡 아인슈타인이 공부 못한 낙제생?

'20세기 천재 과학자' 아인슈타인은 어릴 때 말도 더디고 행동도 느렸대요. 수학, 과학 말고는 점수가 낮았고, 학교에서 쫓겨나기도 했지요. 하지만 수학에 뛰어나 스위스 취리히 대학에 입학할 수 있었어요. 대학을 졸업하고 특허국에서 일하며 여러 가지 이론을 세웠어요.

노벨 물리학상을 받은 아인슈타인

상대성 이론은 물리학뿐만 아니라 수학, 천문학 그리고 철학자에게도 큰 영향을 주었어요. 하지만 아인슈타인은 상대성 이론이 아닌 다른 연구로 노벨 물리학상을 받았어요. 아인슈타인은 물질이 빛을 흡수해서 자유롭게 움직이는 전자를 방출하는 '광전 효과(양자 현상)'를 발견했어요. 자동문이나 침입자가 있을 때 울리는 경보가 바로 광전 효과를 이용한 거예요. 광전 효과를 발견한 공로로 1921년 노벨 물리학상을 받았어요.

러셀-아인슈타인 선언

아인슈타인 부부

미국으로 망명한 아인슈타인은 독일보다 먼저 원자 폭탄을 개발해야 한다고 미국의 루스벨트 대통령에게 편지를 보냈어요. 하지만 연합군이 원자 폭탄을 사용하는 것을 보고 대통령에게 편지를 보낸 것을 평생 후회했다고 해요. 그 후 영국 철학자 러셀과 함께 핵무기 개발을 반대하는 '러셀-아인슈타인 선언'을 하고 평화 운동가로 활동했지요.

👉 **러셀-아인슈타인 선언** 러셀과 아인슈타인은 미국, 소련, 영국, 프랑스, 캐나다, 중국에 편지를 보냈어요. 핵무기 없는 세계와 평화적인 분쟁 해결을 바라며 한 이 선언에 세계적인 과학자들이 찬성했어요.

과학·자연 주간

오늘의 지식 하나
053

읽은날: 월   일

• 대표 과학자 •

다윈 (1809~1882)

💡 다윈은 누구일까?

영국에서 태어난 찰스 다윈은 어려서부터 곤충과 식물 등에 관심이 많았어요. 1831년 영국 해군과 함께 비글호를 타고 남아메리카 대륙과 여러 섬을 탐사했지요. 갈라파고스섬에서 다윈은 거북과 새가 여느 곳과 다르다는 것을 발견했어요.

인간의 조상은 어떻게 생겼을까?

많은 유물이 발견되면서 인간의 모습이 예전에는 많이 달랐다는 것을 알게 됐어요. 다윈은 긴 시간에 걸쳐 이루어진 진화를 통해 인간의 모습을 갖추게 되었다는 '진화론'을 주장했어요. 하지만 창조론을 굳게 믿던 당시에 인간이 유인원에서 진화했다는 주장은 엄청난 충격이었어요.

<종의 기원>

연구를 계속한 다윈은 1859년에 <종의 기원>이라는 책을 발표했어요. 이전에도 진화론에 대해 생각한 사람은 있었지만 진화가 어떻게 진행되었는지 설명해 내지 못했어요. 다윈은 여러 가지 과학적인 증거를 들며 진화론을 주장했어요. 하지만 사람들은 원숭이와 인간의 조상이 같다는 주장이 터무니없다고 했어요. 그래도 다윈은 묵묵히 연구를 계속했어요.

👉 **갈라파고스섬** 남아메리카 에콰도르 해안에 있는 화산섬. 코끼리거북, 날개가 퇴화한 코바네우, 갈라파고스펭귄 등 이 섬에서만 사는 동물이 많았지만 마구 잡아들여 멸종 위기에 놓였어요. 사진 속 바위는 갈라파고스의 '다윈 아치'로 2021년 윗부분이 무너졌어요.

• 대표 과학자 •

프랭클린 (1706~1790)

피뢰침을 발견한 프랭클린

벤자민 프랭클린은 전기에 관심이 많았어요. 마찰 전기를 일으키는 실험을 하다가 번개도 전기일 거라는 생각을 했지요. 연에 긴 철사를 매 레이던병(라이덴병)을 달자 연에 떨어진 번개가 연줄을 타고 레이던병으로 흘러들었어요. 번개가 전기라는 것을 확실히 안 프랭클린은 뾰족한 것이 전기를 잘 받아들이고 내보낸다는 것을 발견했어요. 번개를 땅으로 흘러가게 할 방법을 연구하다 발명한 것이 피뢰침이에요.

정치인 프랭클린

프랭클린은 가난한 집에서 태어났어요. 열일곱 살에 집에서 나와 열심히 일해 인쇄소를 차렸어요. 그리고 펜실베이니아에서 영향력 있는 신문과 책을 만들며 큰 재산을 모았지요.

프랭클린의 초상화가 그려진 100달러 지폐

돈을 많이 모은 프랭클린은 도서관, 병원, 소방서 같은 시설에 투자했어요. 그리고 대학을 세우기도 했고 정치에 참여해 미국이 독립하는 데 앞장섰지요. 미국 독립 선언서를 작성하기도 한 프랭클린은 미국 헌법의 초안을 만든 뛰어난 정치가이자 과학자였어요. 문학적으로도 높이 평가되는 <자서전>을 남겼어요.

☞ **레이던병** 18세기에 전기를 저장했던 유리병. 1746년 네덜란드 레이던(라이덴) 대학교의 물리학 교수인 뮈스헨브룩이 발명했다고 해서 붙여진 이름이에요.

오늘의 지식 하나 055

• 대표 과학자 •

에디슨 (1847~1931)

> 💡 **우리나라에 에디슨 회사가?**
> 우리나라에 처음으로 전깃불이 들어온 곳은 경복궁이에요. 이때 미국 에디슨 전기회사에서 설비를 맡아 했어요. 발전기로 전력을 만들기 위해 경복궁 연못물을 끌어올렸는데 발전기 소리가 요란하고 연못물이 뜨거워져 물고기가 떼죽음을 당하기도 했다고 해요.

학교에서 쫓겨난 어린 시절

토머스 에디슨은 어릴 때부터 엉뚱한 질문을 너무 많이 해서 석 달 만에 학교에서 쫓겨날 정도였어요. 그래서 엄마와 공부하며 과학책을 많이 읽었다고 해요. 열두 살 때는 기차에서 음료수 파는 일을 했어요. 그리고 기차 화물칸에 만든 작은 실험실에서 실험하다가 폭발 사고가 일어나는 바람에 청각을 잃고 말았어요.

에디슨의 발명품 축음기(1877년)

발명왕이 된 에디슨

에디슨이 최초로 만든 발명품은 자명종이에요. 전신 기사로 일하던 에디슨은 밤에도 1시간에 한 번씩 중앙 통제실로 신호를 보내야 했어요. 에디슨은 자명종에서 나는 소리를 자동으로 모스 부호로 바꿔 주는 장치를 만들었어요. 그 후에도 축음기, 축전지, 영화 촬영기 등 1,000여 종이 넘는 발명품을 만들고 특허를 내 '발명왕'이 되었어요.

👉 **축음기** 에디슨이 발명해 최초로 녹음도 했어요. 나팔관 밑에 진동판이 연결돼 있어 소리가 진동관을 울리면 바늘이 공기의 진동을 기록해요. 긁힌 바늘 자국을 따라 진동하면 나팔관을 통해 소리가 크게 들리는 원리예요.

읽은날: 월 일

오늘의 지식 하나
056

과학·자연 주간

• 대표 과학자 •

마리 퀴리 (1867~1934)

퀴리 부부의 노벨상 증서

노벨상을 두 번이나 탄 여성 과학자

폴란드의 가난한 집안에서 태어난 마리는 공부를 아주 잘했지만 의과 대학에 다니는 언니를 돕기 위해 가정교사로 일했어요. 언니가 의사가 되고 나서야 공부를 할 수 있었지요.

마리는 물리학자인 피에르 퀴리와 결혼한 후 남편과 함께 새로운 실험 물질을 찾기 위해 광물 표본들을 연구했어요. 퀴리 부부는 새로운 원소인 폴로늄을 발견하고 라듐 원소도 발견해 노벨 물리학상을 받았어요. 또한 순수한 라듐을 분리하는 데 성공해 1911년 노벨 화학상까지 받았어요.

노벨상을 받은 엄마와 딸

남편이 마차 사고로 세상을 떠나자 마리 퀴리는 남편이 일하던 파리 소르본 대학의 교수가 되었어요. 소르본 대학 최초의 여성 교수였지요.

마리 퀴리의 큰딸인 이렌 퀴리도 부모의 뒤를 이어 핵물리학자가 되었어요. 이렌은 제1차 세계 대전 때 엄마와 함께 X선 장비를 개조해 부상병들의 X레이 촬영을 하기도 했어요. 그리고 남편과 함께 인공 방사능을 만들어 1936년 노벨 화학상을 받았어요. 부모와 자식이 2대에 걸쳐 노벨상을 수상하는 특별한 기록을 세웠지요.

☞ **라듐** '광선'이라는 라틴어에서 따온 이름. 라듐이 피부에 닿으면 손상되는 것에서 피부질환이나 악성 종양을 치료하는 데 사용되기도 했어요. 하지만 방사선에 많이 노출된 마리 퀴리는 백혈병으로 세상을 떠났어요.

• 인류 문명 •

이집트 문명

이집트 문명의 시작

이집트 문명의 발상지인 나일강은 '축복의 강'이라고 해요. 땅이 아주 기름져 농사가 잘되는 나일강을 중심으로 사람들이 모여들어 기원전 3000년경에 통일 왕국을 세웠지요. 나일강은 큰 비가 오면 강물이 넘치기도 했지만 별자리를 보며 홍수에 대비했어요. 바다와 사막으로 둘러싸여 외세의 침입도 거의 없어서 오랫동안 평화롭게 지낼 수 있었지요.

태양의 신을 섬기던 이집트 문명

사물의 모양을 본떠 만든 상형 문자를 사용한 고대 이집트인들은 사람이 죽으면 다시 살아난다고 믿어 영혼이 몸속으로 들어갈 수 있도록 미라를 만들었어요. 그리고 무덤에는 살아 있을 때 사용했던 물건들을 함께 넣었어요. 이집트에서는 왕을 '파라오'라고 불렀으며 태양의 신으로 여겨 파라오가 죽으면 거대한 피라미드를 만들어 무덤으로 삼았어요. 파라오가 죽은 뒤에도 신이 되어 백성들을 잘 지켜줄 것이라고 믿었지요.

이집트 상형 문자

☞ **스핑크스** 피라미드 입구에 세운 스핑크스는 상상의 동물이에요. 사자 몸에 사람 머리를 하고 있으며 왕의 권력을 상징해요. '아침에는 네 다리, 낮에는 두 다리, 밤에는 세 다리로 걷는 짐승이 무엇이냐?'는 물음에 대답하지 못하는 사람을 잡아먹었대요. 오이디푸스가 사람이라고 답을 맞히자 스핑크스는 물에 뛰어들어 죽었다고 해요.

읽은날: 월   일

오늘의 지식 하나
058

역사 주간

• 인류 문명 •

메소포타미아 문명

인류 최초의 문명을 이룬 곳

서남 아시아의 티그리스강과 유프라테스강 사이 지역을 메소포타미아라고 해요. 인류 최초로 농사를 짓고 문명이 생겨난 곳이기도 하지요.

기원전 3500년경, 이곳에 수메르인들이 모여 도시를 세웠어요. 문자와 도구를 사용하며 메소포타미아 문명을 이루었지요. 땅이 기름져 농사가 잘되었지만 해마다 큰 비가 내려 강물이 넘쳐흘렀어요. 그래서 수메르인들은 흘러넘친 강물이 잘 빠질 수 있는 배수 시설을 갖추었지요. 가뭄에 대비해 저수지를 만들고, 농사지을 시기를 알기 위해 달의 움직임을 관찰해 날짜를 계산하는 태음력을 사용하기도 했어요.

수메르인의 생활

신이 자신을 지켜준다고 믿은 수메르인들은 도시 한가운데에 커다란 신전(지구라트)을 지었어요. 또한 수메르인에게는 문자도 있었어요. 진흙 판에 뾰족한 도구로 글씨를 새긴 다음 불에 구워 보관했는

우르의 지구라트

데, 쐐기처럼 생겨 쐐기 문자(설형 문자)라고 해요. 메소포타미아 유적에서는 가장 오래된 수레바퀴가 발견되기도 했어요.

☞ **지구라트** 고대 바빌로니아, 아시리아 유적에서 발견되는 성탑. 신과 지상을 연결하기 위한 것으로 보이며 둘레에 네모반듯한 계단이 있는 피라미드 모양이에요.

• 인류 문명 •

인더스 문명

💡 인더스 문명은 언제 생겼을까?

인더스 문명이 생겨난 인더스강은 인도와 떼려야 뗄 수 없는 강이에요. 인도라는 이름도 인더스에서 비롯되었지요. 기원전 2500년 무렵 인더스강을 따라 생겨난 도시 중 지금의 파키스탄에 있는 모헨조다로와 하라파가 대표적이에요.

놀라운 계획 도시, 모헨조다로

모헨조다로의 언덕에는 곡물 창고와 회의장, 사원 그리고 대형 목욕탕이 있었어요. 평지에는 집들이 바둑판 모양으로 잘 정리되어 있고 집집마다 우물과 목욕탕, 화장실 그리고 하수도 시설도 있어요. 거리에는 넓은 길을 따라 하수도를 조금 낮게 만들어 물이 흐르도록 했어요.

인더스 문명은 왜 사라졌을까?

모헨조다로에는 약 3만 명이 살고 있었고 조금 떨어진 하라파에는 약 1만 5,000명이 살았어요. 꽤 컸던 두 도시가 갑자기 사라진 이유는 확실하지 않아요. 다만, 도시가 사라질 정도로 큰 홍수가 일어났거나 지진 또는 다른 나라의 침략으로 멸망했을 것으로 추측할 뿐이에요.

모헨조다로 유적

☞ **갠지스강** 기원전 1500년 무렵에는 중앙 아시아의 유목 민족이 인도로 이동해 농경 생활을 시작했어요. 그리고 점점 발전해 기원전 1000년에는 갠지스강으로 정착지를 넓혔어요. 철기 무기와 농기구를 사용해 농업 생산량도 늘어나고 전쟁도 자주 일어났지요.

읽은날: 월 일

오늘의 지식 하나
060

역사 주간

• 인류 문명 •

황허 문명

💡 **황허 문명은 어떻게 일어났을까?**

황허강 주변은 땅이 기름져서 농사가 잘돼 많은 사람들이 모여 살았어요. 황허 문명을 대표하는 은나라는 황허강 중류에서 발전했으며 농업과 목축이 발달했어요. 은나라에서 발굴된 청동기에는 독특하고 복잡한 무늬가 새겨져 있는데 바로 갑골 문자예요.

갑골 문자는 어떤 문자일까?

거북의 등딱지와 짐승의 뼈를 갑골이라고 해요. 은나라에서는 나라에 중요한 일이 있을 때마다 갑골을 불에 달구어 갈라진 모양을 보고 중요한 일을 점쳤다고 해요. 점친 내용을 거북이나 동물 뼈에 새겼는데 이것이 갑골 문자예요. 갑골 문자는 한자의 뿌리가 되었어요.

갑골 문자

은나라 사람들은 어떻게 살았을까?

은나라 사람들은 농사를 짓고 살았기 때문에 하늘의 움직임에 관심이 많았어요. 달력을 만들어 1년을 열두 달로 나누었고 간지와 60진법을 사용했어요. 청동을 다루는 솜씨가 뛰어났으며 제사를 지낼 때는 청동으로 만든 도구를 사용했지요. 은나라 세력은 황허강은 물론 양쯔강에까지 이르렀다고 해요.

👉 **하나라** 중국에서는 전설의 삼황오제 중 마지막 황제인 순 임금이 홍수가 일어났을 때 공을 세운 '우'에게 왕위를 물려주었다고 해요. 그렇게 중국 최초의 세습 왕조는 은나라 이전의 하나라라고 주장해요. 유적지가 발견되고 있지만 아직은 실재가 확인된 최초의 왕조는 은나라로 여겨요.

역사 주간

오늘의 지식 하나
061

읽은날: 월   일

• 인류 문명 •

그리스 문명

> 💡 **에게 문명(트로이 문명)**
>
> 그리스는 본토와 많은 섬으로 이루어져 있어요. 곡물 농사가 어려워 일찍이 항해술이 발달했지요. 에게해 주변에서 생겨난 청동기 문명이 최초의 유럽 문명인 에게 문명이에요. 트로이 문명이라고도 하지요. 호메로스의 서사시나 신화로만 전해지다 유물 유적이 발견되었어요.

크레타 문명(미노아 문명)

크레타는 유럽과 소아시아(아시아 서쪽 끝 흑해, 에게해, 지중해에 둘러싸인 반도), 아프리카를 잇는 곳에 위치해 있어요. 일찍부터 해상 문명이 발달해 앞선 문명을 받아들이기 쉬웠지요. 기원전 2000년경 크레타섬에서 발생한 문명을 크레타 문명 또는 미노아 문명이라고 해요. 미노아는 미노스왕의 이름에서 유래했어요. 크레타 문명의 중심인 크노소스 궁전은 배수 시설이 발달했고, 수백 개의 방이 있어 미궁으로도 불려요. 하지만 기원전 1400년경 그리스에서 아카이아인들이 침입하면서 멸망했어요.

미케네 문명

기원전 1700년~기원전 1100년까지 그리스 본토에 자리 잡은 문명이에요. 넓은 왕국을 차지하고 싶었던 미케네는 흑해까지 넘보았지만 그 앞을 막고 있는 트로이가 문제였어요. 그래서 트로이를 공격해 10여 년 동안 전쟁을 치렀지요. 트로이성이 쉽게 무너지지 않자 거대한 목마를 만들어 마침내 성을 함락시켰어요.

☞ **미궁** 그리스 전설에 따르면, 사람 몸에 소의 머리를 한 미노타우로스를 가두기 위해 만들었다고 해요. 한 번 들어가면 나오지 못할 정도로 복잡하지만 크레타의 공주 덕분에 테세우스가 괴물을 물리치고 빠져나왔어요.

오늘의 지식 하나
062

역사 주간

• 인류 문명 •
잉카 문명

태양신을 섬긴 부족

13세기 무렵, 남아메리카 안데스 산맥 봉우리에 인디언 부족이 잉카 문명을 일으켰어요. 잉카는 '태양의 아들'이라는 뜻이에요. 잉카 문명은 점점 세력을 넓혀 15세기 중엽에는 남아메리카 전체를 통일할 만큼 거대한 제국을 이루었지요. 잉카인들은 돌을 아주 잘 다루었어요. 잉카의 옛 도시 건물들은 지진에도 끄떡없을 정도로 튼튼해요. 잉카인들은 문자 대신 '퀴프'라는 매듭을 사용했어요. 매듭의 개수나 모양으로 단어를 나타내기도 하고 수나 세금을 계산하기도 했어요.

마추픽추 성벽

잉카 제국은 왜 멸망했을까?

16세기 초 에스파냐(스페인) 군대가 침입해 잉카인을 죽이고 유물을 훔쳐갔어요. 전염병까지 돌면서 잉카 문명은 사라지고 말았지요.

잉카 사람들은 에스파냐 군대를 피해 안데스 산맥 높은 봉우리에 있는 도시에 숨어 지냈어요. 그중 하나가 성곽 도시 마추픽추예요. 우루밤바 계곡 근처 2,400m 높이에 있는 마추픽추는 높이 5m, 두께 1.8m의 성벽으로 둘러싸여 있어요. 궁전은 물론이고 신전과 학교, 공장 그리고 천체를 관측했던 건물도 있어요.

☞ **마추픽추** 유네스코 세계 문화유산이자 세계 10대 불가사의로도 꼽혀요. 발견될 때까지 아무도 몰라 '잃어버린 도시'라고 해요. 또 산과 밀림에 가려 공중에서만 존재를 확인할 수 있어서 '공중 도시'라고도 불러요.

• 인류 문명 •
마야 문명

중앙 아메리카 최초의 문명

중앙 아메리카에 사람이 살기 시작한 것은 기원전 1만 년쯤이에요. 그리고 1세기 이후 지금의 멕시코와 유카탄 반도를 중심으로 피어난 마야 문명은 4~10세기에 전성기를 누렸어요.

마야인들은 그림 문자를 사용했어요. 무엇보다 수학이 발달해 세계 최초로 숫자 0을 발견했으며 점과 선을 이용해 숫자를 만들고 20진법을 사용하기도 했어요. 천문학도 발달해 별을 관찰하며 계절의 변화는 물론 날씨도 미리 알 수 있었어요.

중앙 아메리카에 피라미드가?

피라미드 하면 이집트를 떠올릴 거예요. 하지만 피라미드가 가장 많은 나라는 아메리카의 멕시코예요. 이집트의 피라미드는 왕의 무덤이었지만 멕시코의 피라미드는 제사를 지내던 곳이에요.

쿠쿨칸이라는 뱀신을 숭배한 마야인들은 거대한 피라미드 신전을 만들었어요. 특히 쿠쿨칸의 피라미드는 마야 문명의 대표적인 건축물로 네 면에 모두 계단이 있어요.

쿠쿨칸 피라미드(신전)

☞ **춘분과 추분** 춘분은 양력 3월 20일 무렵이고 추분은 양력 9월 23일 무렵이에요. 24절기의 하나인 춘분과 추분은 낮과 밤의 길이가 길어지는 절기예요.

• 대표 문학가 1 •

셰익스피어 (1564~1616)

셰익스피어는 누구일까?

윌리엄 셰익스피어는 많은 작품을 남긴 영국의 작가지만 16세기 중반에 태어나 활동했다는 것 외에 어린 시절에 대한 기록이 별로 없어요. 런던에서 극작가이자 배우로 활동했는데, 아들이 죽자 고향으로 돌아와 비극 작품을 썼지요. 가족의 죽음을 보면서 인간의 존재와 죽음에 대해 깊이 생각한 끝에 4대 비극을 썼다고 해요. 37편의 작품을 남겼어요.

셰익스피어의 작품들

셰익스피어의 대표 작품으로는 <베니스의 상인>, <로미오와 줄리엣>, <한여름 밤의 꿈> 등이 있어요. 그중 <햄릿>, <오셀로>, <리어왕>, <맥베스>를 '셰익스피어 4대 비극'이라고 해요. 특히 우유부단한 성격의 햄릿과 질투에 사로잡혀 아내를 살해하는 오셀로, 못된 딸의 거짓에 속은 리어왕 등 셰익스피어의 작품 속 인물들은 매우 사실적이에요.

셰익스피어의 작품들은 연극과 영화로 만들어졌을 뿐 아니라 미술, 음악에도 큰 영향을 주었어요. 우리가 잘 아는 '결혼 행진곡'은 멘델스존이 셰익스피어의 <한여름 밤의 꿈>에 붙인 곡의 한 부분이에요.

☞ **멘델스존(1809~1847)** 독일의 작곡가이자 지휘자이며 피아니스트예요. 11세 때부터 작곡을 시작했으며, 작곡뿐만 아니라 숨겨진 명곡을 찾아 세상에 알리고 슈만과 함께 라이프치히 음악원을 세우기도 했어요.

문학 주간 | 오늘의 지식 하나 **065** | 읽은날: 월 일

• 대표 문학가 1

톨스토이 (1828~1910)

톨스토이는 누구일까?

러시아에서 태어난 레프 톨스토이는 어려서 부모님을 잃었어요. 친척들 사이에서 자라 대학에 입학했지만 잘 맞지 않아 그만두었어요. 그리고 형을 따라 입대한 군대에서 쓴 <유년 시절>이라는 글이 잡지에 발표되기도 했어요. 제대한 이후에는 유럽 곳곳을 여행하면서 작품을 썼지요. 1850년대 후반에는 힘겨운 농민들의 교육 환경에 관심을 가져 농민 자녀를 위한 학교를 열기도 했어요.

톨스토이의 작품에는 어떤 것이 있을까?

톨스토이의 대표작인 <전쟁과 평화>는 1805년~1820년 사이 러시아 귀족 가문에 대한 이야기예요. 나폴레옹의 러시아 침공 등 전쟁 상황과 귀족, 농민, 황제의 모습을 사실적으로 표현해 예술성을 높이 평가받는

작품이에요. 러시아의 결혼 제도와 신분 사회를 비판한 <안나 카레니나>도 좋은 평가를 받았지요.

그 외에 <부활>, <바보 이반> 등을 쓴 톨스토이는 러시아 문학을 대표하는 작가일 뿐만 아니라 정치와 사회에도 큰 영향을 준 인물이에요.

👉 **톨스토이** 작가로 성공한 톨스토이는 종교에 귀의해 <참회록>, <교회와 국가> 등을 발표했어요. 귀족 출신이지만 검소하게 생활하며, 가난한 농민과 고통받는 약자 편에 섰던 작가예요.

• 대표 문학가 1 •

에드거 앨런 포 (1809~1849)

에드거 앨런 포는 누구일까?

에드거 앨런 포의 묘
(미국 볼티모어)

미국의 시인이자 소설가인 에드거 앨런 포는 유랑 극단 배우의 아들로 태어났어요. 대학에 입학했지만 공부는 뒷전이라 그를 입양해 돌봐주던 숙부는 화가 나서 지원을 멈추었어요. 학교를 그만둔 포는 1833년 단편 소설이 상을 받으면서 편집자로 일했어요.

결혼 후에도 계속 작품을 쓰면서 잡지를 내는 꿈을 꾸었지만 형편이 따라주지 않았어요. 아내까지 병으로 세상을 떠나자 포는 큰 슬픔에 빠졌어요. <갈가마귀>라는 시로 유명해졌지만 1849년, 길에서 혼수상태에 빠져 병원에 실려 갔다가 세상을 떠나고 말았어요.

에드거 앨런 포의 작품에는 어떤 것이 있을까?

에드거 앨런 포의 대표작으로는 <모르그가의 살인 사건>, <검은 고양이>, <도둑맞은 편지> 등이 있어요. 뒤팽과 같은 소설 속 탐정을 창조해 추리(탐정) 소설이라는 새로운 장르를 만들었지요. 작품 속의 뒤팽은 몰락한 명문가 출신 청년이에요. 살인 사건에 흥미를 느껴 사건을 해결해 나가는 뒤팽은 포의 소설뿐 아니라 많은 탐정의 모델이 되지요. 기괴한 분위기를 자아내는 포의 작품은 공상 과학 소설의 발판이 되기도 했어요.

☞ **에드거상** 에드거 앨런 포를 기념하는 상으로, 미국 추리 작가 클럽이 미국에서 발표된 미스터리 분야의 우수 작품에 주는 상이에요. 1954년에 시작되었으며 소설, 평론, 텔레비전, 영화까지 다양한 부문에 걸쳐 수여해요.

문학 주간

오늘의 지식 하나
067

읽은날: 　월　　일

• 대표 문학가 1 •

생텍쥐페리 (1900~1944)

생텍쥐페리는 누구일까?

생텍쥐페리는 프랑스의 소설가예요. 비행기 조종사 면허를 따 항공 우편 비행을 담당했지요. 당시 비행기는 추락하는 경우가 많아서 생텍쥐페리는 추락한 조종사를 찾는 일도 함께 했다고 해요.

생텍쥐페리도 사막에 불시착해 5일 동안 헤매기도 했고, 추락 사고로 크게 다치기도 했어요. 자신의 비행 경험을 바탕으로 쓴 작품은 큰 인기를 얻었지만 1944년 7월 31일, 정찰 비행을 나간 이후 행방불명되었어요.

생텍쥐페리의 작품

생텍쥐페리의 작품으로는 <남방 우편기>, <야간 비행>, <인간의 대지> 등이 있어요. 가장 유명한 작품은 <어린 왕자>예요. 1943년에 발표된 이 작품은 사막에 불시착한 비행사가 어린 왕자를 만나는 이야기예요. 여러 별을 여행 다니던 어린 왕자는 지구에서 뱀과 여우 그리고 조종사와 친구가 되지요.

그리고 자기가 돌보던 장미를 떠올리고는 자신의 별로 돌아가고, 조종사는 밤하늘을 바라보며 어린 왕자를 그리워해요.

☞ **어린 왕자와 여우** 어린 왕자는 지구에서 여우를 만나요. 친구가 되고 싶었지만 여우는 '길들여지지 않아 너와 놀 수 없다'고 이야기하지요. 여우의 말을 듣고 서로 관계를 만들어 길들여진다면 서로에게 하나밖에 없는 소중한 존재가 된다는 것을 깨닫게 돼요.

읽은날: 월 일

오늘의 지식 하나
068

문학 주간

• 대표 문학가 1 •

마거릿 미첼 (1900~1949)

마거릿 미첼은 누구일까?

　미국 소설가인 마거릿 미첼은 법률가이자 역사학자인 아버지의 영향으로 어려서부터 역사에 흥미가 많았어요. 특히 남부 역사에 관심이 많아서 남북 전쟁 당시 이야기나 인물에 관한 책을 즐겨 읽었어요.

　의학 공부를 하던 중 어머니가 돌아가시자 학교를 그만두었어요. 잡지사 기자 활동을 하다가 발목을 다쳐 집에 머물면서 남북 전쟁 이야기를 담은 소설 <바람과 함께 사라지다>를 썼지요. 3년 동안 공들여 썼지만 당시에는 출판할 가능성이 없다고 생각해 벽장에 두었다고 해요.

<바람과 함께 사라지다>

　6년 동안 벽장에 있던 <바람과 함께 사라지다>는 우연한 기회에 출간되어 많은 사람들의 사랑을 받았어요. 마거릿 미첼은 <바람과 함께 사라지다>로 퓰리처상을 받았어요. 영화로도 제작되어 아카데미 작품상을 비롯해 오스카상을 8개나 받았지요. 하지만 마거릿 미첼은 더 이상 작품을 발표하지 않았고, 안타깝게도 1949년 교통사고로 세상을 떠났어요.

마거릿 미첼 생가 (미국 애틀랜타)

☞ <바람과 함께 사라지다> 미국 남부 큰 농장의 딸인 스칼렛 오하라는 아름다운 외모로 많은 사람들에게 사랑을 받아요. 하지만 욕심도 많고 이기적이라 결국 모든 것을 잃고 말아요. 남북 전쟁으로 사랑하는 사람들까지 떠나 보내지요. 하지만 자신이 잃은 것들을 되찾겠다고 결심한 후 고향으로 돌아오는 이야기예요.

• 대표 문학가 1 •

미하엘 엔데 (1929~1995)

미하엘 엔데는 누구일까?

미하엘 엔데는 독일의 작가예요. 화가인 부모로부터 예술적 기질을 물려받았어요. 하지만 아버지가 나치의 감시를 받아 피해 다니기도 했지요.

1960년 첫 작품 <기관차 대여행>으로 독일 청소년 문학상을 수상하고 글 쓰는 일에 몰두했어요. 그 후 발표한 <모모>, <끝없는 이야기>는 청소년뿐 아니라 어른에게도 감동을 주며 판타지 소설 붐을 일으켰지요.

<모모>는 어떤 이야기일까?

말라깽이 소녀 모모에게는 다른 사람의 말을 귀 기울여 듣는 능력이 있었어요. 사람들은 모모에게 이야기하며 반성도 하고 용기와 기쁨을 얻기도 했지요. 그러던 어느 날, 회색 일당이 마을 사람들에게 시간을 저축하라고 해요. 회색 일당의 꾐에 빠진 사람들이 시간을 저축하느라 바빠서 찾지 않자 모모가 사람들을 찾아 나서요. 회색 일당은 모모를 방해물로 여겨 잡으려고 애를 썼지요. 다행히 모모는 호라 박사의 도움으로 회색 일당을 물리치고 사람들이 도둑맞은 시간들을 모두 되찾아요.

미하엘 엔데의 묘(독일 발트프리도프)

☞ **판타지 소설** 판타지 소설은 현실보다는 환상적이고 비사실적인 것 등 상상력이 강조된 문학 장르예요. 영화로도 인기를 끌었던 <반지의 제왕>이나 <해리 포터 시리즈> 등이 판타지 소설이에요.

읽은날: 월   일

오늘의 지식 하나
070

문학 주간

• 대표 문학가 1 •

조앤 K. 롤링(1965~)

조앤 K. 롤링은 누구일까?

조앤 롤링은 영국의 작가예요. 이혼한 후 일자리가 없어서 어린 딸과 생활 보조금으로 살던 중 동화를 쓰기 시작했어요. 집 근처 카페에서 쓴 책이 베스트셀러가 되었는데 바로 <해리 포터와 마법사의 돌>이에요. 이 책은 세계 최우수 아동 도서로 선정되어 여러 상을 받았고, 2000년에는 영국의 최고 문학상인 '올해의 작가상'을 받았어요. 그리고 조앤 롤링은 영국 왕실로부터 작위를 받기도 했지요.

<해리 포터>는 어떤 이야기일까?

해리 포터 시리즈는 1997년에 발표된 <해리 포터와 마법사의 돌>을 시작으로 <해리 포터와 죽음의 성물>까지 모두 7편(23권)으로 구성돼 있어요. 영화로도 제작되어 큰 인기를 얻었지요. 친척집에 맡겨진 고아 해리 포터는 열한 번째 생일에 호그와트 마법 학교에 입학해요. 그리고 마법사가 되어 가면서 자신의 부모를 죽인 악의 마왕 볼드모트 경을 물리쳐 마법사 세계의 영웅이 되지요. 볼드모트 경과 결투를 벌인 지 19년이 지나 해리는 아들을 마법 학교에 보낸다는 이야기예요.

• 무서운 질병 •

페스트

💡 페스트는 어떤 병일까?

1300년대 중세 유럽에서 발생한 페스트는 쥐벼룩이 옮기는 병이에요. 페스트에 걸린 쥐의 피를 빨아먹은 쥐벼룩이 사람을 물면 페스트에 전염돼요. 당시 유럽 인구의 3분의 1이나 되는 사람들이 목숨을 잃었을 정도로 무서운 병이었어요.

페스트에 걸리면 어떻게 될까?

페스트균이 사람 몸속에 들어오면 세포를 죽이는 독소를 내뿜어요. 그래서 열이 오르고 구역질과 설사, 심한 통증이 나타나요. 그러다 호흡 곤란까지 일으켜 목숨을 앗아가기도 하지요. 페스트로 죽은 사람의 몸에 검은 반점과 고름이 남아서 '흑사병'이라고도 불렀어요.

페스트는 사라졌을까?

중세 유럽을 휩쓸었던 페스트는 백년 전쟁이 중단될 정도로 심각했어요. 그런데 이 페스트가 1894년 홍콩에서 또 유행했어요. 하지만 프랑스의 세균학자 알렉상드르 예르생이 연구를 거듭한 덕분에 페스트를 예방할 수 있는 백신을 만들었지요.

페스트(흑사병)가 휩쓴 14세기 유럽 사회의 모습을 그린 브뤼겔의 <죽음의 승리>

읽은날: 월 일

오늘의 지식 하나
072

동물·식물·인체 주간

• 무서운 질병 •

천연두

💡 천연두가 무엇일까?

천연두에 걸리면 열이 오르고 온몸에 붉은 종기와 고름이 차올라요. 열이 떨어지면 종기에 딱지가 생기는데 딱지가 떨어지면 흉터가 남아요. 예전에는 천연두에 걸리면 죽거나 낫더라도 몸에 보기 흉한 흔적이 남았어요. 그 자국을 곰보라고 했어요.

천연두를 물리친 종두법

영국의 의사 제너는 어느 날, 우유 짜는 사람에게서 신기한 이야기를 들었어요. 암소가 젖에 발진이 생기는 우두에 걸리면 사람에게도 옮는데, 그 병에 걸린 사람은 천연두에 걸리지 않는다는 거예요. 1796년, 제너는 우두에 걸린 사람의 손바닥 종기에서 우두균을 뽑아 천연두를 앓은 적이 없는 소년에게 주사했어요. 소년도 같은 병을 앓았지만 천연두에는 걸리지 않았지요. 우두균이 소년에게 천연두와 싸울 수 있는 항체를 만들어 준 거예요. 제너는 우두균으로 천연두를 예방할 수 있는 치료법을 발견했는데 세계 최초의 백신인 '종두법'이에요.

우리나라의 종두법

1879년, 우리나라에 천연두가 돌면서 많은 어린 아이들이 목숨을 잃었어요. 한의학을 공부하던 지석영은 서양의 종두법을 떠올렸어요. 그래서 일본으로 건너가 종두법을 배운 다음 어린 처남에게 종두를 실시했지요. 지석영이 어린이 40명에 접종한 것이 우리나라 첫 우두 접종이에요.

👉 **백신** 제너의 종두법으로 다른 질병도 세균을 주사해 항체를 만드는 예방 접종을 하게 되었어요. 예방 접종에 쓰이는 백신(vaccine)이라는 이름은 제너가 우두법을 성공시킨 암소를 뜻하는 라틴어 'vacca'에서 유래했어요.

• 무서운 질병 •

이질

💡 이질은 어떤 병일까?

이질은 장과 관련이 있어요. 처음에는 열이 나고 토하기도 하며 배가 아프다가 어느 정도 진행되면 묽은 설사를 해요. 열이 떨어지고 설사가 줄어도 하루 이틀 뒤 피가 섞인 대변을 보게 돼요. 보통 4~7일이면 회복되지만 치료하지 않으면 한 달 가까이 계속될 수도 있어요.

이질은 어떻게 옮길까?

이질은 오염된 식수나 음식, 파리나 바퀴벌레 등을 통해 전파돼요. 이질 환자와 접촉한 경우에도 옮지요. 주로 위생 상태가 불량하고 사람이 많은 곳에서 감염되는 경우가 많아요. 아주 적은 양의 세균으로도 감염될 수 있으므로 이질에 걸린 사람은 격리가 필요해요.

이질에 걸리지 않으려면 어떻게 해야 할까?

이질은 치료하지 않아도 1주일 정도면 증상이 좋아지기도 해요. 하지만 탈수 현상이 나타나거나 어린 아이들은 위험할 수 있으므로 주의해야 해요.

이질을 예방하려면 손을 깨끗이 씻는 것이 중요해요. 음식을 만들기 전이나 특히 화장실에 다녀온 후에는 반드시 손을 비누로 씻어야 해요. 그리고 물은 끓여 먹는 것이 좋으며 식품을 보관할 때도 주의해야 해요.

☞ **아메바성 이질** 이질은 세균성 이질과 아메바성 이질이 있어요. 아메바성 이질은 아메바와 같은 원생 생물이 원인이에요. 주로 열대 지역에서 발견돼요.

읽은날: 월 일

오늘의 지식 하나
074

동물·식물·인체 주간

• 무서운 질병 •

말라리아

 말라리아는 어떤 병일까?

말라리아는 '학질'이라고 알려진 열병이에요. 모기가 옮기는 질병으로 대부분 열대 지역의 오염된 곳에서 발생해요. 해마다 아프리카에서 5세 미만 어린이가 100만 명 넘게 사망한다고 해요. 우리나라에서는 모습을 감추었다가 1993년부터 다시 나타나고 있어요.

말라리아에 걸리면 어떻게 될까?

말라리아는 얼룩날개모기의 암컷에 물려 감염돼요. 때로는 수혈이나 주사기를 함께 사용했을 때 옮기도 해요. 말라리아에 걸리면 열이 나고 오한이 들며 땀이 나요. 그러한 증상이 3~4일 주기적으로 나타나지만 치료를 받으면 나아요. 하지만 아프리카와 동남 아시아 등에서 발생하는 말라리아에 걸리면 합병증에 시달리다가 심하면 목숨을 잃기도 해요.

말라리아 잡다가 사람 잡겠네!

뮐러

모기가 말라리아를 옮긴다는 것을 알고 사람들은 모기를 없애는 방법을 연구했어요. 스위스의 과학자 파울 뮐러는 DDT를 개발해 1948년에 노벨 생리의학상을 받았지요. 하지만 DDT는 모기와 각종 해충을 없애는 것 외에 해충의 천적까지 죽였어요. 게다가 DDT가 농작물에 흡수돼 사람 몸에 쌓여 건강을 해친다는 사실도 밝혀져 DDT의 제조와 판매가 금지되었어요.

☞ **일본뇌염** 빨간집모기에 물리면 감염되는 전염병으로 열이 심하고 두통이 나타나요. 심하면 혼수 상태에 이르러 목숨을 잃기도 하지요. 15세 이하의 어린이나 청소년이 잘 걸리므로 예방접종을 하는 것이 좋아요.

• 무서운 질병 •

결핵

💡 결핵은 어떤 병일까?

결핵은 결핵균으로 감염되는 전염병이에요. 폐와 신장(콩팥), 창자, 뼈 등에 침투하지요. 결핵균은 공기에 의해 감염되므로 결핵 환자와 같은 공간에 있으면 감염될 수 있어요. 결핵은 대부분 폐결핵으로 발병되며 X-레이 사진으로 흔적을 알 수 있어요.

폐결핵에 걸리면 어떻게 될까?

폐결핵에 걸리면 기침을 자주 하고 심하면 피를 토하기도 해요. 늘 기운이 없고 피곤하며 몸이 점점 마르고, 심하면 가슴에 통증을 느끼며 숨쉬기도 힘들어지지요.

결핵 진단용 시약 '투베르쿨린'을 만든 독일의 세균학자 로베르트 코흐는 1905년 노벨 생리의학상을 받았어요.

코흐

결핵에 걸리지 않으려면?

1932년 미국에서 결핵 치료제가 개발되었어요. 그리고 결핵을 예방하기 위한 백신 BCG도 만들었지요. 결핵에 대한 면역력을 갖게 해 주는 이 백신은 우리나라에서는 아기가 태어나면 꼭 접종하도록 하고 있어요.

아직도 결핵으로 목숨을 잃는 사람이 많은데, 깨끗하지 않은 환경과 충분하지 못한 영양 섭취가 원인이에요. 또한 치료제를 여러 가지 사용하면서 어떤 치료제도 잘 듣지 않는 슈퍼결핵이 생겼기 때문이지요.

☞ **세계 결핵의 날** 결핵의 심각성을 알리고 예방하기 위해 세계보건기구(WHO)에서 정한 날로 3월 24일이에요. 결핵균의 발견으로 7명 중 1명이 사망하는 심각한 질병 치료에 큰 도움이 되었어요.

오늘의 지식 하나
076

동물·식물·인체 주간

읽은날: 월 일

• 무서운 질병 •

암

  암이 무엇일까?

세포에 이상이 생기면 혹 같은 덩어리가 생기는데 이것을 '종양'이라고 해요. 암은 악성 종양으로, 정상 세포를 죽이고 내장 기관을 파괴해요. 우리나라 인구의 사망 원인 1위가 암이에요. 치료 기술이 발달해 생존율이 높아졌지만 여전히 치료하기 힘든 질병이지요.

암에 걸리지 않으려면?

암을 예방하려면 골고루 먹고 규칙적인 생활과 운동을 하는 것이 좋아요. 너무 맵거나 짠 음식은 피하는 것이 좋지요. 농약을 많이 사용한 농작물이나 색소, 방부제가 많이 들어간 음식도 암을 일으키기 쉬워요. 또한 미세 먼지, 담배 연기, 자동차 배기가스 등에도 발암 물질이 들어 있어요. 그리고 스트레스가 암의 주요 원인이라고 하니 몸과 정신 건강을 잘 챙기는 것이 중요해요.

암은 어떻게 치료할까?

암은 종류에 따라 회복하기 어려운 심각한 상태가 될 때까지 증상을 못 느끼는 경우가 많아요. 따라서 평소 예방과 함께 정기 검진을 받는 것이 중요해요. 진행 정도에 따라 치료 방법이 다양한데, 2기나 3기면 수술을 하거나 항암제 또는 방사선 치료를 하고 4기에는 항암 치료를 해요.

☞ **암** 암을 뜻하는 캔서(cancer)는 '게'의 그리스어 '카르키노스(karkinos)'에서 유래했어요. 암세포가 뻗어가는 모습이 다리가 긴 게와 비슷하기 때문이에요. 또 암세포가 전이된 장기는 게 껍데기처럼 단단해져서라고도 해요.

· 무서운 질병 ·

바이러스·인플루엔자

💡 인플루엔자가 무엇일까?

감기가 심하면 독감이 되는 것으로 아는 사람들이 많은데 감기와 독감은 달라요. 증상은 비슷하지만 감기는 바이러스가 원인이고 독감은 인플루엔자 바이러스의 한 종류예요. 감기와 달리 독감은 폐렴을 비롯한 합병증이 생기기 쉽기 때문에 예방 주사를 맞는 것이 좋아요.

감기와 독감 예방법

감기나 독감에 걸리지 않으려면 늘 손을 깨끗이 씻고 손으로 눈이나 코, 입을 만지지 말아야 해요. 기침이나 재채기를 할 때는 전염될 수도 있으므로 마스크를 쓰는 것이 좋아요. 또한 규칙적인 생활과 운동 그리고 음식을 골고루 먹어 면역력을 키우는 것도 중요해요.

모습을 바꾸는 변이 바이러스

독감은 예방 백신으로도 면역력을 키울 수 있어요. 그런데 2009년에는 A형 인플루엔자 바이러스에 감염된 돼지에게 발생한 신종 인플루엔자(신종플루)가 전 세계로 퍼져 유행한 적이 있어요. 이처럼 변이가 일어나면 면역력이 떨어질 수 있으므로 해마다 유행을 예상해 만든 예방 백신을 맞아야 해요.

☞ **독감 예방** 독감 예방 접종은 독감이 유행하기 전인 9~11월에 하는 것이 좋아요. 접종한 다음 우리 몸에서 항체를 만드는 데 약 2주 정도가 걸리기 때문이지요.

읽은날: 월   일

오늘의 지식 하나
078

예술·스포츠 주간

• 대표 음악가 •

바흐 (1685~1750)

💡 바흐는 누구일까?
우리가 '바흐'라고 부르는 음악가는 요한 세바스찬 바흐를 가리켜요. 음악가 집안에서 태어난 바흐는 독일어로 '실개천' '작은 시냇물'이라는 뜻이에요. 베토벤은 바흐를 실개천(Bach)이 아니라 큰 바다(Meer)라고 불러야 한다고 말했어요.

따뜻하고 인간적인 음악가

바흐는 어릴 때 부모님을 잃고 형에게 오르간과 쳄발로를 배우며 음악을 공부했어요. 바흐의 곡은 연주하기 까다롭지만 오랫동안 함께 한 연주 단체를 위해 만든 <커피 칸타타>, 아내를 위해 만든 클라비어 모음곡 <안나 막달레나를 위한 소곡집>, 어린 아들을 위해 만든 <빌헬름 프리데만 바흐를 위한 클라비어 소곡집> 등을 통해 따뜻한 마음을 느낄 수 있어요.

★ 바흐 <브란덴부르크 협주곡> 들어보기
🎵 모차르트 오케스트라, 클라우디오 아바도 지휘

바흐를 왜 '음악의 아버지'라고 할까?

독실한 기독교 신자였던 바흐는 수난곡, 미사곡 등 종교 음악과 칸타타, 협주곡 등의 관현악곡도 작곡했어요. 바로크 음악을 대표하는 작곡가이자 클래식을 하나의 장르로 완성시켜 바흐를 '음악의 아버지'라고 불러요. '음악의 어머니'로 불리는 작곡가도 있는데, 바로 헨델이에요.

👉 **헨델(1685~1759)** 바흐와 헨델은 같은 해, 같은 나라에서 태어났지만 많이 달랐어요. 바흐는 독일 밖으로 나간 적이 없지만 헨델은 이탈리아, 프랑스를 거쳐 영국 국민이 되었어요. 바흐의 음악은 장엄하고 무게가 느껴지고, 헨델의 음악은 밝고 자연스러운 느낌이에요.

• 대표 음악가 •

모차르트 (1756~1791)

모차르트는 누구일까?

오스트리아의 음악가 볼프강 아마데우스 모차르트는 어릴 때부터 '음악의 신동'으로 불렸어요. 남다른 재능을 보이며 세 살 때 피아노 연주를 했고, 다섯 살 때는 작곡을 할 정도의 천재였다고 해요.

시대를 앞서간 천재 음악가

절대 음감을 가지고 태어난 모차르트는 기억력이 뛰어나 어떤 멜로디를 들려주면 바로 외워 그 자리에서 연주할 정도였다고 해요.

모차르트는 어릴 때부터 아버지를 따라 유럽 여러 나라를 돌며 연주 여행을 했어요. 36년의 짧은 생애 동안 14년을 외국에서 보냈으며 연주 여행을 통해 세계 각지의 문화와 음악, 예술을 체험했어요.

짧은 생애 동안 남긴 수많은 곡

모차르트의 마지막 작품은 <레퀴엠>이에요. 음악을 좋아하는 어느 귀족이 부탁한 곡으로, 죽기 4시간 전까지 이 곡을 썼다고 해요. 다양한 분야에 걸쳐 수많은 곡을 쓴 모차르트는 41개의 교향곡과 21개의 오페라, 25개의 바이올린 소나타와 협주곡 등 600개가 넘는 곡을 남겼어요.

★ 모차르트 교향곡 41번 <주피터> 들어보기
♪ 프랑크푸르트 라디오 심포니 오케스트라

☞ <아마데우스> 모차르트의 음악은 클래식 음악회뿐 아니라 영화, 게임, K팝 등에도 사용되고 있어요. 모차르트가 주인공인 영화 <아마데우스>에서는 상영하는 내내 모차르트의 작품이 배경 음악으로 흘러요.

읽은날: 월   일

오늘의 지식 하나
080

예술·스포츠 주간

• 대표 음악가 •

베토벤(1770~1827)

💡 베토벤은 누구일까?

베토벤은 1770년 12월 17일 독일 본에서 태어났어요. 음악가였던 베토벤의 아버지는 아들을 제2의 모차르트로 만들고 싶어 했어요. 네 살 때부터 음악 교육을 받은 베토벤은 마침내 음악가로는 유일하게 '악성'이라는 칭호를 받은 위대한 음악가가 되었어요.

교향곡의 황제

교향곡은 관현악을 위해 만든 큰 규모의 곡을 말해요. 보통 4악장으로 이루어지며, 하이든이 시작해 모차르트와 베토벤에 의해 확립되었지요.

베토벤은 9개의 교향곡을 작곡했어요. 하이든이나 모차르트에 비하면 적지만 지금도 전 세계에서 연주될 정도로 큰 사랑을 받고 있지요. 많은 연주자가 필요한 베토벤의 교향곡은 소리가 풍부하고 웅장해요.

청각을 잃고 어떻게 음악을 계속했을까?

베토벤은 많은 어려움을 겪으며 살았어요. 가난에 심한 귓병까지 앓았지요. 교향곡 <운명>은 청력을 잃어 가던 때에 만들었는데, 음악 활동을 하던 중 서서히 청력을 잃어 작곡을 할 수 있었지요. 막대기를 입에 물고 피아노 울림판에 갖다 대 진동을 느끼면서 작곡했다고 해요. 대표작으로는 교향곡 제3번 <영웅>, 제5번 <운명>, 제6번 <전원>과 피아노 소나타 <비창>, 피아노 소품 <엘리제를 위하여> 등이 있어요.

★ 베토벤 교향곡 6번 <전원> 들어보기
🎵 암스테르담 로열 콘서트허바우 오케스트라

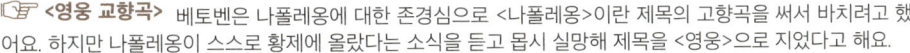

☞ <영웅 교향곡> 베토벤은 나폴레옹에 대한 존경심으로 <나폴레옹>이란 제목의 교향곡을 써서 바치려고 했어요. 하지만 나폴레옹이 스스로 황제에 올랐다는 소식을 듣고 몹시 실망해 제목을 <영웅>으로 지었다고 해요.

• 대표 음악가 •

브람스 (1833~1897)

> 💡 **브람스는 누구일까?**
>
> 브람스는 독일 함부르크에서 작은 악단의 콘트라베이스 연주자의 아들로 태어났어요. 아버지에게 음악을 배우며 일찍부터 재능을 보인 브람스는 열 살 때 피아니스트가 되었지요. 베토벤의 뒤를 잇는 작곡가로 많은 명곡을 남겼어요.

슈만과의 만남

브람스는 집안이 가난해 술집에서 피아노 연주를 하며 살림을 도왔어요. 그러던 어느 날, 손님으로 온 유명 바이올리니스트 요아힘을 알게 되었지요. 그리고 요아힘의 소개로 독일 낭만파의 거장 슈만을 알게 되었는데, 슈만과 클라라 부부는 브람스의 든든한 후원자가 되어 주었어요.

★ 브람스 바이올린 협주곡 들어보기
♬ 힐러리 한 & 프랑크푸르트 라디오 심포니 오케스트라

베토벤의 음악을 잇는 작곡가

브람스는 합창단과 오케스트라의 지휘자로 활동했어요. 모차르트, 슈베르트, 슈만의 작품을 정리해 책으로 내기도 하고, 신인 음악가들을 찾아내려고 노력했지요. 브람스의 교향곡과 협주곡은 각 분야에서 아주 중요한 곡으로 꼽혀요. 특히 바이올린 협주곡은 베토벤, 멘델스존의 바이올린 협주곡과 함께 '3대 바이올린 협주곡'으로 꼽히지요. 브람스의 4개 교향곡은 모두 명곡으로 세계 여러 나라에서 많이 연주되고 있어요.

☞ **3B 작곡가** 클래식 음악의 중심이 되는 브람스(Brahms), 바흐(Bach), 베토벤(Beethoven)을 가리켜요.

읽은날: 　월　　일

오늘의 지식 하나
082

예술·스포츠 주간

• 대표 음악가 •
차이콥스키 (1840~1893)

💡 차이콥스키는 누구일까?
차이콥스키는 러시아에서 광산 감독관의 아들로 태어났어요. 어릴 때부터 피아노를 잘 쳤으며 어학에도 재능이 뛰어나 여섯 살 때부터 프랑스어와 독일어를 읽었을 정도예요. 특이하게도 음악을 좋아했지만 대학에서 법학을 공부하고 법원 사무관으로 일하기도 했어요.

법학도에서 음악가의 꿈을 이루다
법학을 공부한 차이콥스키는 루빈스타인이 세운 음악 교실에서 음악가의 꿈을 키워 나갔어요. 이 음악 교실은 러시아 최초의 국립 음악원인 상트 페테르부르크 음악원이 되었어요.

발레곡의 대가
차이콥스키는 1888년 교향곡 제5번을 시작으로 <잠자는 숲속의 미녀>, 오페라 <스페이드의 여왕>, <욜란타> 등 해마다 명곡을 발표했어요. 교향곡 제6번 <비창>은 그의 마지막 작품이자 예술 정신이 고스란히 담긴 명곡이에요. 또한 차이콥스키는 고전 발레 음악 최고의 작곡가로 꼽혀요. <백조의 호수>, <호두까기 인형>, <잠자는 숲속의 미녀>는 그의 3대 발레 음악이에요.

★ 차이콥스키 피아노 협주곡 1번 들어보기
♬ 선우예권 & KBS교향악단

예술·스포츠 주간

오늘의 지식 하나
083

읽은날: 월 일

• 대표 음악가 •
말러 (1860~1911)

 말러는 누구일까?

구스타프 말러는 오스트리아에서 여관 주인의 아들로 태어났어요. 두 살 때부터 수백 곡의 민요를 외울 정도로 음악적 재능이 뛰어났지요. 여섯 살 때부터 피아노를 정식으로 배웠고, 열다섯 때 빈에 가서 작곡과 지휘를 공부했어요.

지휘자? 작곡가?

말러는 작곡가로 알려지기 전에 지휘자로 많은 오케스트라를 지휘했어요. 교향곡의 역사에서 빼놓을 수 없는 지휘자이자 작곡가지요.

말러가 헝가리 부다페스트 오페라 극장의 지휘자로 있을 때 모차르트의 <돈 지오반니> 공연을 본 브람스는 "가장 완벽한 <돈 지오반니>를 보려면 부다페스트에 가면 된다."고 말했대요. 작곡보다 지휘로 더 유명하다 보니 자신을 '여름 휴가 작곡가'라고 말할 정도였지요.

아이디어가 많았던 작곡가

말러의 대표작은 교향곡과 가곡이에요. 아이디어가 많았던 그의 교향곡에서는 성악이 중요한 부분으로 포함되어 있으며 가곡의 반주는 오케스트라가 하도록 작곡했어요. 대표작으로는 9개의 교향곡 외에 <대지의 노래>와 가곡 <한탄의 노래>, <젊은 나그네의 노래> 등이 있어요.

★ 말러 교향곡 1번 <거인> 들어보기
♬ 루체른 페스티벌 오케스트라, 클라우디오 아바도 지휘

읽은날: 월   일

오늘의 지식 하나
084

예술·스포츠 주간

• 대표 음악가 •

스트라빈스키 (1882~1971)

💡 스트라빈스키는 누구일까?

이고르 스트라빈스키는 제정 러시아에서 태어났어요. 어려서부터 음악에 재능이 뛰어났지만 부모님의 뜻대로 법학을 공부했지요. 우연한 기회에 림스키코르사코프의 아들과 공부하면서 림스키코르사코프에게 피아노를 배웠어요. 이후 전공을 작곡으로 바꾸었다고 해요.

새로운 형식의 곡을 만들다

스트라빈스키의 곡은 불협화음이 계속 진행되는 특징이 있어요. 보통 4/4 박자로 시작해 곡이 끝날 때까지 4/4 박자가 변하지 않는데, 스트라빈스키는 특이한 박자를 많이 사용했어요. 한 곡이 끝날 때까지 박자가 자주 바뀌고, 곳곳에 악센트도 배치했지요. 끊임없이 새로운 형식의 음악을 만든 스트라빈스키는 음악가들의 본보기가 되었어요.

발레곡 <불새>로 유명해지다

스트라빈스키의 발레 작품들은 현대 발레의 창시자 포킨, 전설의 발레리노 니진스키가 안무를 맡았어요. <불새>로 유명해진 스트라빈스키는 드뷔시, 라벨, 사티 등과 친하게 지내며 많은 영향을 받았어요. 혁명이 일어나 러시아로 돌아갈 수 없게 되자 유럽을 떠돌며 가난하게 살았지요. 대표작으로는 발레곡 <불새>, <페트루시카>, <봄의 제전> 등이 있어요.

★ 스트라빈스키 발레 음악 <불새>
♪ 토론토 심포니 오케스트라

👉 <불새> 전 세계 발레를 주름잡았던 디아길레프가 스트라빈스키에게 부탁해 쓴 발레곡. 파리 오페라 극장에서 처음 공연해 큰 성공을 거두었어요. 스트라빈스키는 이 곡을 좋아해 평생 1,000여 번 지휘했다고 해요.

• 말의 유래 •

아킬레스건

> 💡 **아킬레스는 어떻게 생긴 말일까?**
>
> 바다의 여신 테티스는 인간 펠레우스와 결혼해 아들 아킬레우스를 낳았어요. 테티스는 아킬레우스를 불사신으로 만들려고 저승의 강 스틱스에 담글 때 발목을 붙잡아 발꿈치 부분은 불사신이 되지 못했고, 몸에서 유일하게 상처를 입을 수 있는 곳이 되었어요.

아킬레스건이라는 말은 언제 쓸까?

그리스 신화에 나오는 무적의 영웅 아킬레스(아킬레우스의 영어명)는 어이없게도 발뒤꿈치에 화살을 맞고 죽어요. 그래서 치명적인 약점을 말할 때 아킬레스건이라는 표현을 쓰지요. 실제로 아킬레스는 발뒤꿈치에 있는 장딴지 근육과 발꿈치를 연결하는 힘줄인 아킬레스건을 말해요.

아킬레스 이야기

펠레우스는 아들 아킬레스가 트로이 전쟁에서 죽을 거라는 신탁을 받아 여자 옷을 입혀 공주와 같이 키웠어요. 하지만 아킬레스 없이는 트로이를 함락시키지 못할 거라는 경고에 그리스인들은 아킬레스를 찾아냈지요. 트로이 전쟁에서 아킬레스는 12개의 도시를 점령했지만 트로이 왕자 파리스가 아폴론에게 얻어 쏜 화살을 발뒤꿈치에 맞아 죽고 말아요.

☞ **아폴론** 그리스 신화에 나오는 올림포스 열두 신 중 한 명이에요. 태양과 음악, 예언 그리고 궁술의 신이지요. 아폴론은 머리에 월계관을 쓰고 한쪽 손에는 리라는 악기를 들고 있어요.

읽은날: 월 일

오늘의 지식 하나
086

세계·문화 주간

• 말의 유래 •

에티켓

에티켓은 어디서 유래했을까?

에티켓은 프랑스어로 '팻말을 붙이다'라는 뜻이에요. 중세 시대 유럽에는 화장실이 없어 아무 곳에서나 볼일을 봤대요. 집 안에서는 항아리에 오줌을 누고 창문 밖으로 버리다 보니 거리가 엉망이었지요.

베르사유 궁전도 마찬가지로 화장실이 없어 배설물을 정원에 버렸어요. 화가 난 정원사는 왕의 허락을 받아 '정해진 곳에서 똥오줌을 누시오'라는 팻말을 세웠는데 이 팻말이 바로 에티켓이에요. 그 후로 '에티켓을 지켰다'는 말을 하게 되었어요.

나라마다 다른 에티켓

에티켓은 '예절', '품위'를 뜻하는 말이에요. 하지만 예절의 기준은 나라와 지역마다 달라요. 우리나라는 음식을 깨끗이 다 먹는 것이 예의지만 중국은 남기는 것이 예의라고 해요. 또 일본은 숟가락을 거의 사용하지 않기 때문에 국그릇을 들고 먹지만 우리나라는 그릇을 들고 먹는 것을 예의없다고 여겨요.

☞ **베르사유 궁전** 루이 14세 때 증축한 바로크 양식 건물로 화려한 내부 장식으로 권력과 재력을 뽐내는 프랑스 절대주의의 상징물이에요. 프랑스 대혁명 때 가구와 장식품이 많이 없어졌으며 현재 역사 미술관이에요.

• 말의 유래 •

보이콧

보이콧은 어떻게 생긴 말일까?

　옛날, 아일랜드에 찰스 보이콧이라는 농장 주인이 있었어요. 어느 해, 큰 흉년이 들자 농민들은 보이콧에게 소작료를 깎아 달라고 부탁했어요. 하지만 보이콧은 콧방귀를 뀌며 들어주지 않았지요. 농민들은 일을 하지 않았고 보이콧은 결국 자기 땅에서 쫓겨났어요. 그 뒤 어떤 일을 받아들이지 않고 똘똘 뭉쳐 싸우는 것을 '보이콧'이라고 하게 되었어요.

보이콧은 어떨 때 사용할까?

　보이콧의 어원은 농장에서 유래했지만 여러 분야에서 쓰여요. 개인은 물론 기업과 나라 사이에 거래를 멈추는 것도 보이콧이라고 해요. 1955년, 미국에서 흑인 여성 몽고메리가 버스에서 자리를 내주지 않아 벌어진 사건을 계기로 흑백 분리주의 철폐를 요구하며 버스 보이콧 운동을 했어요. 또한 냉전 시대에는 모스크바 올림픽이나 LA 올림픽에 자본주의 국가와 공산주의 국가가 올림픽을 보이콧하고 참가하지 않았지요.

☞ **불매 운동** 소비자가 어떤 목적을 위해 특정 상품의 구매를 거부하는 것으로 보이콧이라고도 해요. 우리나라도 2019년, 일본 징용 피해자 배상 판결이 원인이 되어 일본 관련 제품을 사지 않는 불매 운동을 벌였어요.

• 말의 유래 •

디데이

디데이는 무슨 뜻일까?

생일, 시험 그리고 여행이나 중요한 약속일 등을 '디데이(D-Day)'라고 해요. 디데이는 'D-숫자'로 표시해 하루하루 숫자를 줄여 가지요.

기대와 긴장감을 나타내는 디데이는 원래 군대에서 사용하는 말이었어요. 군대에서는 공격 예정일이 정해지면 그때부터 날짜 대신 공격 예정일을 기준으로 계획을 준비할 때 디데이를 사용해요. 하지만 요즘은 평상시에도 사용하지요. 하루 전날은 D-1, 하루 지난 날은 D+1이라고 써요.

가장 유명한 디데이

1944년 6월 6일은 노르망디 상륙 작전이 있던 날이에요. 제2차 세계 대전 중 나치가 점령한 유럽에 연합군이 공격을 벌이는 작전의 날이었지요. 원래는 6월 5일인데 날씨가 너무 안 좋아서 하루 연기했다고 해요. 그래서 1944년 6월 6일을 디데이라고 불러요.

디데이가 널리 사용되면서 군사 작전 개시 날짜를 디데이라고 표현하지 않는다고 해요. 예를 들어 맥아더 장군의 레이테섬 침공 작전은 '에이데이', 오키나와 침공 작전은 '엘데이'라고 했대요.

☞ **노르망디 상륙 작전** 제2차 세계 대전 때 유럽 대륙에서 물러났던 연합군이 독일이 점령하고 있던 프랑스령 노르망디 해안에 상륙한 작전. 이 작전의 성공으로 프랑스가 독일군에서 해방되었고 독일은 후퇴를 거듭했어요.

• 말의 유래 •

악어의 눈물

💡 악어는 정말 눈물을 흘릴까?

이집트의 나일강에 사는 악어는 잡아먹은 먹이를 위해 눈물을 흘린다고 해요. 이 이야기는 여러 문학 작품에도 등장해요. 악어가 정말 슬퍼서 눈물을 흘리는 걸까요? 동물은 눈의 수분을 공급하거나 몸속 염분을 내보내기 위해 울기도 해요.

악어는 왜 눈물을 흘릴까?

악어가 먹이를 먹을 때 눈물을 흘리는 이유는 눈물샘의 신경과 입을 움직이는 신경이 같기 때문이에요. 먹이를 삼키기 쉽게 입안의 수분을 보충시켜 주는 것일 뿐 슬퍼서 눈물을 흘리는 것은 아니에요. '악어의 눈물 증후군'이라는 의학 용어가 있는데 얼굴 신경이 마비된 후유증으로 침샘과 눈물샘의 신경이 얽혀 침과 눈물을 함께 흘리는 증상이에요.

'악어의 눈물'은 무슨 뜻일까?

악어가 먹이를 잡아먹을 때 눈물을 흘리는 게 미안하고 불쌍해서 우는 것처럼 보여 거짓 눈물이나 행동을 '악어의 눈물'이라고 해요. 특히 선거에서 이긴 정치인이 패배한 상대 앞에서 흘리는 눈물을 가리킬 때 많이 사용하며 강자가 약자 앞에서 흘리는 눈물도 악어의 눈물이라고 해요.

• 말의 유래 •

시치미

시치미가 무엇일까?

우리나라는 삼국 시대부터 매사냥을 했어요. 사냥을 할 수 있도록 어린 매를 길들였는데, 좋은 매를 훔치기도 하고 매가 서로 바뀌는 일도 있었어요. 그래서 주인을 나타내기 위해 표지를 달았는데 이 표지가 바로 '시치미'예요.

시치미는 무엇으로 만들까?

훈련 받은 매가 사냥을 할 수 있게 되면 시치미를 만들어 줘요. 시치미를 다는 것은 사냥매로 인정하는 표시지요. 시치미는 주로 소뿔로 만들어요. 푹 삶아 적당한 크기로 자른 소뿔에 주인의 이름을 적고 방울을 달면 사냥할 때 매의 위치를 알 수 있지요. 완성된 시치미는 매의 꼬리에 달아요.

매사냥은 어떻게 하는 걸까?

고려 충렬왕은 직접 매사냥을 했을 뿐만 아니라 매를 키우고 관리하는 '응방'이라는 관청까지 두었어요. 조선 시대까지 이어진 매사냥은 일제 강점기 때 사라질 위기도 있었어요. 하지만 현재까지 이어지고 있으며 매를 사육하고 사냥하는 사람을 '응사'라고 해요. 우리나라 응사는 무형 문화재 기능 보유자로 지정되어 있어요.

☞ **매** 매는 종류가 많지만 특히 사냥에 쓰이는 매는 비행 속도가 빠르고 부리와 발톱이 날카로워요. 또 사냥하는 곳도 다른데, 참매는 나무가 많고 좁은 들판에서 하고 송골매는 주로 넓은 평원에서 사냥을 해요.

세계·문화 주간

오늘의 지식 하나
091

읽은날 :   월   일

• 말의 유래 •

어처구니

> 💡 **어처구니는 무엇을 뜻할까?**
>
> 어처구니에는 몇 가지 뜻이 있는데 그중 대표적인 것이 맷돌을 돌리는 손잡이예요. 맷돌은 위아래 두 개의 돌이 돌아가며 곡식을 가는 도구예요. 손잡이가 없으면 제 기능을 할 수 없지요. 여기에서 '어처구니가 없다'는 말이 생겼어요.

궁궐의 어처구니

어처구니에는 또 다른 뜻이 있어요. 궁궐의 지붕 위에는 흙으로 만든 동물 모양의 인형이 있어요. 추녀마루의 기와가 흘러내리지 않도록 하고, 궁전의 나쁜 기운을 물리쳐 건물을 지켜주는 역할을 해요. 그런데 궁궐 공사를 마무리하면서 어처구니를 올리지 않으면 황당하겠지요. 그래서 '어처구니 없다'는 말이 생겼다고 해요.

'어이없다'

'어처구니없다'와 함께 자주 사용하는 말이 '어이없다'예요. 엄청나게 큰 사물이나 사람을 '어처구니'라고 해요. 이와 비슷한 말로 '어이'가 있어요. 그래서 '어처구니가 없다'는 말 대신 '어이가 없다'는 말을 사용하기도 하지요. 어이없다를 '어의없다'로 잘못 쓰는 경우가 많은데 '어의'는 옛날에 임금이나 왕족을 치료했던 의사를 말해요.

읽은날: 월 일

오늘의 지식 하나
092

사회·생활 주간

• 세계의 춤 •

발레

💡 발레는 어떤 춤일까?

발레는 무대 위에서 음악과 의상 그리고 팬터마임(대사 없이 표정과 몸짓만으로 내용을 전달하는 연극) 등으로 이야기를 표현하는 춤이에요. 이탈리아어 '춤을 추다(ballare)'에서 유래했지요. 15세기 이탈리아에서 시작됐으며 본래 남자들만 추던 춤이었대요.

발레리나를 소재로 한 드가의 그림
<꽃다발을 들고 인사하는 무희>

발레를 사랑한 왕

발레는 이탈리아 공주가 프랑스로 시집가면서 프랑스에 전해졌어요. 프랑스의 루이 14세는 춤을 아주 좋아해 직접 무대에 올라 추었을 정도였다고 해요. 1661년에 왕립 무용학교를 설립하는 등 발레는 프랑스에서 많이 발전했어요.

러시아의 황제 표트르 대제도 발레를 좋아했어요. 프랑스와 이탈리아에서 유명한 무용수를 초대해 발레 작품을 만들기도 했지요. 그리고 발레의 기본 자세와 동작 등을 정리해 오늘날 발레의 기초를 만들 수 있도록 했어요.

발레와 음악

발레 음악은 심포니(교향곡) 형식으로 작곡되어 오케스트라가 연주해요. 19세기 후반에 탄생했으며 발레 음악을 최초로 작곡한 음악가는 차이콥스키예요. <잠자는 숲속의 미녀>, <백조의 호수>, <호두까기 인형> 등이 차이콥스키가 작곡한 발레 음악이에요.

☞ **호두까기 인형** 클라라와 아이들은 크리스마스 선물을 받고 기뻐서 잠이 들어요. 그런데 생쥐 왕이 부하를 이끌고 습격하자 호두까기 인형이 맞서 싸우고, 클라라도 슬리퍼를 던져 생쥐 왕을 쓰러뜨려요. 그러자 호두까기 인형이 왕자로 변해 클라라를 과자나라로 초대한다는 이야기예요.

• 세계의 춤 •

왈츠

> 💡 왈츠는 어떤 춤일까?
>
> 왈츠는 15세기부터 농민들이 즐기던 춤이었어요. 오스트리아와 독일에서 추던 '렌들러'와 프랑스의 '볼타'라는 민속춤이 발전한 것이지요. 음악에 맞춰 남녀가 원을 그리며 추는 왈츠는 19세기 무렵 유럽에서 유행했고 남녀가 파트너가 되어 추는 최초의 춤이에요.

왈츠는 언제부터 추기 시작했을까?

1814년, 오스트리아 빈에 유럽의 각 대표들이 모였어요. 나폴레옹이 러시아에 지면서 프랑스가 전쟁에서 얻은 영토를 어떻게 나눌지 의논하기 위해서였지요. 오스트리아가 주도한 이 회의에서 왈츠 무도회가 열렸어요. 중세 유럽에서는 남녀가 가까이서 춤을 출 수 없어서 남녀가 함께 추는 왈츠를 처음 본 사람들은 많이 놀랐다고 해요.

<아름답고 푸른 도나우>

최고의 왈츠 음악가는 요한 슈트라우스 2세예요. 오스트리아가 프로이센에 크게 지자 국민들은 깊은 상실감에 빠졌어요. 그때 요한 슈트라우스 2세는 <아름답고 푸른 도나우>라는 곡을 만들었어요. 도나우는 빈을 지나는 강이에요.

오스트리아 사람들은 이 곡을 아주 좋아해 해마다 마지막 날 자정에 방송에서 흘러나오고, 새해 아침에는 이 곡으로 음악회를 열기도 해요.

요한 슈트라우스 2세의 묘

👉 **요한 슈트라우스 2세(1825~1899)** 오스트리아의 작곡가이자 지휘자예요. 왈츠의 기초를 이루어 왈츠 발전에 기여해 '왈츠의 아버지'로 불려요.

• 세계의 춤 •

삼바

삼바는 어떤 춤일까?

삼바는 브라질 흑인계 주민들의 춤이에요. 16세기 아프리카에서 온 노예들이 노동의 고통을 잊기 위해 고향의 리듬에 맞춰 춘 춤이지요. 19세기에 노예 해방이 된 후에도 점점 발전했으며 브라질 특유의 음악과 리듬이 더해져 브라질의 국민 춤인 삼바가 탄생했어요.

리우 카니발은 어떤 행사일까?

삼바는 브라질 카니발의 상징이라고 할 수 있어요. 카니발은 원래 금욕 기간인 사순절을 앞두고 즐기던 가톨릭 축제지요.

리우 카니발은 포르투갈에서 브라질로 온 사람들의 사순절 축제와 아프리카 노예들의 타악기 연주와 춤이 합쳐져 생겼어요. 세계 3대 축제 중 하나이며 흑인들은 물론 남녀노소가 이 날만큼 자유의 몸이 되었지요. 그런데 축제 중에 가끔 흑인들이 지배층을 괴롭히기도 해서 폭력적이지 않은 축제가 되도록 가면무도회로 즐기게 되었어요.

삼바 축제

삼바 퍼레이드

삼바 퍼레이드는 브라질의 역사적 사건이나 인물 등 다양한 주제로 공연해요. 2~24개 팀이 화려한 의상을 입고 삼바를 추며 참여하지요. 한 팀이 3,000~5,000명 가까이 되는 삼바 퍼레이드에서 우승하는 것이 브라질 사람들에게는 가장 자랑스러운 일이라고 해요.

☞ **삼바드로모** 브라질 사람들에게 삼바는 생활 그 자체예요. 1928년 최초로 삼바 학교가 생겼으며 1984년에는 삼바 공연을 할 수 있는 공연장인 삼바드로모도 생겼어요. 7만 명이 관람할 수 있는 큰 규모라고 해요.

· 세계의 춤 ·

플라멩코

💡 플라멩코는 어떤 춤일까?

플라멩코는 집시들의 춤이에요. 여기저기 떠돌아다니며 사는 집시들은 에스파냐(스페인)에 모여 살면서 자신들의 슬픈 처지를 춤으로 표현했어요. 어디에서도 환영받지 못했던 자신들의 이야기를 춤으로 나타내서인지 플라멩코를 추는 댄서들은 표정이 밝지 않아요.

플라멩코는 어떻게 출까?

플라멩코를 출 때 남자는 발끝과 뒤꿈치로 땅을 굴러 소리를 내고 여자는 손과 몸으로 춤을 추어요. 플라멩코의 팔과 손, 발 동작은 인도의 고전 춤과 비슷한 면도 있어요. 캐스터네츠를 많이 사용하기도 하며 정열적이고 화려한 동작이 많고 박수를 치거나 '올레'라는 추임새를 넣어요.

플라멩코의 추임새

플라멩코는 즉흥적이고 감정적인 변화와 리듬 그리고 박자를 중요하게 생각해요. 감정에 따라 추임새를 넣지만 아무 때나 마음대로 넣으면 안 되고, 중간에 박수를 쳐도 안 돼요. 기타와 노래에 플라멩코 고유의 박수 소리에 맞춰 춤을 추기 때문에 관객이 마음대로 박수를 치면 박자를 놓칠 수도 있어요. 추임새 '올레'는 잘한다는 뜻이에요. 또한 '보니타'는 예쁘다, '구아파'는 잘생겼다는 뜻이에요.

☞ **집시** 인도 북서부에 살던 사람들로, 이슬람교와 힌두교 사이의 오랜 전쟁 때문에 고향을 떠나 떠돌이 생활을 했어요. 15세기 말 에스파냐에 보금자리를 마련하기도 했지만 차별과 억압 속에서 힘들게 살았어요.

오늘의 지식 하나
096

사회·생활 주간

• 세계의 춤 •

아이리시 댄스·탭댄스

💡 아이리시 댄스는 어떤 춤일까?

아이리시 댄스는 탭댄스를 바탕으로 다리와 발은 빠르게 움직이면서 몸과 팔은 움직이지 않고 추는 춤이에요. 바이올린 연주와 가수의 노래가 함께하는 것도 아이리시 댄스의 특징이지요.

아이리시 댄스는 언제 알려졌을까?

아이리시 댄스가 알려진 것은 <리버 댄스>라는 뮤지컬 덕분이에요. 아이리시 탭댄스와 전통 음악이 섞인 댄스 뮤지컬로 1993년 유로비전 송 콘테스트에서 사람들의 관심을 끌기 위해 만들었지요. <리버 댄스>가 유럽은 물론 미국 브로드웨이까지 진출하면서 아이리시 댄스도 인기를 끌게 되었어요.

탭댄스는 어떤 춤일까?

탭댄스는 '탭'이라는 쇠붙이를 붙인 구두를 신고 바닥을 쳐서 경쾌한 소리를 내며 추는 춤이에요. 바닥에 나무를 댄 신발로 소리를 내며 추는 아일랜드의 클록 댄스가 미국으로 건너가 흑인들의 춤과 섞여 탄생했어요. 시간이 흐르면서 리듬도 다양해지고 춤의 영역도 넓어져 재즈에 플라멩코 그리고 발레의 기교까지 사용하기도 해요.

☞ **소프트 슈 댄스** 쇠붙이를 붙인 구두로 소리를 내며 추는 탭댄스와 똑같은 형태지만 밑창에 탭이 없는 구두를 신고 추는 춤을 '소프트 슈 댄스'라고 해요.

• 세계의 춤 •

밸리 댄스

밸리 댄스는 어떤 춤일까?

밸리 댄스는 서아시아에서 아프리카 북쪽에 걸쳐 있는 이슬람 문화권 여성들의 춤이에요. '오리엔탈 댄스'라고도 하고 배꼽을 드러내고 추어 배꼽춤이라고도 해요. 다산과 풍요를 기원하는 종교 의식에서 시작되었으며 이집트 벽화에도 있는 오래된 춤이에요.

밸리 댄스는 어떻게 출까?

밸리 댄스는 허리를 빠르게 흔들어요. 사막 지대에 사는 민족은 주로 몸통과 허리를 흔드는 춤을 춘다고 해요. 단단하지 않은 모래 위에서는 하체를 움직이기 어려워 발을 고정시키고 몸통을 흔들어 춤을 추지요. 전통 악기의 반주 음악과 함께 작은 심벌즈나 지팡이를 들고 추어요.

밸리 댄스에는 어떤 옷을 입을까?

밸리 댄스를 출 때는 배꼽이 드러나는 윗옷과 발목까지 내려오는 긴 치마 또는 하렘팬츠라는 긴 바지를 입어요. 동전 장식이 달린 벨트를 하는데, 먼 옛날에는 진짜 돈을 달았다고 해요. 신발을 신기도 하지만 대부분 맨발로 춤을 추지요. 이것은 땅에 대한 경의를 표하는 춤이기 때문이라고 해요.

밸리 댄스 옷 장식

☞ **밸리 댄스와 이집트** 엄격한 이슬람 문화에서는 밸리 댄스를 좋아하지 않는 사람들이 많아요. 그런데도 이집트에 밸리 댄스가 전해오는 이유는 이슬람의 지배를 받기 전부터 이집트의 전통 춤이기 때문이에요.

읽은날: 월 일

오늘의 지식 하나
098

사회·생활 주간

• 세계의 춤 •

한국 무용

> 한국 무용에는 어떤 것이 있을까?
>
> 우리나라의 전통 문화를 바탕으로 예로부터 전해 오는 고전 무용을 가리켜요. 여기에 새롭게 창작한 춤도 한국 무용이라고 하지요. 서양 무용에 비해 정적이며 궁중 무용, 민속 무용, 가면 무용, 의식 무용, 창작 무용 등으로 나눌 수 있어요.

궁중 무용

한국 무용은 언제 시작되었을까?

한국 무용은 하늘에 제사를 지내는 제사부터 수렵이나 다산 그리고 전쟁에서의 승리를 기원하는 종교 의식에서 시작되었어요. 그리고 시간이 지나면서 여러 형태로 발전했지요.

한국 무용에는 어떤 것이 있을까?

유교와 불교의 영향을 받은 우리나라 궁중 무용은 우아하고 장단도 느린 편이에요. 급한 장단이나 심한 동작의 변화도 없지요. 궁중 무용이 가락이 단조롭고 제약이 많은 반면, 민속 무용은 자연스러운 가락이 잘 보전되어 있어요. 각종 제사와 서민 대중이 즐기던 세시풍속에서 자연스럽게 생겨 발전해 왔기 때문이에요. 그리고 가면 무용은 가면을 쓰고 추는 춤으로 탈춤이 대표적이지요. 탈춤은 각 지방마다 특색 있게 전해질 정도로 종류도 아주 다양해요.

☞ **의식 무용** 불교 의식이나 종묘 제사 등에서 특별한 행사를 치를 때 추는 춤을 말해요. 하늘에 제사를 지낸 원구단과 사직단 제사에도 노래와 춤이 있었지만 제사가 없어지면서 춤도 사라졌어요.

과학·자연 주간

오늘의 지식 하나
099

읽은날: 월 일

• 편리한 발명품 •
텔레비전·라디오

💡 **컬러 텔레비전은 언제 들어왔을까?**

우리나라는 1956년에 처음으로 텔레비전 방송을 시작했어요. 흑백 텔레비전이 있는 집에 동네 사람들이 모여서 볼 정도로 귀했지요. 컬러 텔레비전은 1980년대가 되고서야 볼 수 있었어요.

텔레비전은 누가 발명했을까?

텔레비전의 시작은 1884년 독일의 닙코프가 전기 신호를 영상으로 바꾸는 장치를 발견하면서부터예요. 이후 독일의 물리학자 브라운이 '브라운관'이라는 수상기를 개발했고 1924년 영국의 기술자 베어드가 '텔레바이저'라는 이름의 텔레비전을 발명했어요. 그리고 1936년 영국의 BBC 방송이 세계 최초로 흑백 텔레비전 방송을 시작했어요.

라디오는 누가 발명했을까?

먼 곳에 있는 사람에게 신호를 보내는 무선 전신은 이탈리아의 발명가 마르코니가 특허를 받았어요. 그 후 캐나다의 발명가 페세든은 소리를 전기 신호로 바꾸어 전파와 결합시키는 방법을 연구했어요. 1906년에 페세든이 만든 기계로 바이올린 연주와 노래를 무선으로 내보내자 대서양을 향해하던 선원들은 깜짝 놀랐어요. 모스 부호가 들리던 수신기에서 음악 소리가 나왔기 때문이지요. 그렇게 세계 최초의 방송이 나간 후 진공관을 개발하고 발전을 거듭해 라디오가 만들어졌어요.

☞ **라디오 방송국** 1920년, 라디오로 미국의 대통령 선거 개표 결과가 중계되면서 라디오는 빠르게 퍼졌어요. 그리고 나서 미국에 수백 곳의 라디오 방송국이 설립되었지요.

읽은날: 월 일

오늘의 지식 하나
100

과학·자연 주간

• 편리한 발명품 •
컴퓨터

💡 괴물 컴퓨터?

최초의 컴퓨터는 27톤이나 되었고 설치하려면 167㎡(약 50평)의 공간이 필요했어요. 처음에는 괴물이라고 불릴 정도로 엄청 큰 기계였지만 수학자들이 점점 작고 편리한 컴퓨터를 만들었어요. 그 후 반도체가 만들어지면서 컴퓨터는 더욱 작고 편리한 기계가 되었지요.

최초의 컴퓨터 에니악

최초의 컴퓨터 에니악

17세기 수학자들은 계산기를 만들었지만 복잡한 계산을 혼자서 할 수 있는 기계는 만들지 못했어요. 그러던 중 19세기에 이진법 체계를 고안했고, 전기 회로에 수를 입력할 때 이진법이 효과적이라는 것을 알았어요. 그리고 1946년 최초의 컴퓨터 '에니악'을 만들게 되었지요.

그런데 에니악이 탄생한 것은 전쟁 때문이었어요. 미사일이 발사되는 궤도를 계산하고 적군의 암호를 푸는 등 계산할 것이 많아서 빠르고 정확하게 계산할 수 있는 컴퓨터가 필요했던 거예요.

컴퓨터 프로그램

마이크로소프트사가 '도스(DOS)'라는 운영 체제를 만들면서 컴퓨터는 크기도 작아지고 작동법도 쉬워졌어요. 빠른 계산을 위해 개발된 컴퓨터는 문서를 만들고 저장하는 것은 물론, 많은 양의 정보를 처리하고 다양한 기능을 수행하는 똑똑한 기계로 발전했어요.

☞ **이진법** 보통 0에서 9까지의 숫자를 써서 10배마다 윗자리로 올려 나아가는 십진법을 사용하지만 컴퓨터에는 0과 1만 사용해 둘씩 묶어서 윗자리로 올려 가는 표기법인 이진법을 사용해요.

과학·자연 주간

오늘의 지식 하나
101

읽은날:　　월　　일

• 편리한 발명품 •
전화·스마트폰

> 💡 **최초의 전화 발명자는?**
>
> 발명가인 엘리사 그레이는 벨과 같은 날 전화 발명 특허를 신청했어요. 하지만 공교롭게도 벨이 그레이보다 몇 시간 먼저 신청하는 바람에 전화 발명 공식 특허권은 벨에게 돌아갔다고 해요.

전화기는 누가 발명했을까?

전화기에 대한 연구는 많은 사람들이 하고 있었어요. 듣지 못하는 아이(농아)들을 가르치던 알렉산더 그레이엄 벨은 전화기를 발명하려고 실험하다가 옆방에 있던 조수 왓슨과 최초로 전화 통화에 성공했어요. 이후 공식 특허를 받은 벨은 전화 회사를 세웠어요.

핸드폰과 스마트폰은 누가 발명했을까?

최초의 핸드폰 개발자는 미국의 마틴 쿠퍼예요. 1983년, 모토로라에서 일반인도 사용할 수 있는 핸드폰을 처음 출시했지요. 당시 핸드폰은 길이 33cm에 무게는 800g이나 되었어요.

그 후 1992년 IBM에서 최초의 스마트폰을 개발했어요. '사이먼'이라 불린 이 스마트폰은 이메일과 팩스 기능도 있었지요. 키패드 대신 터치스크린을 사용한 사이먼은 오늘날의 스마트폰과 거의 비슷하지만 처음에는 인기가 없었대요. 스마트폰을 위한 운영 체제가 개발되면서 전화뿐 아니라 사진도 찍고 음악도 듣는 등 많은 기능을 가지게 되었어요.

☞ **웹 브라우저와 앱** 웹 브라우저는 인터넷에서 정보를 검색하는 데 사용하는 응용 프로그램이에요. 그리고 앱(app)은 애플리케이션의 줄임말로 스마트 기기의 응용 프로그램이에요.

· 편리한 발명품 ·

냉장고

> 💡 **임금님의 하사품이던 얼음**
>
> 냉장고가 없어 얼음을 얼릴 수도, 저장할 수도 없었던 옛날에는 얼음이 사치품이었대요. 여름에는 주로 왕실에서 사용하고, 나라를 위해 큰일을 했을 때 특별히 임금님이 얼음을 내렸다고 해요.

얼음은 누가 처음 만들었을까?

1748년, 영국의 과학자 윌리엄 컬런이 처음으로 인공 얼음 만들기에 성공했어요. 그 후로 많은 발명가와 기술자들이 냉장고를 만들기 위해 연구를 계속했지요.

1875년, 독일의 린데가 냉장고를 만들었어요. 이 냉장고는 가정이 아닌 산업 현장에서 사용되었지요. 최초의 가정용 전기 냉장고는 미국의 발명가 울프가 개발했어요. 하지만 너무 비싸 널리 보급되지 못하다가 1925년 제너럴 일렉트릭에서 냉장고를 개발하면서 퍼지게 되었지요.

냉장고는 음식 저장에만 도움을 주는 게 아니다?

냉장고는 음식을 오랫동안 신선하게 보관할 수 있어요. 덕분에 가정에서는 날마다 장을 볼 필요가 없고, 판매자는 계절에 상관없이 재료를 팔 수 있지요. 또한 상한 음식을 먹어서 생기는 질병이 줄어들었어요. 음식 재료뿐만 아니라 약품도 냉장고에 저온으로 저장할 수 있게 되면서 병으로 인한 사망률이 줄었어요.

☞ **서빙고·동빙고** 조선 시대에는 추운 겨울 서빙고와 동빙고라는 창고에 얼음을 저장했어요. 그리고 무더운 여름에 꺼내 썼지요. 얼음이 워낙 귀해서 나누어 주는 시기와 대상을 법으로 만들어 두었다고 해요.

과학·자연 주간

오늘의 지식 하나
103

읽은날: 월 일

편리한 발명품

세탁기

> 💡 **최초의 세탁기**
>
> 1874년, 블랙스톤이 사랑하는 아내의 생일 선물로 만든 것이 바로 가정용 세탁기예요. 블랙스톤이 만든 세탁기는 나무통에 손으로 돌리는 수동식이었어요. 이후 많은 발전을 거쳐 1908년, 알바 피셔가 전기 모터가 달린 세탁기를 만들었어요.

힘든 집안일을 대신해 주는 세탁기

빨래에 대한 기록은 아주 오래되었어요. 고대 이집트 벽화에도 강가에서 빨래하는 모습이 있지요. 빨래는 가장 힘든 집안일로 손꼽혀요. 옛날에는 빨래하는 노예도 있었다고 해요. 그래서 빨래를 해 주는 기계에 대한 관심도 많았지요.

세탁기에 감전이 된다고?

전기 세탁기가 편하기는 했지만 문제가 있었어요. 전기 모터에 물을 엎지르면 고장이 날 수 있었거든요. 가정에 전기를 충분히 공급할 수 있었던 때가 아니라 세탁기가 가정집에 보급되기까지는 많은 시간이 걸렸어요.

<아를의 랑글루아 다리와 빨래하는 아낙네들>, 반 고흐, 1888년, 캔버스에 유채, 54×65cm, 크뢸러 뮐러 미술관

감전이나 누전이 되지 않는 지금과 같은 전자식 세탁기는 20세기에 만들어졌어요. 1940년대에 자동화 세탁기가 개발되고 세탁기에서 탈수기를 분리할 필요 없는 완전 자동 세탁기가 나왔어요.

• 편리한 발명품 •
전자레인지

우연히 발명한 전자레인지

전자레인지는 가스불이나 인덕션을 켜지 않고도 음식을 조리할 수 있는 편리한 조리 기구예요. 몇 분만 기다리면 차가운 음식을 따끈따끈하게 데워 주는 고맙고 편리한 기계지요. 그런데 이렇게 편리한 전자레인지는 아주 우연한 기회에 발명되었답니다.

레이더를 연구하다 발명한 전자레인지

레이더를 연구하던 미국의 과학자 퍼시 스펜서는 마이크로파를 발생시키는 마크네트론 옆에 있다가 주머니에 있던 초콜릿이 녹은 것을 알았어요. 이상하게 생각해 다른 것으로 실험하니 달걀이 익고 팝콘이 튀겨졌어요. 마이크로파가 물체의 분자를 흔들어 열이 생긴다는 것을 안 퍼시 스펜서가 음식 조리 장치로 개발해 특허를 낸 것이 전자레인지예요.

전자레인지는 처음에는 높이가 2m 가까이나 되고 가격이 비싸서 보통 사람들은 살 수 없었다고 해요. 그러다 불편한 점도 고쳐지고 가격도 내려 일반 사람들도 사용하게 되었지요.

전자레인지는 어떻게 음식을 익힐까?

전자레인지에 음식을 넣고 버튼을 누르면 회전판이 돌아요. 이때 여러 방향에서 마이크로파가 투과되면 음식 속 물분자가 마이크로파의 에너지를 흡수해 회전운동을 하지요. 그리고 온도가 올라가면서 음식이 조리되는 거예요.

☞ **마이크로파** 마이크로파는 1mm에서 1m까지의 파장을 지니는 전자기파예요. 유리나 도자기, 플라스틱은 흡수하지 않고 통과해요. 전자레인지는 물론 휴대전화나 와이파이 등에 다양하게 사용돼요.

과학·자연 주간

오늘의 지식 하나
105

읽은날: 월 일

• 편리한 발명품 •
엘리베이터

지렛대에서 시작한 엘리베이터

엘리베이터는 도르래의 원리를 이용한 기계로 처음에는 바구니에 사람을 태우거나 의자에 앉혀서 줄을 잡아당겼어요. 그 후 조금씩 발전해 1853년, 엘리샤 오티스가 안전 장치가 설치된 엘리베이터를 선보였어요. 침대 회사에서 일하던 오티스가 침대를 꼭대기 층으로 올리기 위해 고민하다 개발했다고 해요.

요즘 같은 엘리베이터는 독일의 전기 기술자 에른스트 베르너 폰 지멘스가 처음 만들었어요. 1880년, 그가 세운 지멘스사에서 전기 엘리베이터를 제작했어요.

가장 빠르고 높은 엘리베이터

가장 빠른 엘리베이터는 타이완의 타이베이 금융 센터(타이베이 101) 빌딩에 있어요. 시속 60km로 움직인다고 하니 자동차 속도와 비슷하지요. 가장 높은 엘리베이터는 중국 장자제(장가계)에 있는 백룡 엘리베이터예요. 가장 높은 야외 엘리베이터이자 세계에서 가장 큰 용량의 엘리베이터로 기네스북에 올랐어요.

보통 엘리베이터는 바퀴와 케이블을 이용하지만 요즘은 줄 대신 자석 레일을 설치하는 경우도 있어요.

장자제 백룡 엘리베이터

☞ **장자제(장가계)** 장자제는 중국 후난성 북서부에 있는 도시예요. 유네스코 세계유산으로 지정된 장자제 국가 삼림 공원은 뛰어난 자연 경관으로 많은 관광객이 찾아가는 곳이에요.

읽은날: 월 일

오늘의 지식 하나
106

역사 주간

• 정치 지도자 •

알렉산드로스 대왕 (기원전 356~기원전 323)

💡 전설의 매듭을 푼 지도자

고대 그리스의 고르디온에는 신전에 있는 매듭을 풀면 아시아의 모든 땅을 지배할 것이라는 예언이 전해졌어요. 많은 사람들이 도전했지만 다 실패했지요. 그런데 마케도니아의 왕 알렉산드로스가 신전의 매듭을 단칼에 잘라 버리고 예언대로 아시아를 지배하게 되었어요.

알렉산드로스 대왕 모자이크

대제국의 지배자

마케도니아는 고대 그리스의 작은 도시 국가였지만 필리포스 2세가 아테네와 스파르타를 꺾으면서 그리스의 지배자가 되었어요. 그리고 뒤를 이은 아들이 바로 알렉산드로스(알렉산더) 대왕이에요. 알렉산드로스 대왕은 페르시아와 그 너머의 인더스강까지 정복했어요. 마케도니아는 유럽과 아시아, 아프리카 대륙에 걸친 거대한 제국이 되었지요. 하지만 알렉산드로스 대왕이 세상을 떠난 후 마케도니아, 시리아, 이집트로 나뉘었어요.

새로운 문화의 탄생

알렉산드로스 대왕은 점령하는 곳마다 자신의 이름을 딴 도시인 '알렉산드리아'를 건설했어요. 알렉산드리아는 동서 문화의 교류지 역할을 했지요. 그리스 문화와 오리엔트 문화가 결합된 헬레니즘 문화는 인도에도 영향을 주어 간다라 미술이 탄생하기도 했어요.

☞ **간다라 미술** 간다라 지방에서 유행하던 그리스 로마풍의 불교 미술. 불교 문화와 그리스 문화가 합쳐져 부처의 모습이 서양인과 닮기도 했어요. 우리나라 석굴암에서도 간다라 미술의 흔적을 찾아볼 수 있어요.

역사 주간

오늘의 지식 하나
107

읽은날: 월   일

• 정치 지도자 •

엘리자베스 1세 (1533~1603)

💡 **"나는 국가와 결혼했다!"**

엘리자베스 1세는 영국을 강대국으로 만든 여왕이에요. 대관식 때 '나는 국가와 결혼했다'고 선포하며 모든 백성이 자식이자 친척이라고 말했어요. 경제를 안정시키기 위해 화폐를 새로 만들고 가난한 사람들에게 먹을 것과 일자리를 주는 등 백성을 위해 많은 일을 했어요.

무적함대를 물리친 엘리자베스 1세

엘리자베스 1세는 영국을 강한 나라로 만들고자 했어요. 그러려면 다른 나라와 무역을 해야 하는데 당시 바다에는 에스파냐 함대가 버티고 있었지요. 아메리카 대륙을 식민지로 삼고 넓은 땅을 지배하던 에스파냐는 특히 해군이 강력해서 '무적함대'라고 불렸어요. 하지만 무적함대는 영국의 대포에 힘없이 무너져 약해졌고 영국은 강한 나라가 되었지요.

엘리자베스 1세 초상화

해가 지지 않는 나라

에스파냐와의 전쟁에서 이긴 영국은 식민지를 만들고 동인도 회사를 세웠어요. 엘리자베스 1세가 동인도 회사에 무역을 독점할 수 있게 하면서 상업이 발전했지요. 물론 모든 사람이 엘리자베스 1세를 따르지는 않았어요. 하지만 양보와 협의를 하며 의회를 이끌었기 때문에 엘리자베스 1세는 왕위에 있는 동안 의회와 한 번도 부딪히지 않았다고 해요.

👉 **칼레 해전** 에스파냐의 무적함대가 영국을 침략하려고 벌인 싸움이에요. 영국은 항해가이자 탐험가인 드레이크 제독이 이끌었어요. 무적함대를 격파한 영국은 새로운 해양 강국으로 발전하게 되었어요.

읽은날: 월 일

오늘의 지식 하나
108

역사 주간

• 정치 지도자 •

진시황제 (기원전 259~기원전 210)

💡 **중국 대륙을 통일한 최초의 황제**

진시황제는 여러 나라로 나뉘었던 중국을 최초로 통일했어요. '진'이라는 나라를 세우고 많은 정책을 펼쳤지요. 문자와 화폐를 통일하고 강력한 법으로 부국강병을 꾀하며, 중앙 집권 체제를 이루었어요. 또한 북방 민족의 침략을 막기 위해 만리장성을 쌓았어요.

분서갱유

진시황제는 지나치게 많은 공사를 벌이고 세금을 거두어들였어요. 아방궁이라는 화려한 궁궐을 짓고, 자신이 죽어서도 거느릴 병사를 흙으로 미리 만들었어요. 점점 살기 힘들어진 백성들의 원망이 날로 날로 커져 갔지요. 학자들이 비난을 하자 진시황제는 자신의 생각과 다른 책들을 모두 불태웠어요. 뿐만 아니라 자신의 뜻을 따르지 않는 학자를 마구 잡아들여 구덩이에 묻어 죽였지요. 이를 '분서갱유'라고 해요.

시황제릉

진시황제는 자신의 무덤도 미리 만들었어요. 공사만 해도 10년이 넘게 걸린 어마어마한 규모의 시황제릉에는 흙으로 만든 병사들이 있는 병마용갱이 딸려 있어요. 그런데 신기하게도 8,000명의 생김새가 저마다 달라요. 유물의 수도 엄청나고 규모도 아주 커서 지금도 발굴 중이에요.

시황제릉에서 발굴된 토용

• 정치 지도자

나폴레옹 (1769~1821)

> 💡 "나의 사전에 불가능이란 없다!"
>
> 나폴레옹이 이탈리아를 점령하기 위해 군사들을 이끌고 눈 덮인 알프스 산맥을 넘겠다고 하자 모두 비웃었어요. 하지만 나폴레옹은 알프스를 넘어 이탈리아와 오스트리아를 점령했어요. '나의 사전에 불가능이란 없다'는 바로 이때 한 말이에요.

프랑스의 영웅이 된 나폴레옹

나폴레옹은 프랑스 코르시카섬에서 태어났어요. 육군 사관학교를 졸업하고 장교가 되어 툴롱 전투에서 영국군을 물리치며 큰 공을 세웠지요. 그 후 원정군의 총사령관이 되어 이탈리아와 오스트리아까지 굴복시켰어요. 이집트 정복에도 성공해 프랑스의 국민 영웅이 되었지요.

나폴레옹 황제

나폴레옹은 정치가 혼란한 틈을 타서 정권을 빼앗았어요. 최고의 자리에 오르자 프랑스의 법을 제정하고 농민들의 세금을 줄이고 도로와 항만을 건설했지요. 하지만 야망이 커서 국민 투표로 세운 공화정을 무너뜨리고 황제가 되었어요. 워털루 전쟁에서 패해 섬으로 유배되었다가 세상을 떠났어요.

다비드의 <생 베르나르 고개를 넘는 나폴레옹>

☞ **워털루 전쟁** 1815년 나폴레옹이 이끄는 프랑스군과 영국, 프로이센 연합군이 벌인 싸움이에요. 벨기에의 워털루에서 벌인 이 전투에서 프랑스군이 크게 패하면서 나폴레옹은 세인트헬레나섬으로 유배를 가게 되었지요.

읽은날: 월 일

오늘의 지식 하나
110

역사 주간

• 정치 지도자 •

링컨 (1809~1865)

> 💡 **국민의, 국민에 의한, 국민을 위한**
>
> 남북 전쟁 중이던 1863년 11월 19일, 링컨 대통령은 게티즈버그에서 열린 추도식에 참석했어요. 그리고 "국민의, 국민에 의한, 국민을 위한 정부로서 지구상에서 사라지지 않을 것을 다짐해야 한다."고 연설했어요. 민주주의를 간결하면서도 알맞게 표현한 연설로 유명해요.

노예 해방 선언

링컨은 학교를 제대로 다니지 못할 정도로 집안이 어려웠어요. 늘 아버지를 도우면서도 책을 놓지 않은 덕분에 변호사와 국회의원을 거쳐 미국 대통령에까지 올랐지요. 링컨이 대통령이 된 지 얼마 안 되어 미국은 남부와 북부로 나뉘어 전쟁을 했어요. 도시가 발전한 북부와 농장이 많은 남부는 많이 달랐어요. 특히 노예에 대한 생각은 서로 반대였지요. 결국 남북 전쟁이 일어나고 링컨 대통령은 노예 해방을 선언했어요.

미국 역사상 가장 위대한 대통령

남북 전쟁은 링컨이 이끄는 북부의 승리로 끝났어요. 이후 링컨은 대통령에 다시 당선되었지요. 하지만 1864년, 워싱턴의 포드 극장에서 남부 출신 청년이 쏜 총에 숨을 거두었어요. 남부와 북부의 화합을 위해 애쓴 링컨은 미국 역사에서 가장 위대한 대통령으로 손꼽혀요.

게티즈버그 국립 군사공원 안에 있는 링컨 기념물

• 정치 지도자 •

처칠 (1874~1965)

💡 말썽꾸러기 낙제생

윈스턴 처칠은 어릴 때 말썽꾸러기에 낙제생이었다고 해요. 여러 번 도전해 입학한 사관학교에서 열심히 노력해 우수한 성적으로 졸업했어요. 종군 기자로서 기사를 쓰거나 책을 쓰기도 했지요. 보어 전쟁 때 포로로 잡혔다가 탈출해 영웅 대우를 받으면서 정치를 시작했어요.

"내가 바칠 것은 피와 땀 그리고 눈물뿐"

1940년 5월, 처칠이 영국 총리에 취임할 당시에는 독일이 유럽 여러 나라를 위협하고 있었어요. 제2차 세계 대전 때 독일의 공격에 불안해하는 영국 국민들에게 처칠은 "우리는 절대 굴복하지 않을 것이다." "내가 바칠 것은 피와 땀 그리고 눈물뿐이다."라며 용기를 주었어요. 그리고 미국 등 여러 나라와 연합해 독일군을 물리치고 전쟁을 끝냈지요.

윈스턴 처칠

노벨 문학상 수상

종군 기자로 활약한 처칠은 기사는 물론 에세이, 소설, 회고록 등을 쓴 작가이기도 해요. 대표작인 회고록 <제2차 세계 대전>은 모두 6권으로 1953년 처칠에게 노벨 문학상을 안겨 준 책이기도 하지요. 글뿐만 아니라 그림에도 뛰어나서 수채화를 여러 편 남기기도 했어요.

☞ **종군 기자** 전쟁터나 군의 상황을 보도하는 기자나 카메라맨, 작가, 화가 등을 말해요. 처칠은 보어 전쟁에 파견된 종군 기자였고, <누구를 위하여 종은 울리나>를 쓴 헤밍웨이는 에스파냐 내전에 참여한 종군 기자였어요.

오늘의 지식 하나
112

역사 주간

읽은날: 월 일

• 정치 지도자 •

만델라 (1918~2013)

 아파르트헤이트 법에 맞선 인권 변호사

남아프리카 공화국에는 흑인은 물론 백인들도 많아요. 1800년대 영국이 남아프리카를 점령한 후 원주민인 흑인을 노예로 부리며 아파르트헤이트 법을 만들어 차별했어요. 변호사로 활동하던 만델라는 인종 차별에 시달리는 흑인들의 인권을 위해 맞섰지요.

세계가 응원한 만델라

만델라는 비폭력 평화 운동에 앞장섰지만 흑인 차별법은 사라지지 않았어요. 만델라는 차별에 맞서 비밀 조직을 만들어 싸우다 체포돼 감옥에 갇혔어요. 하지만 흑인 차별법 반대 운동은 잦아들지 않았고 다른 나라에서도 남아프리카 공화국 정부를 비난했지요. 1990년, 만델라는 27년 만에 감옥에서 풀려났어요.

남아프리카 최초의 흑인 대통령

만델라는 모든 사람이 평등한 나라를 만들려고 했어요. 흑인에게도 투표권이 주어지도록 법을 바꾸는 등 만델라의 노력 덕분에 흑인 차별법이 점점 사라졌어요. 1994년 처음으로 실시된 자유 총선거에서 만델라는 남아프리카 공화국 최초의 흑인 대통령에 당선되었고 아파르트헤이트도 없어지게 되었어요.

만델라 동상(남아프리카 공화국 프리토리아)

☞ **아파르트헤이트** '분리'와 '격리'를 뜻하는 아프리카어. 17세기 중엽 백인들이 남아프리카로 이주하면서 인종 차별이 심했어요. 흑인은 땅도 가질 수 없고 백인과 결혼도 못했지요. 또 선거에서도 차별을 받았어요.

문학 주간

오늘의 지식 하나
113

• 대표 문학가 2 •

호메로스 (기원전 800?~기원전 750?)

💡 **호메로스는 누구일까?**

호메로스는 고대 그리스의 시인으로 서사시 <일리아드>와 <오디세이아>를 썼어요. 아쉽게도 호메로스에 대해 알려진 것은 별로 없어요. <일리아드>와 <오디세이아>는 서양 문학 최초이자 최고의 걸작으로 꼽혀요.

<일리아드> 이야기

<일리아드>와 <오디세이아>는 최초의 서양 문학으로 기원전 6세기에 기록한 것으로 추정해요. <일리아드>는 트로이와 그리스의 전쟁을 다룬 내용이에요. 이야기는 그리스의 아킬레우스와 총사령관인 아가멤논 사이에 불화가 생기면서 시작돼요. 트로이 전쟁을 지켜보던 신들도 이 전쟁에 관여하면서 그리스가 패하지요. 그리고 아킬레우스는 친구가 트로이의 장수 헥토르에게 살해되자 복수를 한다는 이야기예요.

호메로스

<오디세이아> 이야기

트로이 전쟁 이후 바다를 떠돌다가 고향에 도착한 오디세이아가 못된 무리를 물리치고 아내와 만난다는 이야기예요. 오디세이아가 방랑 생활을 하면서 겪는 사건과 선원들을 유혹하는 요정 세이렌, 외눈박이 거인족 키클롭스 등 신기한 존재들이 등장해요.

👉 **음유 시인** 여러 지역을 떠돌며 시를 읊었던 시인. 트로이 전쟁을 노래하는 <오디세이아>의 음유 시인 데모도코스를 호메로스로 여겨 시각 장애인이라는 이야기도 있어요.

읽은날: 월 일

오늘의 지식 하나
114

문학 주간

• 대표 문학가 2 •

워즈워스 (1770~1850)

💡 낭만주의가 뭘까?

18세기 말부터 유럽에는 낭만주의가 유행했어요. '낭만'이라는 말은 고대 프랑스어 '로망'에서 비롯되었어요. 문학은 물론 그림이나 건축 등 모든 분야가 낭만주의의 영향을 받았지요. 현실보다는 인간의 감정을 풍부하게 표현하는 것이 특징이에요.

워즈워스는 누구일까?

월리엄 워즈워스는 영국의 시인이에요. 어릴 때 부모를 잃고 동생과도 헤어졌어요. 슬픈 어린 시절을 보낸 워즈워스는 호수와 숲에서 위안을 받았다고 해요. 대학에 입학한 워즈워스는 시를 읽고 여행하는 것을 좋아했어요. 1793년, 알프스를 여행하며 쓴 시집을 출간해 시인으로 이름을 알렸으며 영국의 낭만주의를 대표하는 시인이 되었지요.

워즈워스의 작품은 어떨까?

<수선화>, <무지개>, <초원의 빛> 등 자연 친화적인 워즈워스의 시는 현대인들에게 많은 영감을 주었어요. 애플의 대표였던 스티브 잡스도 늘 워즈워스의 시집을 주머니에 넣고 다니며 읽었다고 해요. <수선화>는 호숫가에 핀 수선화를 보고 쓴 작품이고, <무지개>는 무지개를 보는 설렘과 인간의 순수함을 노래한 작품이에요.

무지개

하늘에 무지개 보면
내 가슴은 뛰노라
내 인생 시작되었을 때 그랬고
지금 어른이 돼서도 그러하며
늙어서도 그러하기를
그렇지 않으면 차라리 죽는 게 나으리
내 살아가는 나날이
자연에 대한 경외로 이어질 수 있다면

문학 주간

오늘의 지식 하나
115

읽은날: 월 일

• 대표 문학가 2 •

릴케 (1875~1926)

💡 릴케는 누구일까?

독일의 시인 릴케는 아버지의 뜻에 따라 육군 학교에 입학했어요. 하지만 문학적 소양이 풍부하고 몸이 약한 릴케에게는 맞지 않아 그만두었어요. 여행을 하며 시인의 감성을 키우던 릴케는 조각가 로댕의 비서가 되었어요. 릴케는 로댕의 작품에서 큰 영향을 받았다고 해요.

릴케의 작품에는 어떤 것이 있을까?

릴케는 18세 때 <삶과 노래>라는 시집을 냈어요. 이후 루 살로메라는 여인을 사랑하게 되었고, 여행을 하면서 더욱 성숙한 작품을 써서 <기도 시집>을 냈지요. 장미를 특히 좋아한 릴케의 묘비에는 장미가 등장하는 자신의 시가 씌어 있어요.

릴케의 묘

장미여, 오 순수한 모순이여, 기쁨이여,
그 많은 눈꺼풀 아래에서 그 누구의 잠도 아닌 잠이여.

<말테의 수기>

릴케는 <말테의 수기>라는 소설도 썼어요. 덴마크 출신의 시인 말테의 이야기예요. 고향을 떠나 파리에 살면서 사람들의 모습을 기록하며 인간과 인생이 무엇인지에 대한 물음을 담고 있지요. 다양한 기법을 사용해 쓴 <말테의 수기>는 모더니즘 소설의 시작을 알린 작품이에요.

👉 **로댕** 1902년, 릴케는 출판사의 의뢰를 받아 유명 조각가 로댕의 평전(평론을 곁들인 전기)을 썼어요. 그리고 1905년부터 로댕의 비서로 일했지요. 로댕의 비서로 일하면서 릴케는 예술적으로 많은 영향을 받았다고 해요.

읽은날: 월   일

오늘의 지식 하나
116

문학 주간

• 대표 문학가 2 •

타고르 (1861~1941)

> 💡 **타고르는 누구일까?**
>
> 인도의 브라만 가문에서 태어난 타고르는 최고의 교육을 받았지만 학교 생활에 적응하지 못해 그만두고 글을 썼어요. 영국으로 유학을 떠났다가 돌아와 시를 비롯해 희곡, 소설, 비평 등 여러 작품을 발표했어요.

노벨 문학상을 수상한 타고르

농민을 계몽하지 않고는 어떠한 변화도 얻을 수 없다고 생각한 타고르는 학교를 세우고 농업 공동체를 설립했어요. 가족들이 연이어 죽고 공동체 사업도 어려워지자 타고르는 힘겨운 상황을 시에 담았어요. 시집 <기탄잘리>가 영국에서 출간되면서 타고르는 세계적인 시인으로 떠올라 1913년 아시아인 최초로 노벨 문학상을 받았어요.

타고르

<동방의 등불>

1929년, 타고르는 일본을 방문한 적이 있어요. 당시 《동아일보》 기자가 조선을 방문해 줄 것을 부탁하자 일정 때문에 갈 수 없다며 시를 한 편 써 주었어요. 사과의 뜻이 담긴 이 시가 '동방의 등불'이에요. '동방의 등불' 외에 우리나라를 소재로 '패자의 노래'라는 시도 남겼어요. 영국의 지배를 받은 인도처럼 우리의 아픔을 잘 알고 있었기 때문이겠지요.

☞ **브라만** 인도의 신분 제도에서 가장 높은 성직자와 학자 계급. 브라만 아래에는 정치와 군대 일을 하는 크샤트리아와 상업과 농업을 담당하는 바이샤가 있고 노예 계급인 수드라와 계급에 들지 못하는 불가촉천민도 있어요.

문학 주간

오늘의 지식 하나
117

읽은날: 월 일

• 대표 문학가 2 •
두보·이백 (712~770)(701~762)

두보

두보는 누구일까?

당나라 때 활동한 두보는 이백과 더불어 중국의 대표적인 시인이에요. 가난했지만 시를 지으며 세상을 두루 바라보던 두보의 눈에 사회의 잘못된 모습들이 들어오기 시작했어요. 백성들은 굶어죽는데 관리들은 횡포와 부패를 일삼았거든요.

두보는 '부잣집에서는 술과 고기 냄새가 나지만 길에는 얼어 죽은 해골이 뒹굴고 있다'며 시를 통해 사회와 관리들을 비판했어요. 두보가 남긴 1,400여 수의 시는 오랜 세월이 지난 지금도 사람들에게 감동을 주고 있어요.

이백은 누구일까?

이백은 두보와 함께 중국 최고의 시인이에요. 강물에 비친 달을 잡으려고 뛰어들어 신선이 되었다는 전설도 있어요.

이백

이백은 관직에 오르기도 했지만 주로 현종 곁에서 시 짓는 일을 했어요. 궁정 생활과 맞지 않았던 이백은 결국 쫓겨나고 말았지요. 두보와 아주 친했지만 성향은 많이 달랐어요. 일상보다 환상의 세계를 묘사해 낭만주의 시인으로 꼽히며 1,000여 편의 시가 전해져요.

☞ **당나라** 중국 문화의 황금기를 이룬 때가 당나라예요. 태종 때 크게 발전했지만 현종이 사치스러운 생활을 하면서 백성들의 원한을 샀고, 결국 농민들이 일으킨 황소의 난을 계기로 무너지고 말았어요.

김소월 (1902~1934)

• 대표 문학가 2 •

김소월은 누구일까?

김소월은 시인 김억에게 재능을 인정받아 시를 쓰기 시작했어요. 1920년 잡지 《창조》에 '낭인의 봄'을 발표하면서 등단했지요. 일본으로 유학을 갔지만 간토 대지진이 일어나자 돌아와 광산일을 도왔어요. 동아일보사 지국 경영을 맡기도 했지만 실패했어요.

김소월 시에는 어떤 작품이 있을까?

김소월은 이별과 슬픔 그리고 눈물 등을 주제로 한 시를 많이 썼어요. 우리 고유의 언어와 정서를 담은 김소월의 시는 많은 사람의 공감을 얻었어요. 대표작으로는 '진달래꽃', '산유화', '엄마야 누나야', '초혼', '못 잊어' 등이 있으며 시집에 <진달래꽃>이 있어요.

<진달래꽃> 표지

'진달래꽃'은 어떤 시일까?

'진달래꽃'은 우리나라 사람들이 즐겨 외우는 시 중 하나예요. 사랑하는 사람을 떠나보낸 뒤의 슬픔과 그리움을 담은 시로, 진달래꽃은 단순히 꽃이 아니라 이별의 슬픔을 이야기하고 있는 화자(사람)이기도 해요.

이 시에서는 반어법을 사용하고 있어요. '죽어도 아니 눈물 흘리우리다'라는 내용은 반대로 사실은 눈물을 많이 흘리겠다는 뜻이에요.

☞ **김억(1896~?)** 시인이자 평론가로 외국 시를 번역하고 소개해 한국 신시(新詩)의 선구자 역할을 했어요. 시집 <해파리의 노래>와 우리나라 최초의 번역 시집 <오뇌의 무도>가 있어요.

문학 주간

오늘의 지식 하나
119

읽은날: 　월　　일

• 대표 문학가 2 •

윤동주 (1917~1945)

윤동주 문학관 둘러보기

윤동주는 누구일까?

'죽는 날까지 하늘을 우러러 한 점 부끄럼이 없기를'로 시작하는 시를 들어 본 적이 있을 거예요.

윤동주

어릴 적부터 책 읽기를 좋아한 윤동주는 열다섯 살 때부터 시를 쓰기 시작했어요. 아버지는 의과 대학을 가라고 했지만 윤동주는 끝까지 주장을 굽히지 않고 연희전문 문과에 입학했어요. 그리고 조선일보에 산문을 기고하고, 잡지 《소년》에 '산울림'이라는 동시를 발표하기도 했지요. 그 후 일본에서 공부하다 귀국하려 할 때 항일 운동을 했다는 혐의로 일본 경찰에 체포되었어요. 안타깝게도 후쿠오카 형무소에서 세상을 떠났어요.

윤동주의 시에는 어떤 것이 있을까?

윤동주는 대표작 '서시'를 비롯해 '십자가', '자화상', '별 헤는 밤', '참회록', '오줌싸개 지도' 등의 작품을 남겼어요. 하지만 시집으로 발표하지 못하고 세상을 떠나자 친구들이 그의 시를 모아 <하늘과 바람과 별과 시>라는 제목으로 출간했어요. 1941년에 시집을 출판하려 했지만 일제 강점기라서 하지 못했어요. 원래 시집 제목은 <병원>으로 하려고 했대요. 당시 온 세상이 환자투성이라고 생각했기 때문이지요. 이후 출간된 윤동주의 시집 서문은 정지용 시인이 썼어요.

☞ **항일 운동** 윤동주는 일제 강점기 당시의 상황을 시로 표현했어요. 비록 현실은 어둡지만 희망을 간직하고 살기를 바랐지요. 고국으로 돌아오지 못하고 후쿠오카 형무소에서 28세의 젊은 나이에 세상을 떠났어요.

읽은날:　월　일

오늘의 지식 하나
120

동물·식물·인체 주간

• 우리 몸 •

인체의 구조

> **우리 몸은 어떻게 이루어져 있을까?**
>
> 우리 몸은 머리와 가슴, 배 그리고 팔과 다리로 되어 있어요. 우리 몸을 이루는 단위는 세포이며 75조 개 이상의 세포로 이루어졌지요. 세포는 한가운데에 핵이 있고 핵막에 싸여 있는 핵을 세포질이 보호해요. 이 세포들이 인체의 기본 조직을 만들어요.

인체의 조직

인체의 조직에는 상피 조직과 결합 조직 그 외에 근조직과 신경 조직이 있어요. 피부와 기관을 덮고 있는 조직이 상피 조직이에요. 기관을 보호하고 양분을 흡수하기도 하며 때로는 분비 작업을 하기도 하지요. 결합 조직은 조직과 기관을 연결해 몸을 지탱하는 역할을 해요. 단백질로 구성된 근조직은 근섬유라고도 하지요. 신경 조직은 신경 세포가 모인 것이고, 뇌나 척수에서 나온 것을 말초 신경이라고 해요.

인체의 기관

일정한 모양과 기능을 가지고 있는 생물체의 부분을 '기관'이라고 해요. 운동에 관련된 기관은 운동계, 소화에 관련된 기관은 소화 기관계 그리고 우리 몸에 필요한 물질을 몸 구석구석으로 나르는 순환 기관계와 몸속에서 생긴 찌꺼기를 밖으로 내보내는 배설 기관계가 있어요. 외부의 자극을 받았을 때 판단하고 행동하는 것은 신경계예요. 여기에 호르몬을 분비하는 내분비계와 생식계가 바로 우리 몸을 이루는 기관들이지요.

☞ **말초 신경** 뇌를 포함한 중추 신경과 연결되어 있는 신경. 중추 신경계에 자극을 전달하고, 중추의 명령을 다시 전달하는 역할을 해요. 대뇌의 지배를 받는 체성 신경계와 지배를 받지 않는 자율 신경계로 나뉘어요.

• 우리 몸 •

소화 기관

💡 소화 기관은 무슨 일을 할까?

소화 기관은 우리 몸에 들어온 음식물을 소화·흡수하는 일을 해요. 입안, 식도, 위, 작은창자, 큰창자, 항문 등이 있지요. 입에서 잘게 부순 음식물은 식도, 위, 작은창자, 큰창자를 지나며 흡수되고 항문을 통해 찌꺼기가 배출돼요. 간과 쓸개가 소화가 잘되도록 도와요.

위는 왜 녹지 않을까?

위는 음식물을 저장하고 소화시킨 후 작은창자로 보내는 역할을 해요. 평소에는 주먹 정도 크기지만 음식물이 들어가면 20배까지 늘어나며 소화가 잘되도록 위액과 골고루 섞어요. 위액은 소화 효소와 위산으로 이루어져 있으며 위산은 금속도 녹일 정도로 강한 산성이에요. 하지만 위 내벽에서 뮤신이라는 점액을 내보내 위를 덮기 때문에 강한 산성이라도 위가 상하지 않는 거예요.

간은 어떤 역할을 할까?

간은 소화 기관이지만 '인체의 화학 공장'이라고 불릴 정도로 많은 일을 해요. 우선 우리 몸에 있는 독소를 분해시켜 오줌이나 쓸개즙으로 내보내요. 그리고 백혈구를 도와 면역 기능도 하며 쓸개즙을 만들어 지방의 분해를 도와주지요. 뿐만 아니라 영양소도 저장하고 호르몬 조절 등 간이 하는 일이 500가지가 넘는다고 해요.

☞ **헬리코박터균** 위산은 소화가 끝날 때까지 음식이 상하지 않게 보호하고 세균을 죽이는 역할을 해요. 그런데 위산에도 살아남는 세균이 있어요. 바로 헬리코박터균이에요. 발암 물질인 헬리코박터균에 감염되지 않으려면 그릇을 깨끗이 하고 비타민 C를 비롯해 브로콜리, 마늘과 같은 식품을 먹는 것이 좋아요.

읽은날: 월 일

오늘의 지식 하나
122

동물·식물·인체 주간

• 우리 몸 •
호흡 기관

> 💡 **호흡 기관은 무슨 일을 할까?**
>
> 인간을 비롯한 생물은 호흡(숨쉬기)을 하지요. 호흡 기관은 숨을 쉴 수 있게 해 주는 기관으로 코와 기관지, 폐(허파) 등을 말해요. 호흡할 때 공기가 흐르는 관을 '기관(숨통)'이라고 해요. 숨이 드나드는 통로라는 뜻으로, 숨통이 막히면 생명을 유지할 수 없어요.

폐는 어떤 역할을 할까?

폐는 심장을 중심으로 좌우에 있어요. 공기주머니처럼 공기를 담을 수 있으며, 폐를 최대한 채우면 약 4L의 공기를 담을 수 있다고 해요.

산소와 이산화탄소를 교환하는 곳은 대부분 허파로 들어간 기관지 끝에 포도송이처럼 달려 있는 허파꽈리(폐포)예요. 허파꽈리를 둘러싼 모세혈관의 적혈구가 산소를 받고 이산화탄소를 내보내요. 허파꽈리는 약 0.1mm로 아주 작지만 무려 3억~7억 개나 돼요.

코는 어떤 일을 할까?

코는 보통 냄새를 맡는 기관으로 생각하지요. 그런데 코는 중요한 호흡 기관이기도 해요. 콧구멍 속에 나 있는 코털은 코로 들어온 공기를 깨끗하게 걸러주는 중요한 필터 역할을 해요. 공기 중에 있는 먼지나 세균이 우리 몸속으로 들어오지 않게 막아 주지요. 코털에 걸러진 세균과 먼지가 콧속 점액과 엉겨 붙어 코딱지가 되는 거예요.

☞ **피부 호흡** 호흡은 호흡 기관 말고 피부로도 해요. 동물의 피부를 통해 이루어지는 외호흡을 피부 호흡이라고 하지요. 인간도 전체 호흡의 0.61% 정도는 피부로 한다고 해요. 폐호흡에 비해 비중은 아주 적지만 피부 호흡이 차단되면 40분 이내에 사망할 수도 있을 만큼 중요해요.

동물·식물·인체 주간

오늘의 지식 하나
123

읽은날: 월 일

• 우리 몸 •

감각 기관

💡 감각 기관은 무슨 일을 할까?

감각 기관은 주위의 자극을 받아들이는 역할을 하는 기관으로 눈과 코, 혀, 귀, 피부 등이 있어요. 감각 기관에서 받아들인 것은 말초 신경과 척수를 통해 뇌로 전달돼요. 그러면 뇌에서 다시 말초 신경으로 명령을 전달해 반응하게 되는 것이지요.

눈은 어떻게 사물을 볼까?

사람의 눈은 눈동자, 홍채, 수정체, 모양체, 유리체, 망막 그리고 시신경 등 아주 복잡한 구조로 되어 있어요. 홍채는 빛의 양을 조절하는 역할을 해요. 빛이 많이 들어오면 눈동자를 작게 하고 빛의 양이 적으면 눈동자를 크게 하지요. 수정체는 물체에서 반사된 빛을 굴절시켜 눈 안쪽의 망막에 영상을 비춰요. 이때 '모양체'라는 근육에 의해 두꺼워졌다 얇아졌다 하면서 빛을 굴절시키지요. 굴절된 빛이 유리체를 통과해 망막에 닿으면 시신경을 통해 대뇌로 전해져 인식할 수 있게 되는 거예요.

평형감각을 담당하는 귀

소리가 공기를 통해 귀에 도달하면 고막과 이소골을 진동시켜 청세포를 자극해요. 이 신호가 뇌로 전해져 듣게 되는 것이지요.

귀는 청각 기능 말고 우리 몸의 평형을 유지하는 중요한 역할을 해요. 속귀에 있는 반고리관과 전정 기관이 몸의 방향이나 평형을 느끼게 해 균형을 유지해 주지요.

☞ **근시와 원시** 수정체가 두꺼워 초점이 망막에 이르지 못하는 것을 근시라고 해요. 반대로 수정체가 얇아 초점이 망막 뒤에 생기는 것이 원시예요. 근시는 오목 렌즈, 원시는 볼록 렌즈 안경으로 시력을 교정해요.

읽은날:　월　일

오늘의 지식 하나
124

동물·식물·인체 주간

• 우리 몸 •

배설 기관

> 💡 **배설 기관은 무슨 일을 할까?**
>
> 배설 기관은 우리 몸속에서 생긴 노폐물을 밖으로 내보내는 기관이에요. 오줌을 만들어 내보내는 신장(콩팥)과 땀을 만들어 내는 땀샘이 배설 기관이지요. 우리 몸의 상태를 일정하게 유지하려면 몸속의 노폐물을 밖으로 내보내야 해요.

신장은 어떤 일을 할까?

신장은 강낭콩처럼 생겼으며 '콩팥'이라고도 해요. 혈액 속의 노폐물을 걸러내 오줌을 만드는 곳이지요. 신장에서 만들어진 오줌은 오줌관을 통해 방광으로 가고, 방광에 모인 오줌은 요도를 통해 밖으로 나와요.

노폐물이 걸러진 피는 다시 온몸을 돌아요. 신장은 하루에 1.5L의 오줌을 만들어내는데 당뇨병이나 고혈압 등으로 제 기능을 하지 못하면 기계로 피를 뽑아 노폐물을 제거한 다음 깨끗한 피를 다시 몸속에 넣어 주어야 해요. 이를 '혈액 투석'이라고 하지요.

땀샘은 어떤 역할을 할까?

땀은 우리 몸의 온도를 정상적으로 맞춰 주는 역할을 해요. 날씨가 덥거나 운동을 해서 체온이 올라가면 체온을 낮추기 위해 땀이 나요. 땀은 우리 몸의 노폐물을 밖으로 내보내고, 피부가 마르지 않도록 보호하는 역할도 해요. 땀은 우리가 느끼지 못하는 사이에도 늘 조금씩 나지요.

☞ **다한증(땀 과다증)** 보통 사람은 하루에 850~900mL 정도의 땀을 흘리는데 다한증 환자는 하루에 2~5L까지 흘려요. 주로 손이나 발, 겨드랑이, 이마 등 특정한 부위에서 지나치게 땀을 많이 흘리는 증상을 보이지요.

• 우리 몸 •

생식 기관

> 💡 **난자와 정자가 만나면 어떻게 될까?**
>
> 남자의 정자와 여자의 난자가 자궁에서 만난 수정란이 세포 분열을 하면서 자궁 내벽에 붙는 것을 '착상'이라고 해요. 수정란이 착상하면 엄마와 태아를 연결하는 '태반'이 만들어져요. 태아는 태반을 통해 영양소나 산소를 받아들이고 배설물을 내보내지요.

남성의 생식 기관에는 어떤 것이 있을까?

생식 기관은 생물이 자손을 생산하는 데 사용하는 기관이에요. 남성의 생식 기관에는 정자를 생산하는 정소와 정자를 운반하는 수정관 그리고 정낭, 전립선, 고환, 음경 등이 있어요. 정소는 정자를 만들고 남성 호르몬을 분비하기도 해요. 남성 호르몬은 사춘기가 되면 왕성하게 분비되면서 수염이 나고 변성기가 오는 등 남자로서의 특징이 나타나지요.

여성의 생식 기관에는 어떤 것이 있을까?

여성의 생식 기관에는 난자를 만드는 난소와 난자를 자궁으로 보내는 나팔관 그리고 질, 자궁이 있어요. 난소는 자궁 양쪽에 한 쌍이 있어요. 보통 4주간을 기준으로 난소에서 난자가 배출되는데 이것이 '배란'이에요. 난자는 나팔관을 통해 자궁 쪽으로 이동해요. 난자가 정자와 만나 수정이 되면 자궁 점막에 붙어 태아로 자라게 돼요. 정자와 만나지 못하면 자궁 내벽이 떨어지면서 질을 통해 밖으로 나오는데 이것을 '월경(생리)'이라고 해요.

☞ **성호르몬** 남자와 여자의 생식소에서 생겨나는 호르몬이에요. 남성 호르몬인 테스토스테론이 분비되면 콧수염이 나고 음경이 커지며 변성기가 와요. 여성 호르몬인 에스트로겐이 분비되면 가슴이 나오고 월경을 시작해요.

읽은날: 월 일

오늘의 지식 하나
126

동물·식물·인체 주간

• 우리 몸 •

뼈·근육·신경

 뼈는 무슨 일을 할까?

우리 몸을 지탱하는 뼈는 심장과 폐 그리고 뇌를 보호하는 역할을 해요. 부위에 따라 모양이 달라서 뇌를 보호하는 머리뼈는 둥글고 갈비뼈는 좌우로 둥글게 연결되어 있어요. 우리 몸의 뼈는 태어날 때 약 450개였다가 어른이 되면서 합쳐져 206개로 줄어들어요.

근육은 무슨 일을 할까?

근육은 수축과 이완을 통해 몸을 움직여 소화와 혈액 순환을 도와요. 뼈와 관절, 내장 기관을 지켜주지요. 근육에는 운동을 통제하는 '골격근'과 심장 벽에 있는 '심장근' 그리고 소화관 등에서 볼 수 있는 '내장근'이 있어요. 골격근은 우리 마음대로 움직일 수 있지만 심장근과 내장근은 마음대로 움직일 수 없어요.

신경계는 어떤 것일까?

신경계는 감각 기관에서 받은 자극을 뇌에 전달하고 그에 맞게 몸을 조절하는 기관이에요. 우리 몸 구석구석에 퍼져 있으며 기본 단위는 '뉴런'이에요. 중추 신경계와 말초 신경계로 되어 있으며 중추 신경계는 뇌와 척수로, 뇌는 감정과 행동, 생각을 조절하고 척수는 말초 신경의 신호를 뇌에 전달해요.

☞ **골수** 뼈와 뼈를 연결하는 부위를 관절이라고 해요. 그리고 뼈 사이의 공간을 채우는 부드러운 조직을 골수라고 하지요. 골수에서 대부분의 적혈구와 백혈구가 만들어져요.

139

예술·스포츠 주간

오늘의 지식 하나
127

읽은날: 월 일

· 명화가 많은 미술관 ·
루브르 박물관

💡 **루브르 박물관은 어떤 곳일까?**

프랑스 파리에 있는 박물관으로, 1546년 프랑스 왕이 세운 루브르 궁전을 1793년 박물관으로 바꾸었어요. 많은 명화 외에 조각, 고대 유물 등 약 38만 점의 전시물을 갖추고 있어요. 이 박물관에서 가장 유명한 작품은 레오나르도 다 빈치의 <모나 리자>예요.

<민중을 이끄는 자유의 여신> 들라크루아,
1830년, 캔버스에 유채, 260×325cm

<모나 리자> 레오나르도 다 빈치,
1503년경, 목판에 유채, 77×53cm

읽은 날: 월 일

오늘의 지식 하나
128

예술·스포츠 주간

• 명화가 많은 미술관 •

바티칸 미술관

> **바티칸 미술관은 어떤 곳일까?**
>
> 바티칸은 이탈리아 로마 안에 있는 도시 국가예요. 가톨릭 최고 지도자인 교황이 있는 곳이지요. 바티칸 미술관은 16세기에 세워졌으며 회화관, 종교 미술관, 조각 미술관 등이 있어요. 이곳에서 가장 유명한 그림은 르네상스 시대 화가 라파엘로의 <아테네 학당>이에요.

<아테네 학당> 라파엘로, 1509년경, 프레스코, 밑변 823.5cm

• 명화가 많은 미술관 •

프라도 미술관

프라도 미술관은 어떤 곳일까?

에스파냐(스페인)의 수도인 마드리드에 있는 미술관으로, 1868년에 생겼어요. 프라도 미술관에는 벨라스케스, 고야와 같은 에스파냐 출신의 유명 화가 외에 다른 나라 화가들의 그림도 많이 있어요.

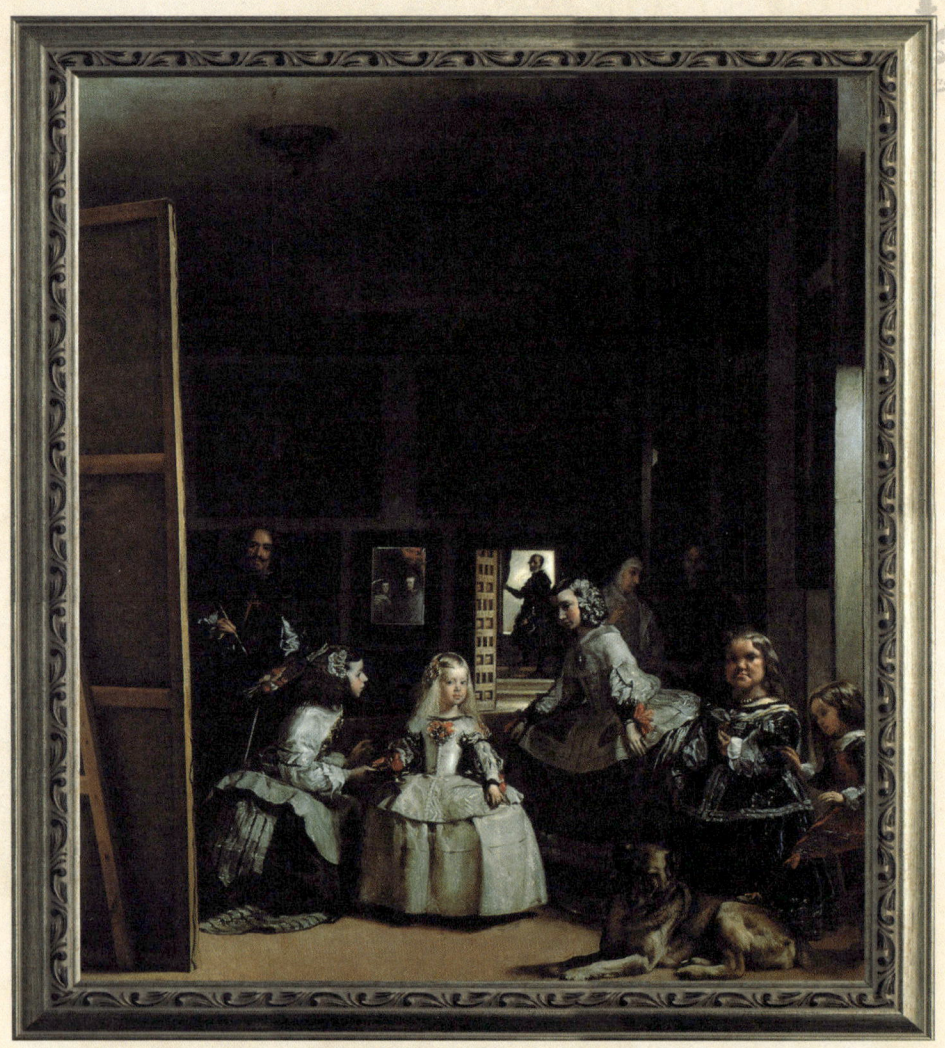

<시녀들(라스 메니나스)> 벨라스케스, 1656년, 캔버스에 유채, 318×276cm

읽은날: 월 일

오늘의 지식 하나
130

예술·스포츠 주간

· 명화가 많은 미술관 ·
뉴욕 현대 미술관

💡 **뉴욕 현대 미술관은 어떤 곳일까?**

미국을 대표하는 미술관이에요. 1929년 뉴욕에 문을 연 미술관으로, 19세기 말부터 현대까지 미국과 유럽에서 만들어진 그림, 조각, 사진, 디자인 작품을 많이 소장하고 있어요. 반 고흐의 <별이 빛나는 밤>, 피카소의 <아비뇽의 처녀들> 같은 아주 유명한 작품도 있어요.

<별이 빛나는 밤> 빈센트 반 고흐, 1889년, 캔버스에 유채, 73×92cm

<브로드웨이 부기우기> 피트 몬드리안, 1942~1944년, 캔버스에 유채, 127×127cm

오늘의 지식 하나
131

• 명화가 많은 미술관 •
오르세 미술관

💡 **오르세 미술관은 어떤 곳일까?**
루브르 박물관 못지않게 유명한 프랑스의 미술관이에요. 1848년부터 1914년까지의 작품을 전시하고 있는 곳으로, 반 고흐나 고갱 같은 19세기 인상파 화가의 그림이 많은 미술관이에요. 기차역으로 사용하던 공간을 개조해 만들었어요.

<만종> 장 프랑수아 밀레,
1859년, 캔버스에 유채, 55.5×66cm

<카드놀이하는 사람들> 폴 세잔,
1890년경, 캔버스에 유채, 47.5×57cm

읽은날: 월 일

오늘의 지식 하나
132

예술·스포츠 주간

• 명화가 많은 미술관 •
우피치 미술관

💡 **우피치 미술관은 어떤 곳일까?**

1580년대에 지어진 이탈리아를 대표하는 미술관이에요. 르네상스가 가장 활발하게 일어났던 도시인 피렌체에 있어요. 르네상스 시대에 만들어진 많은 회화와 조각 작품을 감상할 수 있는 곳이에요.

<비너스의 탄생> 보티첼리, 1485년경, 캔버스에 템페라, 172.5×278.5cm

• 명화가 많은 미술관 •

에르미타슈 미술관

💡 **에르미타슈 미술관은 어떤 곳일까?**

러시아의 상트 페테르부르크에 있는 미술관으로, 1764년 러시아 황제가 세웠어요. 6개의 건물에 1,020개의 전시실이 있으며 러시아 화가들의 그림 외에 르네상스 시대와 바로크 시대의 그림, 동양화 등 많은 명작을 보유하고 있어요.

<붉은 조화> 앙리 마티스, 1908~1909년, 캔버스에 유채, 177×218cm

<춤> 앙리 마티스, 1910년, 캔버스에 유채, 260×391cm

읽은날: 월 일

오늘의 지식 하나
134

세계·문화 주간

• 세계 문화유산 •

파르테논 신전

> 💡 **세계 문화유산 1호**
>
> 그리스 아테네의 아크로폴리스 언덕에 있는 파르테논 신전은 세계 문화유산 제1호로 지정된 의미 있는 곳이에요. 유네스코의 상징 마크가 될 정도로 인류 역사상 가장 뛰어나고 완벽한 건축물로 손꼽히지요.

아테나 여신을 모신 신전

아크로폴리스의 파르테논 신전에는 거대한 기둥이 신전을 에워싸고 있어요. 지금은 전쟁과 자연 재해로 파괴되어 일부만 남아 있지만 금과 코끼리뼈를 이용해 만든 12m 높이의 아테나 여신상이 있었다고 해요.

아크로폴리스는 어떤 곳일까?

아크로폴리스는 시민들이 모이는 장소이자 군사적으로도 중요한 곳이었어요. 동서 약 270m, 남북 약 150m로 서쪽의 경사진 입구를 제외한 세 방향은 가파른 절벽이에요. 아테네를 다시 일으키기 위해 수많은 건축가, 예술가, 철학자, 장인을 불러 모아 아크로폴리스를 건설했지만 페르시아 전쟁 때 대부분 파괴되고 파르테논 신전과 에레크테이온 신전, 아테나 니케 신전이 남아 있어요.

세계·문화 주간

오늘의 지식 하나
135

읽은날: 월   일

• 세계 문화유산

마추픽추

💡 수풀에 묻혀 있던 신비의 도시

페루 남부에 있는 고대 잉카 유적지로, 마추픽추는 '나이 든 봉우리'라는 뜻이에요. 산 밑에서는 볼 수 없어 '공중 도시'라고도 불렸지요. 1911년, 미국인 하이럼 빙엄에 의해 발견됐어요. 어떻게 사람의 힘으로 해발 약 2,400m 높이에 도시를 세웠는지 놀라울 따름이에요.

뛰어난 솜씨를 지녔던 잉카인

잉카인들은 돌을 다루는 기술이 아주 뛰어났어요. 거대한 바위산에서 자른 돌을 옮겨 신전과 집을 지었지요.

마추픽추에는 계단식 밭과 각 집으로 물을 끌어들이는 수도 시설도 있어요. 또한 '인티파타나'라는 석조물이 있는데, 신에게 의식을 치르던 제단이었다는 설도 있고, 기둥 그림자로 시간을 알리는 해시계로 보는 학자들도 있어요.

잉카 제국의 멸망

잉카 제국은 15~16세기 초까지 남아메리카의 안데스 지방을 지배했어요. 하지만 1530년대 초, 피사로가 이끄는 에스파냐군이 침입하면서 잉카의 황제는 포로가 되어 목숨을 잃고 제국은 멸망하고 말았어요.

☞ **쿠스코** '세계의 배꼽'이라는 뜻으로, 안데스 산맥 해발 3,399m에 위치해 있어요. 뾰족한 봉우리들로 둘러싸여 외부 세계와 격리되었던 잉카 제국의 수도예요.

읽은날: 월 일

오늘의 지식 하나 136

세계·문화 주간

• 세계 문화유산 •

앙코르 와트

> 💡 **앙코르 와트는 어떤 곳일까?**
> '거대한 사원'이라는 뜻으로 9~15세기 캄보디아 일대를 지배했던 크메르 왕국의 왕실 사원이에요. 앙코르 사람들은 왕이 죽으면 그들이 믿던 신과 하나가 된다고 생각했어요. 앙코르에는 신을 위한 웅장한 사원이 여러 개 있으며, 앙코르 와트는 그중 하나예요.

정글에 묻힌 고대 문명

13세기 말부터 힘이 약해진 크메르 왕국은 샴족(지금의 태국)의 침략으로 멸망해 정글에 묻혔어요. 그러다 19세기 후반 프랑스의 탐험가 헨리 모하트가 발견하면서 모습을 드러냈지요. 전쟁으로 부서지고 총알 자국이 남기도 했지만 여러 나라의 도움으로 본래 모습을 되찾고 있어요.

앙코르 와트는 어떻게 생겼을까?

동서 1,500m, 남북 1,300m에 이르는 앙코르 와트는 하나의 도시와 같아요. 사원 바깥을 감싸고 있는 해자(성 둘레에 판 못)는 드넓은 바다를 뜻하고 사원을 둘러싼 벽은 히말라야 산맥을 상징해요. 그리고 가운데에 있는 5개의 산 모양 탑은 힌두 신화에서 세계의 중심을 뜻하는 수미산을 의미해요. 사원 벽에는 춤추는 여신이 있는데 '압살라'라고 해요.

• 세계 문화유산 •

콜로세움

세계 7대 불가사의

이탈리아 로마에 있는 콜로세움은 세계 7대 불가사의 중 하나예요. 정식 이름은 '플라비아우스 원형 경기장'이지요. 콜로세움이라는 명칭은 근처 네로 황제의 동상 '콜로소'에서 유래했으며, 콜로소는 '거대하다'는 뜻의 라틴어 '콜로수스'에서 유래했다고 전해져요.

가장 큰 로마의 원형 경기장

고대 원형 경기장 중 가장 큰 콜로세움은 전체 둘레가 527m, 외벽 높이가 48m나 돼요. 5만 명 이상 입장할 수 있는 전체 4층 건물로 층마다 건축 양식이 서로 달라요. 서기 72년 로마 제국의 베스파시아누스 황제 때 공사가 시작되어 8년 후 아들인 티투스 황제 때 완성했어요.

많은 사람이 목숨을 잃은 콜로세움

콜로세움에서는 끔찍한 경기가 열렸어요. 맹수와 검투사가 싸우기도 하고 검투사나 맹수끼리 한쪽이 죽을 때까지 싸웠지요. 대결이 끝나면 관중이나 황제가 패배한 검투사를 어떻게 해야 할지 결정했어요. 특히 로마로 잡혀 온 포로들은 시장에서 노예로 팔려 가거나 콜로세움에서 싸워야 했지요. 정해진 수만큼 승리를 거두면 자유인이 될 수 있었어요.

☞ **검투사** 로마의 검투사들은 보통 노예나 전쟁 포로 중에서 덩치가 크고 싸움을 잘하는 이들로 이루어졌어요. 목숨을 걸고 싸워야 하지만 검투사가 되면 생활 환경도 좋고 싸움에서 이기면 영웅 대접을 받기도 했어요.

• 세계 문화유산 •

타지마할

💡 아름다운 타지마할이 무덤이라고?

'마할의 왕관'이라는 뜻의 '타지마할'은 뭄타즈 마할 황비의 무덤 궁전이에요. 타지마할을 짓기 위해 오랜 기간 동안 많은 사람이 동원되다 보니 공사 현장에서 조금 떨어진 곳에 새로운 도시가 만들어질 정도였다고 해요.

영원한 사랑을 상징하는 무덤

인도 무굴 제국의 샤 자한 황제는 아기를 낳다가 목숨을 잃은 아내의 관을 보관할 무덤 궁전을 짓기로 했어요. 이름난 건축가들과 예술가들을 부르고, 대리석을 나르기 위해 1,000여 마리의 코끼리가 동원되었지요. 궁전을 아름답게 꾸미기 위해 여러 나라에서 값비싼 보석을 사들였어요. 1632년에 시작한 무덤 궁전 공사는 1654년에 완성되었어요. 22년 동안 매일 2만 명이나 되는 일꾼들이 공사에 동원되었다고 해요.

완벽한 대칭을 이루는 건축물

하얀 대리석으로 지은 타지마할은 둥근 지붕이 덮여 있어요. 사원처럼 네 귀퉁이에 높은 탑이 있고 벽에는 색색깔의 꽃이 장식되어 있지요. 동서남북 어느 방향에서 보아도 완벽한 대칭을 이루는 건축물이에요.

👉 **무굴 제국** 16세기 전반~19세기 중반까지 인도를 통치했던 이슬람 왕조. 악바르왕 때 전성기를 이루어 인도 북부와 아프가니스탄을 포함하는 대제국을 건설했어요.

• 세계 문화유산 •

창덕궁

유네스코와 유산

조선 역사의 증인

조선은 건국되고 얼마 지나지 않아 두 번의 왕자의 난을 겪어요. 2차 왕자의 난 후에 즉위한 태종은 수도를 개성에서 다시 한양으로 옮기지만 1차 왕자의 난이 일어났던 경복궁이 불길하게 여겨져 들어가고 싶지 않았어요. 그래서 태종 때 새 궁궐을 지었는데, 바로 창덕궁이에요.

정원이 아름다운 궁

창덕궁은 임진왜란 때 불탔다가 광해군 때 복구했어요. 그 후 정궁이 되어 경복궁을 중건할 때까지 왕이 이곳에서 나랏일을 보았지요.

창덕궁에는 정문인 돈화문과 신하들의 하례식이나 외국 사신의 접견 장소로 쓰이던 인정전, 나랏일을 의논하던 선정전, 왕과 왕후 및 왕가 일족이 거처하던 희정당과 대조전 등의 침실이 있어요. 그리고 북쪽 울안에는 우리나라의 대표적 전통 정원인 비원이 있지요. 창덕궁은 자연과 조화를 이룬 뛰어난 건축물로, 1997년 세계 문화유산으로 지정되었어요.

읽은날: 월   일

오늘의 지식 하나
140

세계·문화 주간

· 세계 문화유산 ·
자금성

천자가 거처하는 곳

구궁은 중국 명나라와 청나라 때의 황궁이에요. '자금성(쯔진청)'이라고도 하는데 자금성은 북두칠성의 북쪽 끝이 천자가 거처하는 곳이라는 뜻에서 붙여진 이름이에요. 명나라의 영락제가 1407년 수도를 난징(남경)에서 베이징(북경)으로 옮기면서 짓기 시작해 1420년에 완공했어요. 목수 10만 명에 인부는 100만 명이나 동원되었다고 해요.

중국의 역사가 고스란히 담겨 있는 곳

자금성은 500년 동안 24명의 황제가 머문 세계에서 가장 규모가 큰 궁전이에요. 9,900칸의 방과 800채의 건물이 있고 성 안은 크게 남쪽과 북쪽 구역으로 나누어져요. 남쪽은 공적인 일을 보는 곳으로, 정문인 오문에서부터 태화전, 중화전, 보화전 등이 있고 그중 태화전은 황실에 큰 행사가 있을 때 사용하는 궁이었어요. 또한 북쪽 구역은 황제의 개인적인 공간이었어요. 건청문, 건청궁, 교태전, 곤녕궁 등의 건물이 한 줄로 늘어서 있지요.

☞ **자금성과 영화** 1987년, 중국의 역사를 다룬 영화 <마지막 황제>는 영화 사상 최초로 자금성에서 촬영했어요. 그때까지 신비에 싸여 있던 자금성의 웅장하고 기묘한 아름다움이 공개되어 세계인의 관심을 끌었지요.

· 사회 현상 ·

나비 효과

> 💡 **나비 효과가 무엇일까?**
>
> 나비 효과는 미세한 변화나 작은 사건이 엄청난 결과로 이어진다는 뜻이에요. 나비가 날개를 한 번 퍼덕인 것이 대기에 영향을 주어 미국을 강타하는 토네이도와 같은 결과를 가져온다는 뜻의 과학 이론이었는데, 사회 현상을 설명하는 데도 쓰여요.

언제 처음 사용했을까?

'나비 효과'라는 말은 1952년 작가 레이 브래드버리가 <천둥 소리>라는 단편 소설에서 처음 사용했어요. 그것을 미국의 기상학자 로렌즈가 대중적으로 사용했지요. 아주 작은 기압 차이로 날씨가 바뀔 수 있다는 것을 알고 '브라질에서 나비가 날갯짓을 하면 텍사스에서 토네이도가 일어난다'라는 주제로 강연을 했어요. 이후 많은 사람들이 나비 효과라는 말을 사용하게 되었지요.

정말로 나비가 태풍을 일으킬까?

2011년, 미국의 신용 평가 회사에서 미국의 신용 등급을 AAA에서 AA+로 내렸어요. 이 소식이 전해지자 우리나라를 비롯해 전 세계의 주식 시장이 흔들렸어요. 경제 성장률도 떨어지고, 유럽의 그리스와 에스파냐 등의 신용 등급도 내려갔지요. 그리스는 국가 부도 사태까지 맞이했어요. 이처럼 미국 신용 등급이 내려가는 작은 변화가 전 세계의 경제가 휘청거리는 큰 태풍이 되었지요.

☞ **토네이도** 바다나 넓은 평지에서 발생하며, 진공 청소기처럼 물체를 빨아들이듯 감아올리는 센 폭풍이에요. 산이 많은 우리나라에서는 토네이도가 잘 발생하지 않지만 동해에서 토네이도의 일종인 용오름 현상이 발생해요.

읽은날: 월 일

오늘의 지식 하나
142

사회·생활 주간

• 사회 현상 •

풍선 효과

풍선 효과가 무엇일까?

풍선의 한쪽을 누르면 누른 부분은 들어가지만 다른 쪽이 불룩 튀어나와요. 이렇게 어떤 현상을 억제하면 다른 현상이 불거지는 상황을 '풍선 효과'라고 해요. 미국에서 마약 단속을 하자 다른 지역에서 마약이 성행해 생긴 표현으로 여러 분야에서 사용해요.

경제에서의 풍선 효과

풍선 효과는 경제 분야에서 자주 사용해요. 문제가 되는 시장을 규제하면, 시장의 수요와 공급이 자유로운 곳으로 옮겨 가요. 예를 들어 정부가 특정 지역의 부동산 가격이 많이 오르는 것을 막기 위해 규제하면, 다른 지역의 부동산 가격이 오른다는 거예요. 또한 부동산 투기를 막기 위해 은행에서 주택을 담보로 한 대출을 규제하면 돈을 빌리려는 사람이 보험사와 저축은행 같은 제2금융권으로 몰려요. 근본적인 문제는 해결되지 않고 또 다른 문제가 생기게 되지요.

풍선 효과는 무엇이 문제일까?

무언가를 억제한다고 문제가 해결되지는 않아요. 오히려 또 다른 방법을 찾는 경우가 더 많지요. 예를 들어, 청소년들의 게임 중독을 줄이려고 셧다운제를 시행하자 부모의 신분증을 이용해 게임을 하는 청소년들이 생겼어요. 결국 게임 규제는 하지 못하고 신분증 도용 사례만 늘어났지요. 이와 같은 풍선 효과는 해결책이 아니라 일시적인 방편에 불과해요.

☞ **셧다운제** 청소년을 게임으로부터 보호하기 위해 2011년에 밤 12시부터 새벽 6시까지 16세 미만 청소년은 온라인 게임에 접속할 수 없게 한 제도예요.

사회·생활 주간

오늘의 지식 하나
143

읽은날: 월 일

• 사회 현상 •

님비 현상

💡 님비 현상이 무엇일까?

'우리 집 뒷마당에는 안 돼요(Not In My Back Yard)'라는 영어 문장의 앞 글자를 따서 만든 용어예요. 쓰레기 소각장이나 하수 처리장, 교도소 같은 시설이 들어서는 것을 반대하는 경우가 대표적이지요. 이러한 지역 이기주의는 사회 전체에 갈등을 일으키기도 해요.

님비 현상은 언제 처음 일어났을까?

1987년 3월, 미국 뉴욕 근교 아이슬립에서 배출되는 쓰레기를 어떻게 처리해야 할지 방법을 찾지 못한 정부는 3,000톤의 쓰레기를 싣고 미국 남부에서 중남미 연안까지 6개월 동안 6,000마일을 항해했어요. 하지만 처리할 곳을 찾지 못해 다시 미국으로 돌아왔고, 그때 외친 말이 바로 '우리 집 뒷마당에는 안 돼요(Not In My Back Yard)!'예요.

☞ **핌비 현상** '제발 우리 집 앞마당으로(Please In My Front Yard)'의 줄임말. 자기 지역 발전에 도움이 되는 시설을 적극적으로 이끌어 들이려는 현상이에요. 님비 현상과 마찬가지로 지역 이기주의라고 할 수 있어요.

• 사회 현상 •

플라세보 효과

> 💡 **플라세보 효과가 무엇일까?**
>
> 약을 먹은 것만으로도 좋아진 것 같은 반응을 '플라세보 효과'라고 해요. 심리적인 효과가 적용된 현상으로 '속임약 효과'라고도 하지요. 의사가 병에 직접적인 효과가 없는 약을 처방해도 환자가 긍정적으로 생각해 병이 치료되는 현상이에요.

플라세보 효과는 정말 효과적일까?

실제로 약을 개발할 때 가짜 약을 투여한 집단과 진짜 약을 투여한 집단을 비교해 플라세보 효과 실험을 한다고 해요.

병을 오래 앓거나 심리적 영향을 받기 쉬운 질병은 플라세보 효과가 더 크다고 해요. 우울증이나 불면증 환자에게는 플라세보 효과가 도움이 되지만, 과학적으로 입증된 것은 아니에요.

약은 많이 먹을수록 좋을까?

우리 몸에 세균이 들어오면 항생제를 써서 막아요. 그런데 항생제를 너무 자주, 오래 쓰면 약효가 떨어져요. 이것을 '내성'이라고 해요. 내성이 생기면 항생제로 병을 치료하기 힘들어져요. 아무리 효과 좋은 약이라도 의사의 처방에 따라 잘 먹어야 해요.

☞ **노시보(nocebo) 효과** 플라세보 효과의 반대말이에요. 치료에 도움이 되는 진짜 약을 처방해도 환자가 약에 대한 불신을 가지고 있으면 약효가 나타나지 않는다고 해요.

사회·생활 주간

오늘의 지식 하나
145

읽은날: 월 일

• 사회 현상 •

피그말리온 효과

피그말리온 효과는 언제 생긴 말일까?

고대 그리스의 조각가 피그말리온은 상상 속의 아름다운 여인을 정성 들여 조각한 후 '갈라테아'라는 이름을 붙여 주었어요. 그리고 갈라테아에게 진짜 사람을 대하듯이 말을 걸고 선물을 주었지요. 조각상과 사랑에 빠진 피그말리온은 사랑의 여신 아프로디테를 찾아가 갈라테아 같은 여자와 결혼하게 해 달라고 빌었어요. 그러자 피그말리온의 소원대로 조각상이 진짜 여인으로 변했어요. 그 후 어떤 일을 간절히 원해 그 일이 이루어지는 것을 '피그말리온 효과'라고 해요.

피그말리온 효과는 정말 효과적일까?

1963년, 미국의 심리학자 로버트 로젠탈은 초등학생을 대상으로 지능 검사를 했어요. 결과와 상관없이 일부 학생들에게 지능이 뛰어나며 앞으로 머리가 더 좋아질 거라고 했대요. 그리고 학년이 끝날 즈음 다시 지능 검사를 했더니 격려와 기대를 받은 학생들의 지능 지수가 높아졌다고 해요. 타인의 긍정적인 기대나 관심이 실제로 능률을 높인 효과지요.

☞ **아프로디테** 그리스 신화에 등장하는 사랑과 미의 여신으로 로마 신화의 비너스예요. '거품에서 나온 여인'이라는 뜻이며 올림포스 12신이기도 해요.

읽은날: 월 일

오늘의 지식 하나
146

사회·생활 주간

• 사회 현상 •

방관자 효과

 방관자 효과는 어떤 것일까?

자기 주위에서 사고가 일어나면 대부분의 사람은 도움을 주려고 해요. 하지만 아무런 행동도 하지 않고 보기만 하는 사람도 있지요. 이와 같이 방관자가 되어 어려움에 처한 사람을 돕지 않게 되는 현상을 '방관자 효과'라고 해요. '구경꾼 효과'라고도 하지요.

방관자 효과는 어떻게 생겨났을까?

1964년, 《뉴욕타임스》에 한 여성이 강도에게 살해당한 사건이 기사로 실렸어요. '살인을 목격한 사람은 38명이었지만 아무도 경찰에 신고하지 않았다'는 내용이었어요. 여성이 비명을 질렀지만 아무도 도와주지 않았다고 해서 많은 사람들이 관심을 가진 기사였지요.

그런데 실제 목격자는 12명이었고, 추운 날씨에 대부분 창문을 닫고 있어서 소리를 못 들었다고 해요. 강도에게 소리친 사람도 있고 경찰에 신고한 사람도 있었지만 신고를 한 사람보다 무시한 사람이 더 많았어요. 결국 나 말고 누군가가 도와주겠지 하는 방관자와 같은 태도 때문에 여성은 살해당하고 말았지요. 이 사건에서 살해당한 여성의 이름을 따 '제노비스 신드롬'이라고도 해요.

방관자 효과를 막을 수 있을까?

위급한 상황에서 주위에 사람들이 많으면 많을수록 도와줄 확률이 낮아진다고 해요. 그럴 때는 특정한 사람을 지목해 책임이나 의무를 지우는 것이 방관자 효과를 막는 방법이에요.

☞ **감시자 효과** 방관자 효과와 반대로 누군가가 지켜보고 있다 여겨 더 바람직하고 적극적으로 행동하는 것을 말해요.

머피의 법칙

> **머피의 법칙이 무엇일까?**
>
> 숙제를 잘해 가다가 딱 하루 안 한 날 숙제 검사를 한다거나, 맛있는 빵을 사려고 줄을 길게 섰지만 바로 내 앞에서 다 팔려 못 산다거나, 입으려고 한 옷은 꼭 빨랫줄에 널려 있는 경우 등 생각대로 되는 일이 없을 때 '머피의 법칙'이라는 말을 사용해요.

머피의 법칙은 어떻게 생겨났을까?

1949년, 미국 공군 기지에서 머피 대위가 설계한 전극봉 실험이 있었어요. 전극봉은 몸속의 심장, 폐, 장 등의 상태를 알 수 있는 도구예요. 비행사, 조종사의 몸에 붙여 비행 속도에 따라 몸에 어떤 변화가 일어나는지 알 수 있는 도구지요. 그런데 전기선을 제대로 연결하지 않은 바람에 실험은 실패했어요. 이처럼 일이 꼬여 나쁜 결과가 나왔을 때 '머피의 법칙'이라는 말을 써요.

머피의 법칙은 과학적일까?

무슨 일이든 잘하려고 하면 더욱 긴장되고 서두르게 되어 실패할 확률이 높아요. 또 모든 일은 성공과 실패 확률이 반반이라고 여기는데 사실은 그렇지 않아요. 사람은 좋은 기억은 금방 잊고 좋지 않은 일을 더 많이 기억해 운이 나쁘고 일이 잘 안 된다고 착각하기 쉬워요.

머피의 법칙은 누구에게나 해당될 수 있어요.

샐리의 법칙 자신에게 나쁜 일만 계속 생기는 머피의 법칙과는 반대로 자신에게 좋은 일만 계속 생길 때 '샐리의 법칙'이라는 말을 써요.

읽은날: 월 일

오늘의 지식 하나
148

과학·자연 주간

• 자연 현상 •

비

💡 비는 어떻게 내릴까?

구름은 작은 물방울과 얼음 알갱이가 모인 거예요. 그 물방울이 무거워져 떨어지는 게 비지요. 땅에 떨어진 비는 바다로 흘러가거나 땅속으로 스며들기도 하는데, 이 물이 증발하면 다시 구름이 되고 비가 되지요. 이렇게 물은 바다와 대기 그리고 육지 사이를 순환해요.

소나기는 왜 갑자기 내릴까?

소나기는 한 지역에 짧은 시간 동안 갑자기 내리는 비예요. 보통 적란운이 지날 때 내리는데 천둥, 번개가 함께 나타나기도 해요. 적란운은 어느 계절에나 생기기 때문에 소나기도 언제나 내릴 수 있어요. 여름에 자주 발생해 소나기가 여름에 많이 내리는 거예요.

장마는 왜 여름에 생길까?

6~7월 즈음 비가 많이 내리는 시기를 장마라고 해요. 우리나라의 경우, 북태평양 기단과 차갑고 습기가 많은 오호츠크해 기단이 만나면 장마 전선이 만들어져요. 그럼 많은 비가 내리는 장마철이 되는 거예요. 그러다가 북태평양 기단이 강해지는 7월에는 오호츠크해 기단을 밀어내기 때문에 장마가 끝나고 푹푹 찌는 무더위가 시작되지요.

☞ **기단** 거대한 공기 덩어리를 말해요. 주로 넓은 대륙이나 바다 위에서 발생해요. 대륙에서 발생한 기단은 건조하고, 바다에서 발생한 기단은 습해요. 다른 지역으로 이동하면서 날씨에 영향을 주지요.

과학·자연 주간

오늘의 지식 하나
149

읽은날 :   월   일

· 자연 현상 ·

눈

한여름에 눈이 올 수는 없을까?

더운 여름에 눈이 내린다면 얼마나 시원할까요? 물방울들이 모여 구름이 되었다가 무거워지면 비가 내리는데 온도가 낮으면 물방울들이 작은 얼음 알갱이가 돼요. 얼음 알갱이에 수증기가 달라붙어 무거워지면 내리는 것이 바로 눈이에요. 따라서 여름에 눈이 내리는 것은 불가능하지요. 눈으로 내리다가도 얼음 알갱이가 녹으면 비가 되거든요. 때로는 눈과 비가 섞여 '진눈깨비'가 내리기도 해요.

우박은 왜 여름에도 내릴까?

우박은 하늘에서 떨어지는 얼음 덩어리예요. 같은 얼음이라고 해도 눈은 날씨가 추울 때 내리지만 우박은 봄과 가을에도 내려요.

수증기가 상승하면 얼음 결정이 만들어져요. 그리고 하강하다가 다시 상승 기류를 만나면 얼음 결정이 점점 커지지요. 상승 기류가 갑자기 약해지면 얼음 덩어리가 무게를 견디지 못하고 떨어지는 것이 우박이에요. 우박은 대기가 불안정할 때 생기기 때문에 겨울이 아닐 때도 내릴 수 있어요. 우박의 크기는 작게는 5mm지만 10cm나 되기도 해요. 작은 우박이라도 하늘에서 떨어지면 농작물에 큰 피해를 입힐 수 있어요.

☞ **함박눈** 공기 중에 수분이 많으면 눈의 결정들이 서로 잘 엉겨 붙어 함박눈이 내려요. 그래서 함박눈은 잘 뭉쳐져요. 만약 공기 중에 수분이 별로 없으면 싸락눈이 내려요.

읽은날: 　월　　일

오늘의 지식 하나
150

과학·자연 주간

• 자연 현상 •
구름

> 💡 **구름 위에 누우면 어떻게 될까?**
>
> 흔히 구름을 포근한 솜이불 같다고 표현하지요. 그런데 정말로 구름 위에 누우면 어떻게 될까요? 구름은 수증기가 증발해서 모인 물방울이나 얼음 알갱이의 덩어리예요. 따라서 구름 위에 눕는다면 포근하기보다는 옷이 젖어 축축한 느낌이 들 거예요.

구름은 왜 색깔이 다를까?

구름 하면 하얀색을 떠올리지만 사실 구름은 색이 없어요. 하얀색 뭉게구름이나 시커먼 먹구름은 햇빛 때문에 그렇게 보이는 거예요. 구름 속의 물방울이 크면 먹구름으로 보이고, 작으면 뭉게구름으로 보여요.

구름은 왜 모양이 다를까?

구름은 물방울이나 얼음 알갱이에 따라 모양이 달라지기도 해요. 보통 구름의 모양에 따라 적운형(뭉게구름), 층운형(안개구름), 권운형(새털구름) 등으로 나뉘고, 구름이 있는 높이에 따라 상층운, 중층운, 하층운으로 나뉘어요. 상층운은 가장 높은 곳에서 만들어지는 구름으로 얼음 알갱이가 대부분이에요. 주로 새털구름이 많이 생겨요. 상층운 아래 중층운에는 양떼구름이 주로 생기고, 가장 낮은 곳인 하층운에는 뭉게구름이 생겨요.

☞ **구름과 날씨** 구름을 보고 날씨를 예측할 수 있어요. 뭉게구름은 날씨가 맑을 때 볼 수 있지만 새털구름(권운)이 보이면 날씨가 흐려질 확률이 높아요. 그리고 비늘구름(권적운)이나 먹구름은 비가 올 확률이 높아요.

과학·자연 주간

오늘의 지식 하나
151

읽은 날: 　월　　일

• 자연 현상 •
안개·이슬

> 💡 **안개의 정체는?**
>
> 높은 산 중턱에 걸쳐 있는 것은 안개일까요, 구름일까요? 멀리서 보면 산에 구름이 걸린 듯하지만 그 산길을 걸어가는 사람은 안개 속에 있어요. 안개와 구름은 보는 사람의 위치에 따라 달라질 뿐 둘 다 물방울이에요.

안개는 어떻게 생길까?

안개는 일교차가 큰 날에 생기기 쉬워요. 해가 지고 밤이 되어 기온이 떨어지면 공기 중의 수증기가 응결(엉기어 뭉침)해서 작은 물방울로 변해요. 이 물방울이 땅에 가까이 깔려 있는 것이 안개예요.

물가에 피는 안개는 물안개라고 하지요. 밤에는 물의 온도가 땅 위보다 높아요. 그래서 차가웠던 땅 위의 공기가 물 위를 지나면서 응결이 일어나 안개가 끼는 거예요.

안개와 스모그는 어떻게 다를까?

오염된 공기가 안개와 함께 일으키는 것을 스모그라고 해요. 스모그는 '연기(smoke)'와 '안개(fog)'가 합쳐져서 생긴 말이에요. 스모그는 바람이 불지 않을 때 아래에는 찬 공기가, 위에는 따뜻한 공기가 있을 때 생겨요. 안개와 달리 자동차 배기가스나 일산화 탄소 등이 들어 있어서 스모그 때문에 호흡기 질환에 걸리기 쉬워요.

☞ **일교차·응결** 일교차는 하루 동안에 변화하는 기온, 습도, 기압 따위의 차이를 말하고, 기온이 내려가서 수증기가 물방울로 맺히는 현상이 응결이에요.

• 자연 현상 •

바람

💡 바람은 어디서 불어오는 걸까?

공기의 흐름이 바로 바람이에요. 땅이 가열되면 따뜻해진 공기는 가벼워서 위로 올라가요. 그러면 지표면의 기압이 낮아져요. 반대로 차가운 공기가 내려오면 지표면의 기압은 높아지는데 이렇게 기압의 차이로 바람이 부는 거예요. 기압의 차이가 클수록 바람이 세게 불어요.

바닷바람, 육지바람

바람은 낮과 밤에 부는 방향이 바뀌어요. 낮에는 육지가 바다보다 빨리 데워지고 밤에는 빨리 식으면서 기압이 변하기 때문이에요. 낮에는 육지가 바다보다 따뜻하기 때문에 바다에서 육지로 불고, 밤에는 육지에서 바다로 불지요. 마찬가지로 여름에는 대륙이 바다보다 빨리 가열되기 때문에 대륙 쪽으로 불어요. 그리고 겨울에는 대륙이 빨리 식기 때문에 바다 쪽으로 불어요.

태풍은 어디서 오는 걸까?

태풍은 초속 17m를 넘는 바람이에요. 주로 적도 부근(북태평양 서남부) 바다에서 발생하지요. 햇볕을 많이 받는 적도는 바닷물의 온도가 높아요. 많은 양의 바닷물이 수증기가 되어 하늘로 올라가 찬 공기와 만나 구름이 되지요. 점점 커진 구름이 커다란 소용돌이로 변한 것이 태풍이에요.

☞ **태풍의 이름** 현재 태풍의 이름은 태풍위원회 회원국(아시아 지역 14개국)이 각 나라의 언어로 지은 이름을 10개씩 제출해서 번갈아 사용하고 있어요.

• 자연 현상 •

지진

지진이 일어나면?

지진이 일어난 곳을 중심으로 진동이 사방으로 퍼져요. 이것을 '지진파'라고 하며 속도가 아주 빨라서 멀리 떨어진 곳에서도 지진을 느낄 수 있어요. 지진은 지구 안에 쌓여 있던 에너지가 갑자기 방출되면서 땅이 흔들리는 거예요.

지진은 왜 일어날까?

우리가 밟고 있는 땅은 딱딱한 것 같지만 그 아래에 있는 맨틀은 말랑말랑해요. 맨틀에는 대류 현상이 일어나서 대륙판이 조금씩 움직여요. 맨틀이 크게 움직여 지층이 끊어지거나 어긋날 때, 또는 그 힘을 이기지 못하고 화산이 폭발하면 지진이 일어나요.

바다에서도 지진이 일어날까?

바닷속 지진은 거대한 지진 해일, 쓰나미를 일으키기도 해요. 쓰나미는 육지에 가까워질수록 파도가 높아져요. 2004년 인도네시아 수마트라섬 근처에서 일어난 지진은 15m나 되는 쓰나미를 만들어 수천 미터 떨어진 곳까지 큰 피해를 입었어요. 2011년 일본에서 일어난 쓰나미는 후쿠시마 원자력 발전소를 덮쳐 방사능이 누출되는 사고가 발생하기도 했어요.

☞ **대류 현상** 액체나 기체에서 물질이 이동하면서 열을 전달하는 현상이에요. 맨틀도 아랫부분에 있는 물질이 뜨거워지면 위로 올라오고 물질이 식으면 다시 아래로 내려가요.

읽은날: 월 일

오늘의 지식 하나
154

과학·자연 주간

• 자연 현상 •
화산

화산이 뭘까?

지각 아래의 맨틀은 암석으로 이루어져 있지만 아주 뜨거워서 말랑말랑해요. 맨틀이 녹아서 된 마그마가 많아지고 압력이 세지면 밖으로 나오고 싶어 해요. 마그마가 이리저리 돌아다니다 약한 지각을 뚫고 나오는 것이 화산이에요.

화산이 폭발하면 뭐가 문제일까?

화산이 폭발하면 뜨거운 마그마가 갑자기 식으면서 화산 가스와 화산재를 내뿜어요. 화산 가스에는 이산화황이 들어 있고 화산재는 구름을 만들어 햇빛을 가리고 비바람을 만들기도 해요.

화산 가스가 빠져나가면 땅 밖으로 용암이 흘러요. 800℃가 넘는 용암은 모든 물체를 녹여 버리지요. 이렇듯 화산이 폭발하면 기상 이변이 일어나기도 하고 농작물에 큰 피해를 입기도 해요. 고대 도시 폼페이는 화산 폭발로 사라져 버렸어요.

화산이 멈추면 어떤 일이 일어날까?

마그마가 솟아오르면 화산 분출물이 쌓여 산이 되기도 해요. 이때 마그마가 빠져나간 공간이 무너지면서 산꼭대기가 움푹 패는 곳을 '칼데라'라고 해요. 칼데라에 물이 고이면 호수가 생기지요. 백두산 천지가 바로 칼데라호예요. 제주도와 울릉도, 독도는 마그마가 만든 화산섬이에요.

☞ **백록담** 제주도의 한라산 백록담은 마그마가 뿜어져 나온 분화구에 물이 고인 거예요. 분화구 주변이 무너져 빗물이 고인 칼데라호하고는 달라요.

• 희생적인 위인 •

뒤낭 (1828~1910)

> 💡 **크리스마스실과 뒤낭**
>
> 우리나라는 헌혈을 적십자 혈액원이 중심이 되어 하고 있어요. 또 크리스마스가 되면 적십자사에서 크리스마스실(Christmas seal)을 팔지요. 하얀 바탕에 빨간 십자가가 상징인 적십자사는 스위스의 앙리 뒤낭이 만들었어요.

뒤낭은 어떤 사람일까?

▲ 뒤낭

뒤낭은 부유한 집안에서 태어났어요. 봉사 정신이 뛰어난 부모님의 영향으로 가난한 사람들을 돕는 일에 나서 친구들과 빈민 구호 단체를 만들어 봉사 활동을 하기도 했지요. 프랑스의 식민지인 알제리에서 개발 사업을 해 큰돈을 버는 것을 본 뒤낭은 다니던 은행을 그만두고 사업을 시작했어요. 하지만 생각만큼 잘되지 않아 어려움을 겪었지요. 솔페리노 격전에서 많은 사상자를 본 뒤낭은 사업을 제쳐두고 구호 활동에 나섰어요.

적십자사 창립

뒤낭은 부상자를 구호하면서 민간 국제기구가 필요하다는 것을 깨달았어요. 유럽 여러 나라의 도움을 받아 1864년 국제 적십자사를 창립해 아군, 적군 가리지 않고 전쟁터의 부상자를 치료했지요. 희생과 봉사 정신을 인정받은 뒤낭은 제1회 노벨 평화상을 수상했어요.

☞ **적십자사** 1864년 16개 나라가 힘을 모아 만든 국제적인 민간 단체. 스위스는 적십자사 회의를 여는 데 많은 도움을 주었어요. 그 감사 표시로 스위스 국기를 이용해 적십자기를 만들었어요.

• 희생적인 위인 •

나이팅게일 (1820~1910)

> **왜 나이팅게일 선서일까?**
> 근대 간호의 선구자인 나이팅게일의 숭고한 정신을 기리기 위해 붙여진 이름이에요. 히포크라테스 선서의 일부 내용을 따른 것으로, 보통 간호학과 학생들이 기초 간호학 수업을 마치고 실습을 나가기 전에 촛불을 들고 해요.

간호사를 꿈꾼 소녀

나이팅게일은 1820년 영국의 부유한 집안에서 태어났어요. 어려서부터 가난하고 병든 이웃에게 관심을 가져 간호사를 꿈꾸었지요. 하지만 부모님은 딸이 간호사가 되는 것을 반대했어요. 당시에는 간호사를 가난하고 많이 배우지 못한 여자들이 하는 일이라고 여겼거든요.

나이팅게일

등불을 든 천사

나이팅게일은 혼자 공부해서 간호사가 되었어요. 그리고 1854년, 크림 전쟁이 일어나자 서른여덟 명의 간호사를 이끌고 전쟁터로 갔어요. 밤낮없이 군인들을 치료하고 빨래와 화장실 청소까지 했지요.

나이팅게일의 노력으로 치료를 받지 못하고 죽어 가던 군인의 수가 점점 줄었고 군대 병원의 환경도 좋아졌어요. 군인들은 나이팅게일을 '등불을 든 천사'라고 불렀지요. 전쟁이 끝난 후 나이팅게일은 간호 학교를 세우기도 했어요.

☞ **크림 전쟁** 나이팅게일이 간호 활동을 한 것으로 잘 알려져 있는 전쟁. 제정 러시아가 흑해로 진출하기 위해 터키, 영국 등의 연합군과 벌였으며 러시아가 패배했다.

역사 주간

오늘의 지식 하나 157

읽은날: 월 일

• 희생적인 위인 •

슈바이처 (1875~1965)

> 💡 '오강가'가 무슨 뜻일까?
>
> 아프리카 사람들은 슈바이처를 '오강가'라고 불러요. 오강가는 아프리카 말로 마법사를 뜻해요. 아프리카에서 마법사와 같이 희생과 봉사 활동을 펼친 슈바이처는 1952년 노벨 평화상을 수상했어요.

남을 위한 삶

슈바이처는 독일의 넉넉한 가정에서 태어났어요. 대학에서 신학과 철학을 공부하며 부족함 없이 지낸 슈바이처는 자신이 누리는 행복을 다른 사람에게 베풀어야겠다고 생각했어요. 슈바이처는 공부도 열심히 하고 파이프 오르간 연주자로도 이름을 높였어요. 서른 번째 생일을 지낸 다음 다른 사람을 도우며 살기 위해 의학 공부를 시작해 8년 후 의사가 되었지요.

슈바이처

아프리카의 마법사

1931년, 슈바이처는 가뭄과 질병으로 고통받는 사람들을 돕기 위해 아프리카 가봉으로 갔어요. 닭장을 고쳐 임시 병원을 만들고, 이후 50년 넘게 사람들을 치료했지요. 돈이 없으면 유럽으로 가서 강연을 하거나 오르간 연주회를 해서 의료용품을 마련하기도 했어요. 1965년, 아흔 살로 세상을 떠날 때까지 아프리카 사람들과 함께했지요.

☞ **가봉** 슈바이처는 아프리카 생활을 <물과 원시림 사이에서>라는 책에 기록했어요. 이 책의 광경을 그대로 형상화한 것이 오늘날의 가봉 국기예요. 국기의 초록은 밀림, 노랑은 태양 또는 적도, 파랑은 바다를 상징해요.

오늘의 지식 하나
158

• 희생적인 위인 •

페스탈로치 (1746~1827)

누구나 평등하게 교육받을 권리

페스탈로치는 스위스의 교육자예요. 어려서부터 목사인 할아버지와 부모님이 가난한 사람들을 돌보며 봉사하는 것을 보고 자랐어요. 당시 스위스는 귀족들만 공부를 할 수 있었어요. 페스탈로치는 누구나 교육을 받아야 하고 사람들을 도울 수 있는 최고의 방법은 교육이라고 생각했지요. 그래서 '애국단'이라는 모임에 들어가 사회 운동을 하며 정부의 잘못된 정책에 반대했어요.

페스탈로치의 교육 방법

페스탈로치는 농촌으로 가서 일을 하며 공부하는 '노이호프' 학교를 세웠어요. 가난한 사람들을 위한 교육을 시작한 페스탈로치는 이후 새로운 교육 방법으로 아이들을 가르쳤어요. 경험과 체험을 바탕으로 아이들이 자연 속에서 스스로 공부하도록 대안 학교를 만들었지요.

처음부터 페스탈로치의 교육 방법이 환영을 받은 것은 아니에요. 때로는 학교에서 쫓겨나기도 하고 학교 문을 닫기도 했어요. 전쟁고아들에게 일을 시킨다고 비난을 받았지만 계속 뜻을 밀고 나갔지요. 페스탈로치의 교육 방법은 지금의 유아 교육과 초등 교육의 기초가 되었어요.

페스탈로치 동상

☞ **대안 학교** 기존의 학교 교육과 다르게 자율적인 프로그램으로 운영하는 학교예요. 초등학교와 같은 공교육에 적응하지 못하거나 공교육의 문제점을 해소하기 위해 자연 친화적이며 다양한 학습 방법으로 운영해요.

• 희생적인 위인 •

마틴 루서 킹 (1929~1968)

💡 사라지지 않는 인종 차별

미국에서 흑인 인종 차별은 오랫동안 계속됐어요. 1955년, 흑인 여성이 백인에게 버스 좌석을 양보하지 않은 일로 처벌을 받자 마틴 루서 킹은 '몽고메리 버스 승차 거부 운동'을 벌였어요. 많은 흑인들이 이 운동에 참여하면서 결국 인종 차별을 없애는 법을 만들게 됐어요.

폭력을 낳는 폭력

마틴은 어릴 때부터 흑인이 차별받는 것을 보고 겪으면서 인종 차별에 대해 깊이 생각했어요. 또한 '폭력은 폭력을 낳을 뿐'이라며 비폭력을 주장했어요. 때로는 목숨에 위협까지 받으면서 흑인 인권을 위해 싸웠지요. 전 세계의 가난한 사람들을 돕기 위해 행진하고, 자신을 원하는 곳이라면 어디든지 달려갔어요.

"나에게는 꿈이 있습니다!"

1963년 8월 28일, 워싱턴의 링컨 기념관 광장에 25만 명의 사람들이 모였어요. 마틴은 연설을 통해 비폭력 저항을 강조했어요. '나에게는 꿈이 있습니다'로 시작한 이 연설은 많은 사람들의 공감을 불러 일으켜 백인들의 지지까지 이끌어냈지요. 인종 차별을 완전히 없애고 모든 인류가 평화롭게 살도록 애쓴 덕분에 마틴 루서 킹은 1964년 노벨 평화상을 받았어요.

☞ **몽고메리 버스 승차 거부 운동** 당시 몽고메리에서는 버스 좌석이 흑백으로 나뉘어 있었어요. 어느 날, 백인 좌석이 꽉 차 자리가 없자 흑인 지정석에 앉아 있던 로자 파크스는 백인에게 자리를 양보하라는 버스 운전기사의 지시를 받았어요. 이를 거부한 로자 파크스는 경찰에 체포되었고 이 일로 인종 차별을 없애라는 시위가 시작되었어요.

읽은날: 월 일

오늘의 지식 하나
160

역사 주간

• 희생적인 위인 •

간디 (1869~1948)

비폭력 불복종 운동

1869년, 영국이 지배하던 인도에서 태어난 간디는 영국으로 건너가 대학에서 법을 공부했어요. 이후 남아프리카 공화국에서 변호사로 활동하며 백인들이 흑인과 인도인을 무시하고 차별하는 것을 보고 큰 충격을 받았어요. 인도인이라서 기차의 일등석에 앉을 수 없고, 흑인들과 인도인들은 밤에 돌아다닐 수 없도록 법으로 정해져 있었어요.

간디는 남아프리카에 사는 인도인들을 위해 앞장섰어요. 차별에 맞서 비폭력과 평화를 주장하며 불복종 운동도 함께 벌였지요. 결국 남아프리카 공화국은 간디의 뜻을 받아들였어요.

인도의 정신적 지도자

1915년, 인도로 돌아온 간디는 영국의 지배를 받는 인도 국민을 위해 다시 싸울 것을 결심했어요. 영국 물건을 사용하지 않으려 물레를 돌려 옷을 만들어 입었어요. 또한 인도의 소금법에 저항하기 위해 바다에서 직접 소금을 얻고 단식을 하며 영국에 맞섰지요. 그리고 인도인들의 정신적 지도자가 되어 평화를 위해 앞장섰어요.

물레를 돌리고 있는 간디

☞ **소금행진** 1930년 4월 6일, 인도의 한 해안에 간디를 비롯해 수천 명의 남녀노소가 몰려왔어요. 이 사람들은 바닷물이 지나간 갯벌에서 소금을 거두며 영국에 저항했어요. 이를 '소금행진'이라고 하며 전 세계의 관심이 간디에게 향하는 큰 계기가 되었어요.

역사 주간

오늘의 지식 하나
161

읽은날: 월 일

• 희생적인 위인 •

테레사 수녀 (1910~1997)

사랑의 선교회를 만들다

어머니에게 이웃을 사랑하는 마음을 보고 배운 아그네스는 수녀가 되어 사람들을 도우며 살기로 마음먹었어요. 그리고 1931년에 수녀가 되었지요.

테레사 수녀는 인도 콜카타의 빈민가로 갔지만 힌두교를 믿는 인도인들은 반가워하지 않았어요. 테레사 수녀는 수녀복을 벗고 인도의 전통 의상인 사리를 입었어요. 굶주리는 사람들을 위해 음식을 구하러 다니는 등 고통받는 사람들을 위해 애쓰자 뜻을 같이하는 사람들이 모이기 시작했지요. '사랑의 선교회(사랑의 선교 수녀회)'를 만든 테레사 수녀를 사람들은 '마더'라 부르며 따랐어요.

▲ 테레사 수녀

노벨 평화상 수상

테레사 수녀는 가난과 병으로 고통받는 사람들, 부모를 잃고 굶주리는 아이들 등 신분과 종교를 가리지 않고 사람들을 돌보았어요. 전 세계에서 모아진 기부금을 모두 가난한 사람들을 위해 썼지요. 노벨 평화상을 수상한 테레사 수녀는 2016년 성인으로 추대되었어요.

☞ **사랑의 선교회** 테레사 수녀가 세운 자선 단체로 본부는 처음 설립된 인도 콜카타에 있어요. 교황청의 정식 인가를 받았으며, 우리나라에는 1981년 테레사 수녀가 방문하면서 설립되었어요.

읽은날: 월 일

오늘의 지식 하나
162

문학 주간

• 소설 속 주인공 •

로미오와 줄리엣

<로미오와 줄리엣>은 어떤 이야기일까?

몬터규가와 캐풀렛가는 원수 집안이에요. 그런데 무도회에서 만난 몬터규가의 아들 로미오와 캐풀렛가의 딸 줄리엣은 서로 사랑하게 되고 신부님의 도움으로 결혼식도 올리지요.

하지만 또다시 두 가문에 큰 다툼이 일어나 로미오는 도시에서 쫓겨나요. 다른 사람과 억지로 결혼하게 된 줄리엣은 위기를 피하기 위해 약을 먹고 잠시 깊은 잠에 들어요. 하지만 로미오는 줄리엣이 죽은 줄 알고 스스로 목숨을 끊고, 줄리엣 또한 로미오의 뒤를 따라간다는 비극이에요.

줄리엣의 명대사

로미오는 친구들과 참석한 무도회에서 줄리엣을 보고 사랑에 빠져요. 줄리엣도 로미오에게 마음을 빼앗기지만 서로 원수 집안이라는 사실을 알고 괴로워하지요. 잠을 이루지 못한 줄리엣이 발코니에서 혼잣말을 해요. 그중 "오, 로미오. 로미오! 당신의 이름은 왜 로미오인가요?" 하는 줄리엣의 대사는 운명 때문에 고통받는 연인의 마음을 잘 표현해 널리 알려진 명대사예요.

☞ **희곡** 희곡은 무대에서 공연을 하기 위해 쓰인 연극 대본이에요. 소설은 인물, 사건 그리고 배경을 묘사하며 이야기를 풀어 나가지만 희곡은 대사로 표현해요. 셰익스피어는 연극을 공부하며 희곡 작품을 썼어요.

• 소설 속 주인공 •

돈 키호테

<돈 키호테>는 어떤 이야기일까?

17세기경 에스파냐(스페인)의 한 시골 마을에 사는 귀족이 기사 이야기에 푹 빠진 나머지 스스로를 '돈 키호테'라고 불러요. 그리고 늙은 말인 로시난테를 타고 마을에 사는 소작인 산초 판사를 시종으로 데리고 다니면서 겪는 여러 가지 모험 이야기예요.

<돈 키호테>의 지은이는 누구일까?

<돈 키호테>를 쓴 세르반테스는 전쟁에서 크게 다치기도 하고, 해적에게 잡히는 등 여러 가지 일을 겪었어요. 그리고 자신이 경험한 이야기를 바탕으로 글을 썼지요.

당시 에스파냐에서는 기사도 이야기가 유행했어요. 세르반테스는 말도 안 되는 기사도 이야기가 못마땅해 기사들을 비꼬아 <돈 키호테>를 썼어요. 그런데 없어서 못 팔 정도로 사람들이 좋아했어요. <돈 키호테>는 '최초의 근대 소설'이라는 평가를 받고 있지요.

돈 키호테는 어떤 인물일까?

돈 키호테는 세상의 비리를 바로잡기 위해 늙은 말 로시난테를 타고 여러 곳을 다녀요. 하지만 가는 곳마다 웃음거리가 되지요. 정신 나간 사람처럼 보이지만 예의바르고 정의를 사랑하는 노인이에요.

요즘은 '돈 키호테'가 현실과 다른 공상적인 이상가를 가리키는 말로 쓰여요.

돈 키호테와 로시난테 조형물(중남미 박물관)

☞ **산초** 농부였던 산초는 돈 키호테의 충성스러운 하인이 돼요. 돈 키호테가 이상가라면 산초는 현실적인 인물이에요. 때로는 욕심을 드러내는 등 돈 키호테와 반대되는 인물이지요.

읽은날: 월 일

오늘의 지식 하나
164

문학 주간

• 소설 속 주인공 •
햄릿

💡 <햄릿>은 어떤 이야기일까?

13세기 덴마크의 왕이 갑자기 죽자 동생이 왕위에 올라요. 그리고 왕비와 재혼을 하지요. 왕자 햄릿은 아버지를 잃은 슬픔과 어머니에 대한 원망으로 가득 차게 돼요. 그러던 중 숙부가 아버지를 죽인 것을 알고 미친 사람처럼 행동하며 복수를 노리는 이야기예요.

햄릿은 어떤 사람일까?

햄릿은 아버지의 죽음에 대해 숙부를 의심하던 중 아버지의 망령이 나타나 확신을 얻어요. 그리고 망령 앞에서 복수를 맹세해요. 하지만 생각이 많은 성격 탓에 늘 주저하기 일쑤였어요. 그래서 쉽게 행동으로 옮기지 못하고 고민만 하는 사람을 '햄릿형 인간'이라고 해요.

햄릿의 명대사

"죽느냐 사느냐, 그것이 문제로다!"

햄릿이 아버지의 복수를 앞두고 하는 독백이에요. 아버지가 독살당하고 어머니가 숙부와 결혼하자 화가 난 햄릿은 오필리아에 대한 사랑도 버려요. 분노가 차오르면서도 어떻게 해야 할지 갈등하는 모습에서 햄릿의 우유부단한 성격이 드러나지요. 이 대사는 심각한 문제에 부딪혀 결정하기 힘들 때 사용하기도 해요.

☞ **돈 키호테형** 햄릿이 너무 심사숙고해서 우유부단하다면, 그와 반대로 행동하는 인물이 돈 키호테예요. 돈 키호테형 인간은 추진력은 있지만 무모하고 무책임하다는 이야기를 듣기도 해요.

문학 주간

오늘의 지식 하나
165

읽은 날: 월   일

• 소설 속 주인공 •

장 발장 (레 미제라블)

💡 **장 발장은 누구일까?**

'장 발장'은 빅토르 위고가 쓴 <레 미제라블>에 나오는 인물이에요. 가난한 노동자인 장 발장은 조카들을 위해 빵 한 조각을 훔친 죄로 감옥에서 19년을 지내요. 감옥에서 나온 장 발장은 사회에 대한 원망이 컸지만 주교의 마음에 감동을 받아 새로운 사람이 되지요.

장 발장은 어떻게 변했을까?

장 발장은 다른 도시에 가서 신분을 숨긴 채 살아요. 성공해서 시장이 되지만 자기 대신 엉뚱한 사람이 체포된 것을 알고 모른 척할지, 사실을 밝힐지 고민하다가 자신이 진짜 장 발장이라고 밝혀요. 하지만 곧 탈옥해서 알고 지내던 여인의 딸을 구해 숨어 지내다가 죽음을 맞이해요.

코제트는 어떤 소녀일까?

장 발장이 감옥에서 탈옥한 이유는 코제트를 찾기 위해서였어요. 엄마와 헤어진 코제트는 못된 테나르디에 부부에게 시달리며 온갖 고생을 했어요. 천사 같던 코제트는 말라깽이가 되었지요. 마을 사람들은 코제트를 종달새라고 불렀어요. 작은 종달새처럼 늘 추위에 떨었기 때문이지요. 장 발장은 그런 코제트가 마음 문을 열고 희망을 갖게 해 주었어요.

☞ **빅토르 위고(1802~1885)** 소설과 시, 희곡을 쓴 프랑스의 문학가예요. 대표작에 <레 미제라블>과 <노트르담의 꼽추>가 있어요. 장례식이 국장으로 치러질 만큼 많은 사람들에게 사랑과 존경을 받았어요.

• 소설 속 주인공 •

조 (작은 아씨들)

<작은 아씨들>은 어떤 작품일까?

<작은 아씨들>은 미국의 소설가 루이자 메이 올컷의 장편 소설이에요. 성격이 다른 네 자매가 자신의 꿈을 키워 가는 모습을 감동적으로 그린 작품이지요. 도덕적이고 다정한 부모님의 가르침과 사랑을 받으며 자란 자매들은 아버지가 남북 전쟁에 나가 있는 동안 경제적으로 어려워져요. 하지만 서로 의지하며 어려움을 이기고 잘 성장한다는 이야기예요.

조는 어떤 인물일까?

차분하고 아름답지만 허영기가 있는 큰딸 '메그'와 작가 지망생인 둘째 '조', 수줍음이 많고 헌신적인 셋째 '베스', 그리고 귀엽고 멋내기 좋아하는 막내 '에이미'까지 네 자매는 모두 성격이 달라요.

둘째 조는 활달한 성격의 말괄량이지만 가족에게 헌신적이에요. 글을 써서 집안 살림을 돕기도 하지요. 또 전쟁터에 나간 아버지가 위독하다는 전보를 받자 어머니의 여비를 마련하기 위해 소중한 머리카락을 잘라 팔기도 했어요.

<작은 아씨들>의 무대가 된 오처드 하우스

👉 **루이자 메이 올컷(1832~1888)** 미국의 소설가. 남북 전쟁 때는 간호병으로 자원했다가 장티푸스에 걸려 돌아오기도 했어요. 자신의 어린 시절을 바탕으로 쓴 <작은 아씨들>이 큰 인기를 끌면서 작가로 자리 잡았어요.

문학 주간

오늘의 지식 하나
167

읽은 날: 월   일

• 소설 속 주인공 •

주디 (키다리 아저씨)

<키다리 아저씨>는 어떤 작품일까?

<키다리 아저씨>는 미국의 소설가 진 웹스터의 작품이에요. 고아원에서 자란 제루샤 애벗은 편지를 쓰는 조건으로 대학에 다닐 수 있는 후원을 받아요. 후원자의 얼굴과 이름은 모르지만, 현관에서 기다란 그림자를 본 애벗은 후원자를 '키다리 아저씨'라고 부르지요.

대학에 진학한 애벗은 자신의 이름을 주디로 바꾸어요. 키다리 아저씨에게 편지를 쓰지만 답장을 받지는 못해요. 대학을 졸업한 주디는 책을 내며 작가의 길을 걷게 되고, 키다리 아저씨가 바로 친구의 삼촌인 저비스 씨라는 것을 알게 되지요. 그리고 키다리 아저씨이자 저비스 씨에게 연애편지를 쓰는 것으로 이야기는 끝이 나요.

주디는 어떤 인물일까?

주디의 본명은 고아원 원장이 어느 묘비에서 본 이름과 전화 번호 책에 있는 이름을 따서 대충 지었어요. 그래서 스스로 '주디'라는 애칭을 지었지요. 주디는 상상력이 풍부하고 아주 긍정적이에요. 학교 친구들에게 놀림을 받을 때도 키다리 아저씨에게 편지를 쓰며 스스로를 위로했지요. 힘들고 어려운 현실 속에서도 주디는 작가의 꿈을 포기하지 않고 꿋꿋하게 살아가요.

☞ **진 웹스터(1876~1916)** 아버지가 출판업을 하고 어머니는 마크 트웨인의 조카로 문학적인 분위기에서 풍요롭게 지냈어요. 당시 상류층 여성으로는 드물게 직업을 가지고 교도소나 고아원의 복지 시설 개선에 앞장섰어요.

읽은날: 월   일

오늘의 지식 하나
168

문학 주간

• 소설 속 주인공 •

에릭 (오페라의 유령)

> 💡 **<오페라의 유령>은 어떤 이야기일까?**
>
> 무명인 크리스틴은 어느 날 여주인공 대역으로 무대에 서 성공적으로 공연해요. 크리스틴은 '음악의 천사'에게 배우며 실력을 키워 왔어요. 음악의 천사는 오페라 하우스 지하에 사는 '오페라의 유령' 에릭이었어요. 에릭은 사랑하는 크리스틴을 납치하지만 결국 놓아줘요.

<오페라의 유령>의 무대인 파리 오페라 가르니에
(사진 제공 : 발레리나 박세은)

에릭은 어떤 인물일까?

에릭은 천사의 목소리를 가졌지만 얼굴이 흉측해서 가면을 쓰고 다녀요. 떠돌아다니며 예술과 마술을 배우고, 궁전에서 기예를 뽐낸 가수이기도 했어요. 오페라 하우스 지하에서 지내며 에릭은 크리스틴에게 많은 도움을 줘요. 음악적인 도움은 물론이고 무대에 설 수 있도록 속임수를 쓰기도 하지요. 사랑하는 크리스틴과 결혼해 평범하게 살기를 바라지만 결국 크리스틴을 위해 떠나보내요.

뮤지컬 <오페라의 유령>

가스통 르루의 <오페라의 유령>은 영화와 연극으로 각색되었어요. 특히 1986년 앤드류 로이드 웨버가 뮤지컬로 제작해 성공을 거두지요. <레미제라블>, <캣츠>, <미스 사이공>과 더불어 4대 뮤지컬로 꼽혀요.

☞ **가스통 르루(1868~1927)** 프랑스의 소설가이자 저널리스트. <오페라의 유령> 외에 <노란 방의 비밀>, <아카데미의 유령(귀신 들린 의석)> 등이 있어요. 작품을 완성할 때마다 허공에 대고 권총을 쏘는 버릇이 있었대요.

• 멸종·희귀 동물 •

공룡

오늘의 지식 하나
169

브라키오사우루스

시아모티라누스

💡 공룡은 언제 살았을까?

공룡은 약 2억 2,500만 년~6,500만 년 전에 살았어요. 중생대 쥐라기와 백악기에 번성해 지구의 주인 노릇을 했지요. 화석으로 400여 종이 알려져 있어요.

공룡은 어떤 동물일까?

공룡은 거대한 파충류라고 하지만 조금 달라요. 보통 파충류의 다리 관절은 90도로 꺾여 있지만 공룡은 다리가 곧게 뻗어 있어 서서 다닐 수 있었어요. 그리고 80cm~30m 이상 되는 것까지 크기도 아주 다양했어요. 사람은 뼈 중간에 연골이 있어 어느 정도 자라면 더 이상 자라지 않지만, 공룡은 뼈끝이 연골로 되어 있어 계속 자라 아주 크지요. 브라키오사우루스는 브론토사우루스와 함께 역사상 가장 큰 동물로 꼽혀요.

공룡은 왜 사라졌을까?

공룡이 주로 살았던 시기는 쥐라기와 백악기예요. 그런데 백악기 끝 무렵인 약 7,000만 년 전에 갑자기 사라졌어요. 그 즈음 지구에는 화산 폭발과 지진이 자주 일어나고 기온이 크게 떨어지는 등 기후 변화가 심하게 일어났지요. 따뜻한 날씨에 살았던 공룡은 기온이 떨어지자 먹을 것이 없어 사라졌다고 해요.

☞ **공룡** 공룡은 파충류로 도마뱀과 비슷해요. '공룡(dinosaur)'은 그리스어로 '공포'란 뜻의 데이노스(deinos)와 '도마뱀'이란 뜻의 사우루스(sauros)의 합성어예요.

오늘의 지식 하나
170

읽은날: 월 일

동물·식물·인체 주간

• 멸종·희귀 동물 •

북극곰

> 💡 **북극곰은 춥지 않을까?**
>
> 북극곰은 북극의 환경에 맞게 흰색으로 보이는 투명한 털로 덮여 있어요. 흰털 아래 피부가 검은색이라 햇볕을 잘 흡수해 몸을 따뜻하게 할 수 있지요. 그리고 몸속 지방층이 두꺼워 추위를 잘 견뎌 낼 수 있다고 해요.

북극곰은 어떻게 지낼까?

북극은 영하 40℃의 추위에 시속 120km의 강풍이 불기도 하지만 북극곰은 끄떡없어요. 추위를 잘 견딜 뿐만 아니라 몸집이 아주 크거든요. 수컷은 몸무게 350~700kg에 몸길이가 2.4~3m 정도 돼요. 암컷의 몸집은 수컷의 절반 정도 되고요. 북극곰이 좋아하는 먹이는 바다표범이고 순록이나 물고기, 바닷새 등도 잡아먹어요.

북극곰은 대부분의 시간을 빙하 위에서 지내요. 느릿느릿 움직이는 것처럼 보이지만 헤엄도 잘 치고 땅에서도 빠르게 달리며 넓은 지역을 이동해요. 보통 혼자 생활하고 가끔 친구들과 어울려요.

북극곰은 왜 멸종 위기일까?

예전에는 사냥으로 수가 줄었지만 현재는 지구 온난화 때문에 북극곰이 멸종 위기에 놓였어요. 지구 표면의 온도가 점점 올라가면서 북극의 빙하가 녹아 북극곰이 살 곳이 점점 줄어들고 있어요.

👉 **북극곰 후원** 2월 27일은 '국제 북극곰의 날'이에요. 북극곰의 멸종 위기를 함께 생각해 보는 날이지요. 2020년 현재 그린피스와 세계자연기금 국제본부(WWF)에서 기후 위기로 사라지는 북극곰을 후원하고 있어요.

• 멸종·희귀 동물 •

황제펭귄

> 💡 **황제펭귄의 특별한 자식 사랑**
>
> 남극에 사는 황제펭귄은 등은 검은색이고 배와 날개 안쪽은 흰색이에요. 귀 부분은 노란색이며 가슴도 옅은 노란색이에요. 암컷이 알을 낳으면 수컷은 2~4개월 동안 알을 품어요. 수십~수백 마리의 수컷들이 추위 속에서 서로 몸을 기대 체온을 유지해요.

황제펭귄은 무엇을 먹고 살까?

황제펭귄은 생선이나 크릴새우 또는 오징어를 먹고 살아요. 먹이를 잡기 위해 바닷속 약 500m 깊이까지 잠수한다고 해요. 그리고 잠수하는 시간도 18분 정도 돼요. 황제펭귄의 혀 밑에는 먹이를 놓치지 않도록 작은 돌기가 있어요.

황제펭귄은 왜 점점 사라질까?

황제펭귄은 부모와 새끼가 소리를 통해 서로 알아본다고 해요. 새끼에 대한 집착이 강해 새끼를 잃으면 다른 황제펭귄의 새끼를 빼앗기도 할 정도예요. 남극의 얼음이 녹아 황제펭귄이 알을 낳을 곳이 없어서 번식하는 데 어려움이 많아요. 2100년경에는 황제펭귄의 20% 정도가 사라질 가능성이 있다고도 해요. 이대로라면 21세기 말까지 90% 이상의 황제펭귄 서식지가 사라질 가능성도 있어요.

• 멸종·희귀 동물 •

푸른바다거북

푸른바다거북은 어떤 동물일까?

바다거북은 예로부터 용궁의 사신이라고 여겨 발견하면 잘 대접해서 바다로 돌려보냈어요. 바다거북 중에서 가장 대표적인 것이 푸른바다거북이에요. 푸른바다거북의 등이 푸른색으로 보이는 이유는 등딱지 아래에 있는 지방질 때문이에요. 나이를 먹으면 등에 불규칙한 갈색 무늬가 생겨요. 푸른바다거북은 온대 해역을 비롯해 우리나라 동해와 남해에도 찾아와요.

푸른바다거북은 왜 멸종되고 있을까?

멕시코에서는 귀한 손님이 오거나 특별한 날에 바다거북 고기로 만든 음식을 먹는다고 해요. 그 바람에 바다거북은 이동을 하는 동안 80%가 중앙 아메리카에서 잡혀요. 그래서 1990년 이후 멕시코에서는 바다거북을 죽이는 것을 법으로 금지하고 있어요. 뿐만 아니라 국제 자연보호 연맹에서 멸종 위기종으로 선정해 놓았지요.

대부분 푸른바다거북을 보호하고 있지만 불법으로 잡는 경우도 있어요. 특히 알을 낳은 장소가 훼손돼 개체수와 서식지가 줄고, 바다 쓰레기 때문에 목숨을 잃는 경우가 많아요.

☞ **느림보 거북** 거북은 육지에서는 느리지만 물속에서는 빨라요. 평균 20km/h 속도로 헤엄치는데, 2008년 베이징 올림픽 수영 자유형 400미터에서 금메달을 딴 박태환 선수의 속도는 6.49km/h였어요.

• 멸종·희귀 동물 •

바다사자

바다사자는 어떤 동물일까?

바다사자는 수컷의 몸길이가 190~240cm, 몸무게는 360kg이나 돼요. 우는 소리가 사자와 비슷하며 털이 짧고 물갈퀴가 있어요. 바위나 풀이 있는 곳에 살고 물고기나 연체동물 등을 먹어요. 몸 색깔이 갈색에 가깝지만 젖으면 회백색으로 보여 물개와 헷갈리기도 해요.

바다사자와 바다표범

바다사자는 바다표범과 비슷하지만 앞지느러미와 발톱, 귀로 구별할 수 있어요. 바다사자는 앞지느러미가 길고 발톱이 짧으며 귓바퀴가 밖으로 튀어나와 있어요. 하지만 바다표범은 앞지느러미가 짧고 털로 뒤덮여 있어요. 발톱은 길게 나 있고 겉으로 보이는 귀가 없어요.

바다사자는 피부 아래에 두꺼운 지방층이 있어서 차가운 물속에서 1시간 이상 있어도 체온을 유지할 수 있어요. 또한 수염을 이용해 깜깜한 바닷속에서도 길을 아주 잘 찾지요.

바다사자는 왜 멸종 위기일까?

예전에는 바다사자의 기름과 내장을 얻기 위해 마구 사냥하기도 했어요. 사람들의 무분별한 사냥과 해안 개발로 점점 살 곳을 잃어 멸종 위기에 놓였지요. 1970년대만 해도 동해에서 발견되었지만 그 뒤로는 보기 힘들어졌어요. 2017년 강릉 앞바다에서 한 마리 발견되기도 했어요.

☞ **강치** 19세기만 해도 동해에 강치가 많았다고 해요. 하지만 1905년부터 일본인들이 가죽과 기름을 얻기 위해 마구 잡아들여 멸종 위기에 놓였지요. 1972년 독도에서 마지막으로 확인된 후 1994년 아쉽게도 멸종했어요.

• 멸종·희귀 동물 •

나무늘보

나무늘보는 어떤 동물일까?

나무늘보는 남아메리카 열대 밀림 지역에 살아요. 거의 움직이지 않아서 붙여진 이름이에요. 몸길이는 70cm 정도이고 머리는 둥글고 목이 짧아요. 앞다리가 뒷다리보다 길고 튼튼한 발톱을 이용해 나무에 거꾸로 매달려 살지요. 주로 나뭇잎이나 열매를 따 먹고 살아요.

조금은 특별한 나무늘보

나무늘보는 마치 카멜레온처럼 몸 색깔이 주위 환경에 따라 변해요. 장마철에는 초록색이 돌고 건조할 때는 갈색으로 변하지요. 보통 사람을 포함한 포유류는 목뼈가 7개인데 나무늘보 중에는 목뼈가 9개인 종류도 있어요. 나무에 매달려 목을 270도까지 돌리며 주위를 살피지요. 나무에 거꾸로 매달려 있는 것을 좋아하고 잘 걷지 못하며 밤에만 조금씩 움직여요.

나무늘보는 왜 멸종 위기일까?

나무늘보는 근육의 양이 적어서 에너지 소모량도 적기 때문에 먹이를 많이 먹지 않아도 돼요. 주식인 나뭇잎을 먹으면 한 달 넘게 소화가 잘 안 돼 하루에 3장만 먹어도 충분할 정도지요.

열대 밀림이 훼손되면서 나무늘보가 살 곳이 점점 사라지고 있어요. 행동이 느려서 밀림을 벌목할 때 피해를 입기도 해요.

☞ **야생 동물 보호 조약** 세계 여러 나라에서 야생 동물을 보호하기 위해 많은 애를 쓰고 있어요. 1973년에는 국제 조약을 맺어 멸종 위기에 놓인 동물들의 순위를 정해 보호하고 있어요.

• 멸종·희귀 동물 •

피라냐

난폭한 육식성 물고기

피라냐는 원주민어로 '이빨이 있는 물고기'라는 뜻이에요. 몸길이가 30cm 정도밖에 안 되지만 육식성이라 성질이 난폭해요. 주로 무리를 지어 이동하면서 물고기를 잡아먹고, 하천을 건너는 소나 양을 습격해 뼈와 가죽만 남기고 먹어 치우기도 해요. 심지어 사람을 공격하기도 하지요. 아마존강에 살고 있는 피라냐 때문에 강을 건널 때는 소 한 마리를 던져 주고 피라냐가 소에게 달려드는 사이, 다른 소들을 몰고 서둘러 강을 건넌다고 해요.

피라냐의 이빨은 얼마나 단단할까?

피라냐는 아래턱이 발달했어요. 날카로운 이빨이 삼각형이라서 아무리 질긴 먹잇감이라도 쉽게 뜯어 먹을 수 있지요. 이빨은 27~36개인데 못을 구부려 만든 어부들의 낚싯바늘을 한입에 끊어 버릴 정도로 강해요.

그런데 아무리 이빨이 단단한 피라냐라도 한두 마리씩 있을 때는 힘을 쓰지 못하고 여러 마리가 무리를 지어 공격할 때 무섭게 변한다고 해요.

☞ **천적** 피라냐의 천적은 틸라피아라는 민물고기예요. 공격적인 데다 덩치가 피라냐보다 크고 힘도 세서 한 번에 3,000~4,000개의 알을 낳는 피라냐가 대량으로 번식하는 것을 막을 수 있지요.

• 유명 건축물 •

베르사유 궁전

베르사유 궁전의 역사

베르사유 궁전은 루이 13세가 사냥철에 쓰던 별장으로 루이 14세 때 화려하고 웅장하게 다시 지었지요. 루이 16세는 왕비 마리 앙투아네트를 위해 인공 정원을 마련하기도 했어요.

루이 14세 때 지어진 '거울의 방'은 베르사유 궁전에서 가장 유명한 방이에요. 바닥까지 내려오는 17개의 대형 거울에서 이름이 유래했지요. 궁정 의식을 치르거나 외국 사절단을 맞이할 때 사용된 곳이에요. 1919년 제1차 세계 대전이 끝날 때 이 방에서 평화 조약을 맺기도 했어요.

베르사유 궁전 거울의 방

'에티켓'이란 말이 유래된 곳

베르사유 궁전은 화려한 겉모습과 달리 사람이 살기에 불편한 점이 많았어요. 난방과 위생 시설이 제대로 되어 있지 않았고 화장실도 부족해 궁 안의 정원을 화장실로 이용하기도 했대요. 그러다 보니 궁전에 냄새가 심할 수밖에 없었지요. 참다 못한 궁전 관리인들이 정원에 출입 금지 표지판을 세웠는데 이 표지판을 '에티켓'이라고 불렀어요. 예의를 뜻하는 에티켓이라는 말은 여기에서 유래했어요.

☞ **하이힐의 유래** 화장실이 따로 없던 시절, 프랑스에서는 오물을 창밖으로 내버렸다고 해요. 그래서 오물을 뒤집어쓰지 않기 위해 파라솔이 발명되었고, 땅 위의 오물을 피하기 위해 하이힐이 생겼대요.

• 유명 건축물 •

아야 소피아

이스탄불 역사 지구

2,000년간 터키의 중심지였던 이스탄불은 동로마 제국과 오스만 튀르크의 수도였어요. 이스탄불 구시가지에는 아야 소피아 외에 블루 모스크, 톱카프 궁전, 그랜드 바자르(지붕이 있는 시장) 등 오랜 역사를 간직한 곳이 많아 1985년 세계 문화유산으로 지정되었어요.

아야 소피아

현존하는 세계 7대 불가사의

아야 소피아는 하기아 소피아, 성 소피아 대성당이라고도 불려요. 537년, 로마 제국의 유스티니아누스 황제가 건축가 이시도로스에게 설계와 건축을 의뢰해 6년간의 공사 끝에 완공한 기독교 건축물이에요. '비잔틴 예술의 극치'로 불리며 현존하는 세계 7대 불가사의로 꼽히기도 하지요.

거대한 돔 둘레에는 40개의 창문이 있어 더욱 아름답고, 내부에는 1,000년이 지나도록 화려한 색채가 그대로인 모자이크 성화가 있어요.

아시아와 유럽을 잇는 문화의 징검다리

아야 소피아는 오랫동안 동로마 제국 그리스 정교의 중심지였으나 15세기에 로마 제국이 멸망하자 이슬람 사원이 되었어요. 이후 박물관을 거쳐 2020년 다시 이슬람 사원으로 바뀌는 변화를 맞이했어요.

☞ **블루 모스크** 아야 소피아 맞은편에 있는 이슬람 사원이에요. 터키에서 가장 큰 사원으로 내부의 벽과 기둥이 푸른색 타일로 장식되어 있어 블루 모스크라는 이름이 붙여졌어요.

읽은날: 월   일

오늘의 지식 하나
178

예술·스포츠 주간

• 유명 건축물 •

퀼른 대성당

 퀼른시는 어떤 곳?

퀼른은 로마인이 독일 라인강 중류에 세운 도시로, 독일의 가장 큰 교통의 중심지 중 한 곳이자 상업의 중심지예요. 중세에는 독일 북부 연안과 발트해 연안의 여러 도시 사이에 이루어진 한자 동맹에 가입하여 번성했어요.

300년 동안 중단된 공사

퀼른 대성당은 프랑스 아미앵 대성당을 모델로 삼아 지었어요. 1248년에 공사를 시작했는데 성가대석을 완성한 다음부터 공사 속도가 늦어졌어요. 웅장하게 설계해 짓는 데 많은 돈이 필요했기 때문이지요. 결국 16세기에 공사가 중단되면서 300년 동안 미완성으로 남아 있었어요.

그런데 잃어버린 줄 알았던 대성당 서쪽 건물의 설계도가 발견되면서 다시 공사를 시작해 1880년, 632년 만에 완공되었지요.

퀼른의 상징

퀼른 대성당에는 아기 예수의 탄생을 경배한 동방 박사 세 사람의 유골을 모신 관이 있어요. 중세 시대를 대표하는 화려한 금속 공예품이지요. 500개가 넘는 계단을 올라 첨탑 꼭대기에 이르면 라인강과 퀼른 시내가 한눈에 들어와요.

☞ **첨탑** 퀼른 대성당 앞에서는 바닥에 드러누운 사람들을 종종 볼 수 있어요. 똑바로 선 자세로는 157m나 되는 두 개의 종탑을 제대로 보기 힘들기 때문이지요.

• 유명 건축물 •
상트 바실리 대성당

> 💡 **모스크바와 붉은 광장**
> 러시아의 수도인 모스크바 중앙에 있는 붉은 광장은 '아름다운 광장'이라고도 불려요. 원래 장터로 쓰이던 이곳은 16세기에 불이 나는 바람에 가게들이 불탔어요. 그래서 '화재 광장' 또는 '교역 광장'이라고도 해요.

동화 속 그림과 같은 성당

붉은 광장에서 가장 먼저 사람들의 눈길을 사로잡는 곳은 상트 바실리 대성당이에요. 이반 3세의 손자인 이반 4세가 타타르족을 물리친 카잔 전투의 승리를 기념해 세운 것으로 16세기 러시아 건축의 걸작이에요. 양파 모양을 중심으로 8개의 화려하고 둥근 지붕이 하늘을 향해 솟아 아름다움을 뽐내고 있지요.

러시아의 상징

붉은 광장 정면에는 크렘린 궁이 있어요. 크렘린은 '성채', '요새'라는 뜻이에요. 붉은 광장 주위에는 크렘린 궁을 비롯해 상트 바실리 대성당(오른쪽 사진), 러시아 혁명 당시 지도자인 레닌의 묘, 국립 역사 박물관 등이 있어요. 1990년 세계 문화유산으로 지정되었어요.

 붉은 광장 붉은 광장의 본래 이름은 크라스나야 광장이에요. 러시아어 크라스나야(Krasnaya)가 '아름다운'이라는 뜻과 함께 '붉은'이라는 뜻도 있어서 붙여진 이름이지요.

• 유명 건축물 •

에펠탑

프랑스의 상징이자 보물

세계적인 건축물 중 하나로 손꼽히는 에펠탑은 프랑스 혁명 100주년에 맞춰 열린 파리 만국 박람회를 기념하기 위해 세워졌어요. 1889년 5월에 문을 연 에펠탑은 파리를 넘어 프랑스의 상징이 되었으며, 프랑스가 자랑하는 보물이에요.

건축가의 이름에서 비롯된 에펠탑

에펠탑의 이름은 탑을 만든 프랑스의 건축 공학자이자 설계자인 귀스타브 에펠의 이름에서 따왔어요. 에펠탑에 쓰인 철은 7,300여 톤이나 되고 공사 기간도 2년 넘게 걸렸어요. 탑의 높이는 약 300m이며 제2차 세계 대전 이후 첨탑과 통신용 안테나가 덧붙여져 324m가 되었어요.

많은 사람들이 싫어했던 에펠탑

처음에는 '흉물스러운 철 덩어리'라며 에펠탑 건설을 비판했어요. 유명 예술인들도 비판에 앞장섰는데, 대표적인 인물이 소설가 모파상이에요. 모파상은 파리에서 에펠탑이 보이지 않는 유일한 장소라며 에펠탑 안의 식당에서 점심을 먹고는 했대요. 파리 경관을 해친다는 의견이 많아 만국 박람회가 끝나면 철거하기로 했다가 송신탑으로 이용하면서 철거되지 않았어요.

• 유명 건축물 •

자유의 여신상

미국 독립 100주년 기념 선물

뉴욕 앞바다를 바라보며 우뚝 서 있는 자유의 여신상은 미국 독립 100주년을 기념해 프랑스에서 선물한 거예요. 프랑스의 조각가 프레데리크 바르톨디가 자신의 어머니를 모델로 삼았고, 철골 구조는 건축가 에펠이 만들었어요. 오른손에 든 횃불은 세계를 비추는 자유를 상징하고, 왼손에 든 책은 1776년 7월 4일이라는 날짜가 새겨진 자유의 선언을 상징해요.

파리 자유의 여신상

파리 센 강변에도 자유의 여신상이 있어요. 뉴욕 자유의 여신상의 4분의 1 정도 크기지만 비슷해요. 파리의 자유의 여신상을 두고 미국이 1889년 프랑스 혁명 100주년을 맞아 프랑스에 기증한 것이라고도 하고, 1885년 파리시에 기증된 작품이라고 주장하기도 해요. 사실 파리의 자유의 여신상은 프레데리크 바르톨디가 실제 크기로 제작하기 전에 축소해서 만들었던 작품이에요.

☞ **자유의 여신상 모델** 프레데리크 바르톨디는 자유의 여신상 모델을 찾던 중 소박하고 자상한 어머니의 모습이 떠올랐어요. 이렇게 해서 프랑스의 평범한 중년 여성이 자유의 여신상 모델이 되었어요.

읽은날: 월 일

오늘의 지식 하나
182

예술·스포츠 주간

• 유명 건축물 •

시드니 오페라 하우스

> 💡 **조개껍데기 모양 지붕의 비밀**
>
> 시드니 오페라 하우스는 단순히 아름다움만을 추구해 지은 건물이 아니에요. 지붕이 조개껍데기처럼 포개져 있어 소리가 밖으로 새어 나가지 않고 모아주기 때문에 음악 공연에도 큰 역할을 하는 과학적인 건물이기도 하지요.

시드니의 상징이 된 오페라 하우스

덴마크의 건축가가 설계해 1973년 10월에 개관했으며 2007년 유네스코 세계 문화유산이 되었어요. 돛과 조개껍데기를 포개 놓은 듯한 지붕선이 갈매기의 날개처럼 보이기도 하지요. 2,700명이 들어갈 수 있고 오페라 극장을 비롯해 영화관, 음악 스튜디오, 아트 갤러리 등이 있어요.

시드니는 어떤 도시?

많은 사람들이 오스트레일리아의 수도를 시드니로 아는데, 캔버라예요. 1788년, 영국의 필립 총독이 지금의 시드니에 죄수와 군인을 데려와 식민지를 건설했어요. 시드니(Sydney)는 당시 영국 내무장관 시드니 경의 이름을 따서 지었지요. 1851년, 인근에서 금이 발견되면서 인구가 급격히 늘어났고, 2000년에는 올림픽을 열어 국제적인 도시가 되었어요.

☞ **시드니 하버 브리지** 시드니 북부와 시내 중심지를 연결하는 아치형의 긴 철제 다리예요. 특히 하버 브리지의 거대한 아치 위로 걸어 올라가 정상에서 시드니를 볼 수 있는 '하버 브리지 클라이밍'이 유명해요.

세계·문화 주간

오늘의 지식 하나
183

읽은 날: 월 일

• 종교 •
기독교

기독교에는 어떤 종파가 있을까?

시간이 지나면서 기독교(크리스트교)는 여러 종파로 나뉘었어요. 가장 대표적인 것이 가톨릭과 정교회 그리고 개신교지요. 가톨릭에서는 교황이 예수의 뜻을 전하고 축복해 주는 가장 높은 성직자예요. 정교회에서는 교황을 무조건 인정하지는 않아요. 그리고 마리아상과 같은 조각이나 그림을 섬기지 않지요. 개신교는 가톨릭의 잘못을 지적하며 루터와 칼뱅 등이 새로 만든 교파예요.

부활절

기독교에서는 크리스마스만큼 부활절도 큰 기념일이에요. 십자가에 못 박혔던 예수가 다시 살아난 것을 기념하는 날로 보통 3월 말에서 4월 말 사이예요. 달걀에 소망을 담은 그림을 그려 나누기도 하지요.

레오나르도 다 빈치의 <최후의 만찬>

읽은날: 월 일

오늘의 지식 하나
184

세계·문화 주간

· 종교 ·

가톨릭교 (천주교)

라파엘로의 <초원의 성모 마리아>

가톨릭은 어떤 종교일까?

기독교에서 갈라져 나온 가톨릭은 로마를 중심으로 발전했어요. 가톨릭에서는 하느님과 인간 사이에 교회가 있어야 하며 모든 신앙은 교회를 거쳐야 한다고 했어요. 그리고 자신의 죄를 신부님께 고백하고 하느님께 용서를 구하는 고해성사를 하지요.

그런데 몇몇 독일 교회에서는 '면벌부(면죄부)'를 팔았어요. 면벌부를 사면 죄에 따른 벌이 없어진다고 여겼지요. 이에 반발한 루터 신부는 같은 생각을 가진 사람들과 새로운 종파인 개신교를 만들었어요.

세 종파는 무엇이 다를까?

기독교는 가톨릭과 정교회, 개신교로 나뉘는데 세 종파는 비슷하면서도 조금씩 차이가 있어요. 가톨릭과 정교회에서는 성직자를 신부라 하고, 개신교에서는 목사라고 해요. 가톨릭의 신부는 결혼하지 않지만 정교회 신부와 개신교 목사는 결혼을 할 수 있어요.

가톨릭에서는 교황을 예수의 수제자인 베드로의 후계자로 생각해요. 예수 그리스도의 대리자, 모든 교회의 대표로 여기지요. 하지만 개신교와 정교회는 교황의 권위를 인정하지 않아요. 그리고 가톨릭은 예수의 어머니인 마리아를 공경하는 마음이 커요.

☞ **바티칸** 바티칸 시국은 세계에서 가장 작은 나라예요. 이탈리아 로마시 안에 있으며 중앙에 성 베드로 대성당(산피에트로 대성당)이 있고, 교황이 다스려요. 가톨릭 신자들의 성지 역할을 하지요.

• 종교 •

불교

불교는 어떤 종교일까?

기원전 500년경에 태어난 왕자 고타마 싯다르타는 고통에 둘러싸여 살아가는 사람들을 보고 어떻게 하면 그 고통에서 벗어날 수 있을지 고민했어요. 답을 얻기 위해 길을 떠났지만 오래 수행해도 찾을 수가 없었지요.

그러던 어느 날, 보리수나무 아래에서 깨달음을 얻었어요. 깨달음을 얻은 싯다르타를 '붓다'라고 해요. '깨달음을 얻은 사람'이라는 뜻이지요. 붓다(부처)의 가르침을 바탕으로 하는 종교가 불교예요.

석가모니의 죽음을 슬퍼하는 제자

누구나 부처가 될 수 있대요

싯다르타는 인생이 고통으로 가득 차 있지만 욕심을 버리고 여덟 가지 올바른 길을 배우고 행하면 고통에서 벗어날 수 있다고 생각했어요. 이 여덟 가지 올바른 길을 '팔정도'라고 해요.

불교에서 부처는 깨달음을 얻은 모든 사람을 뜻해요. 부처의 가르침에 따라 살며 스스로 깨달음을 얻으면 누구나 부처가 될 수 있다고 해요. 그리고 불교에서는 다른 사람을 안타깝게 여기고 사랑하는 '자비'를 가르쳐요.

☞ **부처님 오신 날** 음력 4월 8일은 '부처님 오신 날'이에요. '석가 탄신일(초파일)'이라고도 하지요. 이 날을 기념해 사찰(절)에 등을 달고, 거대한 등을 만들어 거리를 행진하는 연등 행사도 해요.

읽은날: 월 일

오늘의 지식 하나
186

세계·문화 주간

• 종교 •

이슬람교

💡 **이슬람교는 어떻게 생겨났을까?**

무함마드는 570년경에 아라비아의 메카에서 태어났어요. 어느 날, 대천사 가브리엘을 통해 알라의 계시를 받은 무함마드가 알라의 뜻을 전한 것이 이슬람교의 시작이에요. 무함마드는 알라가 유일한 신이며 다른 신은 없다고 했어요.

이슬람교 경전 <코란>

<코란>은 이슬람교의 경전이에요. 무함마드가 예언자가 된 후 죽을 때까지 가브리엘 천사를 통해 하나님에게 받은 계시를 모아 놓은 책이지요. <코란>은 아랍어로만 쓰며 다른 나라 말로 번역할 수 없어요. 만약 번역을 할 경우 반드시 아랍어로 된 원문도 함께 실린다고 해요.

가브리엘을 통해 신의 계시를 받는 마호메트

이슬람교를 지키는 다섯 개의 기둥

이슬람교에는 알라가 내린 과제로 이슬람교를 지탱하는 계율인 다섯 개의 기둥이 있어요. 그중 하나로 하루에 다섯 번 메카를 향해 기도를 해야 해요. 아침, 정오, 오후, 저녁, 자기 전에 절을 올리고 기도를 하지요.

그리고 일생에 한 번은 반드시 메카에 가야 해요. 메카는 무함마드가 태어난 곳이자 계시를 받은 이슬람교도의 성지예요. 또한 '알라 외에 다른 신은 없으며 무함마드는 알라의 예언자'라는 신앙 고백을 하고, 가난한 사람에게는 베풀어야 하며, 라마단 기간에는 단식을 해야 해요.

☞ **라마단** 이슬람교 달력으로 아홉 번째 달의 이름이에요. 한 달 동안 해가 뜰 때부터 질 때까지 먹지 않아요. 무함마드가 대천사에게 알라의 계시를 받은 달을 기념하는 것으로 식사, 음주, 흡연 등을 하지 않아요.

• 종교 •

힌두교

> 💡 **힌두교는 어떤 종교일까?**
>
> 힌두교를 믿는 대부분은 인도 사람이에요. 힌두교에서는 소를 신성하게 여겨 쇠고기를 먹지 않을 뿐 아니라 거리에 다니는 소도 보호해요. 인더스 문명에서 생겨난 힌두교는 가르침을 전하는 사람은 없지만 인도인의 정신과 생활에 영향을 주는 종교예요.

힌두교에는 어떤 신이 있을까?

힌두교의 신은 3억 3,000명이 넘는다고 해요. 신이 정해져 있는 것도 아니고, 신과 신 사이에서 또 다른 신이 태어나고, 또 태어나서 점점 늘어난대요. 그중 가장 중요하게 여기는 신은 창조와 지배의 신인 브라흐마, 세상의 질서를 유지하는 신 비슈누와 파괴의 신 시바예요.

브라흐마

힌두교와 인도의 생활

힌두교는 종교로서뿐만 아니라 인도의 생활과 전통에도 영향을 주었어요.

힌두교에서는 태어날 때부터 사람은 계급이 있다고 믿는데, 이는 인도의 카스트 제도로 남아 있어요. 카스트 제도에 따라 직업이 정해지며 이 계급에 못 드는 불가촉천민은 평생 힘든 일을 하며 어렵게 살아가요.

비슈누와 아바타

👉 **갠지스강** 인도를 대표하는 갠지스강은 힌두교 신자에게는 소중한 곳이에요. 갠지스강에서 목욕을 하면 죄를 씻어주고, 죽은 다음 갠지스강에 뿌려지면 다시 태어나지 않고 자유로워진다고 믿었지요.

• 종교 •

도교

도교는 어떤 종교일까?

고대 중국의 신선 사상을 바탕으로 노자와 장자 사상, 유교, 불교, 민간 신앙이 어우러진 종교예요. '도'에 따라 물이 흐르듯 자연스럽게 사는 것이 바르게 사는 것이라고 여겼지요. 종교적인 조직은 갖추지 못하다가 남북조 시대에 경전을 갖춘 종교가 되었어요.

도교의 신은 어떠할까?

도교의 가르침에 따라 생활하는 사람을 '도사'라고 해요. 도사들이 수련을 통해 진리를 깨달으면 신선이 된다고 해요. 도교에는 8명의 신선이 있어요. 8선은 영원히 살게 된 신선으로 가난, 부유함, 상류층, 하류층, 노년기, 청년기, 남성성, 여성성이에요. 각기 다른 시대에 살았다고 하며 서왕모가 8선에게 영원한 생명을 얻게 되는 복숭아를 주었다고 해요.

우리나라의 도교는 어떤 모습이었을까?

우리나라에는 삼국 시대에 들어와 불교와 민간 신앙에 영향을 주었어요. 주로 왕족이나 귀족들이 나라의 복을 받기 위한 종교로 받아들였으며 무덤의 사신도나 화랑도 등에 흔적이 남아 있어요. 고려 때는 불교가 중심이었고 조선 시대에는 도교 사상이 유교의 가르침에 어긋난다며 유학자들의 반대에 부딪히기도 했지요. 하지만 왕실에서는 전통적으로 내려오는 도교 행사를 그대로 했고, 백성들 사이에서도 꾸준히 이어졌으며 불교도 도교의 영향을 많이 받았어요.

☞ **음양** 도교에서는 음과 양이 반대되면서도 서로 부족한 점을 채워 준다고 여겨요. 음은 어두움과 여성, 수동성 등을 뜻하고 양은 밝음, 남성, 활동성 등을 상징해요.

• 종교 •

유교

유교는 어떤 종교일까?

유교는 공자의 가르침으로부터 시작했으며 <논어>라는 책에 고스란히 담겨 있어요. 공자의 사상은 우리나라를 비롯해 동양의 전통 사회에 큰 영향을 주었어요. 공자는 종교를 창시하지 않았지만 그가 죽은 뒤 사람들이 사당을 세워 제사를 지내며 종교화했어요.

군자란 무엇일까?

공자는 제자들에게 군자가 되라고 했어요. 군자는 덕과 학식이 높고 어질며 행동이 점잖은 사람을 말해요. 또 효를 중요하게 생각해 부모를 공경하고 조상을 잘 모시도록 했지요. 그래서 조상에게 제사를 지내고 종이나 나무에 조상의 이름을 쓴 신주를 집 안의 사당에 모셔요.

인(仁)이 무엇일까?

유교에서는 인(仁)을 중요하게 생각해요. 인은 인간의 본질이자 따라야 할 도리예요. 공자가 살던 시대는 전쟁이 끊이지 않아 백성들이 힘들었어요. 혼란 속에서 어떻게 하면 더 나은 세상을 살 수 있을지 고민하던 공자는 군주가 백성을 사랑하는 '인(仁)'의 마음을 가져야 한다고 주장했어요. 사람이 가장 소중하다고 생각하면 다른 사람을 위해 애쓰게 되고, 그러다 보면 평화로운 사회가 올 것이라고 생각했지요.

공자와 제자들

☞ **공자와 예(禮)** 공자가 인(仁)만큼 중요하게 생각한 것이 예(禮)예요. 인을 실천하기 위해서는 '예'를 따라야 한다고 생각했지요. 공자가 생각한 예는 질서와 규칙으로 사회가 바로잡힌 상태를 말해요.

읽은날: 월 일

오늘의 지식 하나
190

사회·생활 주간

• 국경일·기념일 •

3·1절

💡 **3·1절(삼일절)은 어떤 날일까?**

1919년 3월 1일, 우리나라의 독립을 외친 날이에요. 종교계 지도자들이 인사동에 모여 독립 선언식을 하고 탑골 공원에 모인 시민들이 거리로 나와 '대한 독립 만세'를 외쳤어요. 삼일절은 이날 독립을 위해 목숨을 바친 분들의 업적을 추모하고자 정한 국경일이에요.

3·1 운동은 왜 일어났을까?

제1차 세계 대전이 끝난 후 미국의 윌슨 대통령은 '민족 자결주의'를 주장했어요.

그런데 1919년 1월 18일, 고종 황제가 갑자기 세상을 떠났어요. 일본에 의해 살해된 것으로 의심한 우리 민족은 장례식 이틀 전에 독립운동을 벌이고자 계획했어요. 그리고 2월 8일, 일본 도쿄에서 한국 유학생들이 독립을 선언하자 우리나라 독립 운동가들도 독립운동을 계획했지요.

이화학당 시절의 유관순
(뒷줄 오른쪽 끝)

유관순 열사

이화학당에 다니던 유관순은 친구들과 밤새워 태극기를 만들고 3·1 운동에 참여했어요. 일본군은 시위대를 향해 폭력과 총격을 가했어요. 3·1 운동 이후 유관순은 고향으로 내려가 독립운동을 계속 이어 갔어요. 하지만 일본군에 잡혀 감옥에서 고문에 시달리다 숨을 거두었어요.

👉 **민족 자결주의** 미국의 윌슨 대통령이 세계 민족은 스스로 운명을 결정해야 한다고 한 주장이에요. 강대국의 식민지 국가에는 독립의 희망을 주었고, 우리나라도 3·1 운동이 일어나는 데 큰 영향을 받았어요.

· 국경일·기념일 ·

광복절

💡 광복절은 어떤 날일까?

1945년 8월 15일, 우리나라가 일본으로부터 국권을 되찾은 날이에요. '광복'은 빛을 되찾았다는 뜻이지요. 제2차 세계 대전 중 일본이 연합군에게 무조건 항복하자 우리나라는 35년 만에 광복을 맞이했어요. 이날을 기념하기 위해 해마다 8월 15일을 국경일로 정했어요.

일본은 왜 항복했을까?

제2차 세계 대전이 진행 중이던 1941년, 일본은 하와이의 진주만을 공격해 태평양 전쟁을 일으켰어요. 자원이 부족했던 일본은 전쟁에 필요한 물건을 대기 위해 우리나라의 지하자원과 물자들을 빼앗아 갔어요. 뿐만 아니라 젊은 남자들은 전쟁터와 광산 등으로 끌려갔고 여자들도 위안부로 끌려갔지요. 일본은 원자 폭탄이 떨어지고서야 항복을 했어요.

광복 이후 우리나라는 어떻게 되었을까?

나라를 되찾은 후 우리나라는 새로운 정부를 세우기 위해 노력했어요. 하지만 미국과 소련이 북위 38도선을 경계로 각각 남과 북에 머물렀어요. 그리고 임시 정부와 신탁 통치 등에 대한 의견이 갈리면서 결국 한반도는 남과 북으로 나뉘게 되었지요.

읽은날: 월 일

오늘의 지식 하나
192

사회·생활 주간

• 국경일·기념일 •
제헌절

💡 제헌절은 어떤 날일까?

제헌절은 우리나라의 헌법을 제정·공포한 것을 기념하는 국경일이에요. 우리나라가 헌법으로 통치하는 민주 공화정이라는 것을 알리기 위해 1949년에 국경일로 정했어요. 7월 17일은 조선의 건국일이기도 해서 1948년 7월 17일에 제헌 헌법을 공포했다고 해요.

대한민국 헌법은 어떻게 만들어졌을까?

우리나라는 1945년 일본에게 빼앗겼던 주권을 되찾았지만 미국과 소련이 머무르면서 38도선을 경계로 나뉘었어요. 남과 북이 함께 국회를 만들고 공동 정부를 세우려 했지만 1948년 남한만 선거를 치르게 되었지요. 나라를 대표할 헌법도 필요했는데, 국회 중심의 의원 내각제와 대통령이 행정의 중심이 되는 대통령제를 두고 의견이 엇갈렸어요. 그러다 7월 12일 대통령제와 의원 내각제가 공존하는 헌법안이 국회를 통과했어요.

제헌 국회

우리나라 최초의 국회를 이르는 말이에요. 1948년 5월 10일 총선에서 제주도 2개 구를 제외한 남한의 198개 선거구에서 국회 의원이 뽑혔어요. 이때 뽑힌 제헌 의원들은 대한민국 정부 수립보다 3개월 앞서 국회 문을 열었지요. 그리고 헌법을 만들고 이승만을 초대 대통령으로 뽑았어요.

👉 **5·10 총선** 1948년 5월 10일에 치러진 제1대 국회 의원 총선거예요. 만 21세 이상 국민이 선거권을 가졌고 친일 행위를 한 사람은 국회 의원 후보가 될 수 없었어요.

· 국경일·기념일 ·

개천절

💡 개천절은 어떤 날일까?

개천절은 '하늘이 열린 날'이라는 뜻으로 우리나라의 건국을 기념하는 국경일이에요. 기원전 2333년, 단군은 왕검성에 도읍을 정하고 나라 이름을 '조선'이라 지었어요. 그리고 음력 10월 3일에 즉위한 것을 기념으로 광복 이후 양력 10월 3일을 개천절로 삼았지요.

개천절은 어떻게 정했을까?

일제 강점기 때 일본은 우리 민족의 뿌리까지 없애려고 했어요. 그래서 독립운동가 나철은 음력 3월 15일을 단군을 기념하는 날로 정해 행사를 벌이기로 했어요. 민족 정신을 일깨우는 것이 중요하다고 여겼기 때문이지요. 그 정신은 중국 상하이 임시 정부에도 이어져 단군이 조선을 세운 음력 10월 3일을 개천절로 정하고 축하 행사를 하기도 했어요.

대종교는 어떤 종교일까?

나철은 대종교를 만들어 단군 조선의 정신을 이어 갔어요. '대종'은 단군을 가리키는데, 단군을 숭배하며 삼신 일체인 '한얼님'을 믿어요. 대종교에서 삼신은 조화신 한임(환인), 교화신 한웅(환웅) 그리고 치화신 한검(단군)을 뜻해요. 대종교는 무장 독립 투쟁에 활발하게 참여했지만 일본의 탄압으로 점점 약해졌어요.

나철

☞ **나철(1863~1916)** 나철은 일본이 러일 전쟁에서 승리하고 우리나라에 침략의 손길을 뻗치자 '유신회'라는 비밀 단체를 만들었어요. 민족을 하나로 묶고 조국의 독립을 위해 대종교를 만들고 학교를 세우기도 했어요.

읽은날: 월 일

오늘의 지식 하나
194

사회·생활 주간

• 국경일·기념일 •

한글날

💡 **한글날은 어떤 날일까?**

한글날은 훈민정음을 세상에 알린 것을 기념하기 위해 정한 국경일이에요. 일제 강점기였던 1926년, 조선어 연구회에서 음력 9월 29일을 '가갸날'로 정했어요. 그 이후 1928년에 한글날로 이름을 바꾸었고 광복 후에 양력 10월 9일을 한글날로 지정했어요.

한글은 왜 과학적일까?

한글은 누가, 언제, 왜 만들었는지 알 수 있는 세계 유일한 문자예요. 세종대왕이 발음 기관의 모양과 하늘, 땅 그리고 사람의 모양을 본떠서 만든 과학적이고 합리적인 글자예요. 1443년, 세종대왕은 훈민정음을 완성해 3년 동안 시험 기간을 거친 후 1446년에 반포했어요. 훈민정음 반포를 반대하는 신하들도 있었지만 세종대왕은 물러서지 않았어요.

그리고 한글의 제작 원리가 담긴 <훈민정음>도 간행했어요. 국보 제70호인 <훈민정음>은 1997년 유네스코 세계 기록유산이 되었어요.

👉 **한글** 한글이라는 말을 처음 사용한 사람은 주시경 선생이에요. '언문', '반절', '암클' 등으로 낮춰 부르다 훗날 국문, 한나라말, 한말 등으로 불리던 것을 주시경 선생이 '크다'는 뜻의 '한'을 붙여 한글이라고 부르게 되었지요.

• 국경일·기념일

어린이날

어린이날은 어떻게 만들었을까?

어린이날은 미래의 주인공인 어린이들이 행복하고 슬기롭게 자라기를 바라는 마음으로 만든 기념일이에요. 1923년 방정환 선생님이 일본 유학 시절에 만든 색동회 회원들과 함께 5월 1일을 어린이날로 정했고, 1956년 5월 5일을 나라에서 정식으로 어린이날로 정했어요.

'어린이'라는 말을 처음 만든 사람

옛날에는 어린 아이를 부르는 단어가 없었어요. '어린 것', '아이놈' 등으로 불렸지요. 어리다고 인격체로 여기지 않고 함부로 대하는 경우도 많았어요. 1921년, 방정환(1899~1931) 선생님이 아이들을 소중히 여기고 존중하는 마음을 담아 '어린이'라는 말을 만들었어요.

방정환 선생님은 어떤 분일까?

방정환 선생님의 호는 '소파'예요. 우리나라 최초의 아동 잡지인 《어린이》를 창간했고 세계 최초로 어린이날을 정했어요. 그 외에도 어린이 인권 선언 등 어린이를 위한 운동을 벌였어요. 3·1운동 때는 독립 선언문을 인쇄해서 나누어 주다가 일본 경찰에 체포되어 감옥에 갇히는 등 독립운동에도 앞장선 분이에요.

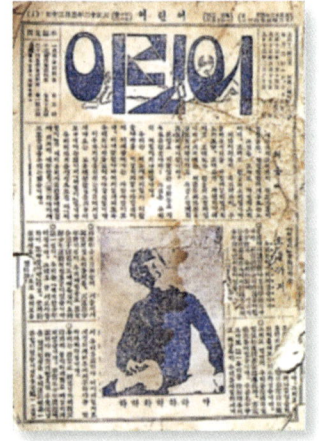

☞ **다른 나라의 어린이날** 일본은 여자 어린이날은 3월 3일 '히나마츠리'이고 남자 어린이날은 5월 5일 '코도모노히'라고 해요. 중국은 6월 1일이고 미국은 따로 어린이날을 정해 기념하고 있지는 않아요.

읽은날: 월 일

오늘의 지식 하나
196

사회·생활 주간

• 국경일·기념일 •

현충일

> 💡 **현충일은 어떤 날일까?**
>
> 현충일은 우리나라를 위해 목숨을 바친 분들을 애도하는 날이에요. 한국 전쟁 이후인 1956년에 정했어요. 현충일에는 조기(조의를 표하기 위해 깃봉에서 기의 한 폭만큼 내려 다는 국기)를 달고 오전 10시에 추모 사이렌이 울리며, 나라를 위해 목숨을 바친 분들을 추모해요.

현충일은 어떻게 정해졌을까?

우리나라는 한국 전쟁 때 수많은 군인들이 목숨을 잃어 애국 선열을 추모하는 날을 정하기로 했어요.

6월에 있는 절기인 망종에는 모내기를 끝내고 풍년을 비는 제사를 지냈는데, 이 날을 '손 없는 날'로 여겼어요. 손 없는 날은 사람의 일을 방해하는 귀신이 없는 날을 말해요. 고려 현종 때, 망종에 전쟁에서 죽은 군인들의 뼈를 집으로 보내고 제사를 지냈다는 기록이 있어요. 현충일을 정한 1956년 망종이 6월 6일이라 이날로 정해진 거예요.

다른 나라의 현충일

영국은 제1차 세계 대전 종전일인 11월 11일을 현충일로 정해 희생된 군인을 기려요. 미국은 5월 마지막 월요일을 현충일로 정해 남북 전쟁과 제1차 세계 대전 등 모든 군사 작전에서 사망한 사람을 기리고 있어요.

👉 **절기** 절기는 1년을 24개로 나눈 거예요. 해마다 날짜가 조금씩 달라지기는 하지만 계절의 표준이 되며 양력을 기준으로 해요. 24절기는 계절의 변화는 물론 기후의 특징을 잘 나타내기 때문에 농사에 이용하지요.

과학·자연 주간

오늘의 지식 하나
197

읽은날 :   월   일

• 우주·태양계 •
행성

> 💡 **가장 먼저 뜨는 별은?**
>
> 금성을 '샛별'이라고 해요. 저녁때 서쪽 하늘이나 새벽녘 동쪽 하늘에서 볼 수 있지요. 그런데 금성은 별이 아니에요. 별은 '항성'이라고 하며 스스로 빛을 낼 수 있어요. 태양처럼 말이에요. 하지만 금성은 스스로 빛을 내지 못하기 때문에 별이 아니라 '행성'이에요.

태양계에는 행성이 몇 개나 있을까?

태양과 태양을 중심으로 공전하는 천체들을 '태양계'라고 해요. 태양은 스스로 빛을 내는 항성이에요. 지구를 비롯해 여덟 개의 행성인 수성, 금성, 화성, 목성, 토성, 천왕성, 해왕성이 태양 주위를 돌고 있어요. 항성 주위를 행성이 돌고, 행성 주위를 위성이 돌고 있지요. 달은 지구 주위를 도는 위성이에요.

태양계는 태양과 8개의 행성, 50개 이상의 위성 그리고 화성과 목성 사이에 흩어져 있는 소행성, 태양 주위를 지나는 혜성, 긴 빛줄기를 만드는 유성 따위로 이루어져 있어요.

명왕성은 왜 태양계 행성이 아닐까?

명왕성은 발견 당시에는 태양계의 아홉째 행성이었어요. 그런데 크기가 달의 3분의 2 정도밖에 되지 않아 행성이라고 하기에는 너무 작아요. 게다가 충분한 중력을 가지고 있지 않고, 다른 행성은 공전 궤도가 원에 가깝지만 명왕성은 타원형이라 2006년 왜행성으로 분류되었어요.

☞ **위성** 행성이 끌어당기는 인력에 의해 운행하는 천체. 달은 지구의 하나뿐인 위성이고, 화성에는 2개, 목성에는 60여 개의 위성이 있어요. 갈릴레이는 자신이 만든 망원경으로 목성의 위성 4개를 처음으로 관측했어요.

• 우주·태양계 •

블랙홀

💡 블랙홀이 뭐지?

블랙홀은 중력이 너무 커서 빛도 빠져나올 수 없는 천체를 말해요. 질량이 아주 큰 별이 진화의 마지막 단계에서 자체 중력에 의해 붕괴되어 강력하게 수축함으로써 엄청난 밀도와 중력을 갖게 돼요. 그 별의 밀도가 무한대에 가까워지면 블랙홀이 되는 거예요.

블랙홀이 진짜 있을까?

2020년 노벨 물리학상은 블랙홀 연구에 이바지한 물리학자들이 받았어요. 아인슈타인은 상대성 이론으로 블랙홀이 만들어질 수 있다는 것을 밝혔어요. 그러나 아인슈타인조차 블랙홀의 존재에는 의심을 가지고 있었지요. 하지만 끊임없이 연구를 계속한 물리학자들이 별들을 잡아당기는, 보이지 않는 블랙홀을 발견했어요.

블랙홀을 어떻게 발견할까?

블랙홀은 중력이 너무 커서 빛도 끌어들여요. 그래서 어두운 우주에서 블랙홀을 발견하는 것은 쉽지 않아요. 다만, 블랙홀 근처에 별이 있을 때 그 별에서 나오는 기체가 블랙홀에 끌려가요. 그때 방출되는 X선을 찾아내면 블랙홀의 위치를 알 수 있어요. 또 별빛이 블랙홀 근처를 지날 때 빛이 휘는데, 이 휘어진 빛으로 블랙홀의 위치를 알 수 있어요.

👉 **밀도** 밀도는 일정한 면적이나 공간에 들어찬 정도를 뜻해요. 기름이 물 위에 뜨는 이유는 물이 기름보다 밀도가 더 크기 때문이에요.

과학·자연 주간

• 우주·태양계 •

빅뱅

우리은하?

별들이 모여 있는 무리를 은하라고 해요. 우리가 사는 지구가 속한 태양계는 '우리은하'에 속해 있어요. 태양계는 우리은하 중심에서 약 3만 광년 떨어진 곳에 있고, 우리은하에는 5,000억 개에 달하는 별이 있다고 해요.

우주가 계속 커지고 있다고?

우주에는 약 1,000억 개의 은하가 존재한다고 해요. 뿐만 아니라 우주가 계속 팽창하고 있다니, 놀랍지요.

미국의 천문학자 허블은 우주의 크기와 은하계를 연구했어요. 그런데 40여 개의 은하를 연구하던 중 우리은하에서 멀리 떨어진 은하일수록 더 빨리 멀어진다는 것을 발견했어요. 그리고 우주가 점점 팽창하고 있다는 사실을 알게 되었지요.

빅뱅이 무엇일까?

'빅뱅 이론'은 미국의 물리학자인 조지 가모브(가모프)가 1948년에 제안한 이론이에요. 우주는 아주 작은 점이 빅뱅이라는 대폭발을 하면서 탄생했고, 그 후에도 계속 팽창하면서 지금의 우주에 이르렀다는 주장이지요. 그런데 빅뱅이라는 말은 빅뱅 이론을 믿지 않은 천문학자가 처음 사용했어요. "우주가 쾅 하고 대폭발(Big Bang)해서 만들어졌다고?" 하며 비아냥거린 데서 빅뱅이라는 말이 생겼어요.

☞ **광년** 광년은 공기가 없는 진공 상태에서 빛이 1년 동안 나아가는 거리예요. 빛은 1초에 약 30만 km의 속도로 나아가요. 굉장히 큰 단위로, 주로 천체 사이의 거리를 잴 때 사용해요.

• 우주·태양계 •
혜성

혜성이 무엇일까?

지구의 종말을 이야기할 때 빠지지 않는 것이 혜성과의 충돌이에요. 현재는 과학 기술의 발달로 혜성의 충돌을 예측할 수 있다고 해요.

혜성은 긴 꼬리가 달린 천체예요. 태양 주변을 돌기도 하고 때로는 다른 행성과 부딪혀 부서지기도 해요. 혜성은 얼음과 먼지로 이루어져 있어요. 조금 지저분한 거대한 눈덩어리가 태양에 가까워지면 태양열 때문에 얼음이 증발하면서 수증기가 뿜어져 나와요. 이때 가스들이 긴 꼬리를 만드는데 100만 km~1억 km나 되는 것도 있어요.

혜성은 언제 만들어졌을까?

혜성은 태양계와 같은 시기에 만들어졌다고 해요. 대부분의 행성은 변하지만 혜성은 처음 모습 그대로라 태양계 생성의 비밀을 알 수 있지요.

핼리 혜성

옛날 사람들은 혜성을 신비한 것으로 여겨 혜성이 보이면 좋은 일이나 나쁜 일이 일어난다고 생각했대요. 하지만 요즘은 과학으로 우주의 신비를 풀 수 있어요. 특히 핼리 혜성은 약 76년 주기로 방문하기 때문에 과학자들이 기다리는 혜성이에요. 1531년, 영국의 천문학자 핼리가 그 궤도와 궤도 주기를 계산한 데서 그의 이름을 붙인 핼리 혜성은 1986년 2월 9일에 지구 근처를 통과했어요.

☞ **별똥별(유성)** 별똥별은 혜성하고는 달라요. 우주를 돌아다니는 작은 먼지들이 지구 대기권에 들어오면서 빛을 내며 타는 것이 별똥별이에요. 혜성이 지나갈 때 떨어지는 먼지들이 수많은 별똥별을 만들기는 해요.

과학·자연 주간

오늘의 지식 하나
201

읽은날: 월 일

• 우주·태양계

별자리

별도 움직일까?

해와 달이 계절마다 뜨고 지는 시간과 위치가 달라지듯이 별의 위치도 달라져요. 그래서 옛날 사람들은 하늘을 보고 계절이 변하는 것을 예측했대요. 특히 농사에 계절의 변화를 미리 아는 것은 아주 중요했지요.

이집트에서는 해마다 나일강이 넘쳐 큰 피해를 입었어요. 하지만 시리우스별이 해 뜨기 전에 떠오르면 나일강의 범람이 시작될 줄 알았대요. 이처럼 별자리로 계절의 변화를 알아 홍수에 대비하기도 했어요.

별자리는 누가 만들었을까?

먼 옛날 바빌로니아에 살던 칼데아인들이 유목 생활을 하며 동물 모양으로 별자리를 만들었어요. 고대 이집트에서도 별자리가 만들어져 그리스로 전해지면서 신화 속 신과 영웅의 이름으로 별자리 이름을 지었어요.

국제 천문학 연맹에서 지은 88개의 별자리 중 우리나라에서 볼 수 있는 별자리는 큰곰자리와 처녀자리 등 67개예요. 12개는 일부만 보이고 물뱀자리 등 9개는 보이지 않아요.

☞ **시리우스** 큰개자리에서 가장 밝은 별이 시리우스예요. 큰개자리는 오리온의 사냥개로 알려진 별자리지요. 시리우스는 하늘에서 볼 수 있는 가장 밝은 별이라고 해요.

읽은날: 월 일

오늘의 지식 하나
202

과학·자연 주간

• 우주·태양계 •

일식·월식

> 💡 **월식이 콜럼버스를 살렸다고?**
> 콜럼버스는 신대륙 탐험길에 폭풍우를 만나 어느 섬에 도착했어요. 원주민에게 붙잡힌 콜럼버스는 자신들을 살려 주지 않으면 달이 핏빛으로 변할 거라고 위협했어요. 밤이 되어 보름달이 붉게 변하자 원주민들은 콜럼버스에게 무릎을 꿇었대요. 월식 때문에 생긴 일이지요.

월식은 언제 일어날까?

달이 지구 주위를 돌고, 지구가 태양 주위를 돌다가 태양, 지구, 달 순서로 늘어설 때가 있어요. 그러면 지구 그림자가 달을 가려서 일부분이나 전체가 어두워지는 월식 현상이 일어나요. 지구가 달보다 크기 때문에 대부분의 지역에서 월식을 볼 수 있어요. 달 전체가 보이지 않는 것은 개기 월식, 일부분이 보이지 않는 것은 부분 월식이라고 해요.

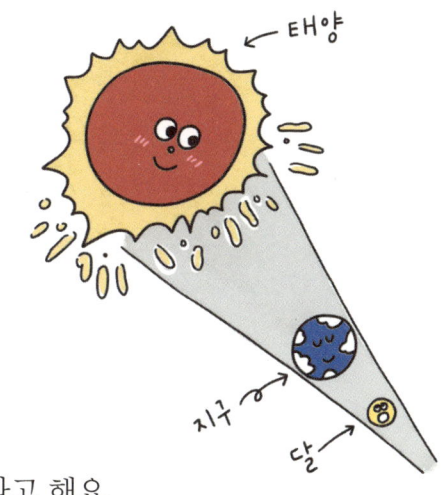

일식은 언제 일어날까?

일식은 달이 태양의 일부나 전부를 가리는 현상이에요. 태양, 달, 지구 순서로 늘어설 때가 있어요. 이때 달에 의해 태양 빛이 가려지면 지구에 달의 그림자가 생겨서 일식이 일어나요. 달은 지구보다 작기 때문에 일부 지역에서만 일식이 일어나요. 태양이 완전히 가려지면 개기 일식, 일부만 가려지면 부분 일식이라고 해요.

☞ **금환 일식** 일식 때 달이 태양의 한복판만 가려서 둘레가 보이는 현상이에요. 마치 금반지(고리) 모양으로 보인다고 해서 금환 일식이라고 하지요.

과학·자연 주간

오늘의 지식 하나
203

읽은날: 월 일

• 우주·태양계

우주 왕복선

> 💡 **우주에 처음 간 사람은?**
>
> 1957년 소련에서 쏘아올린 최초의 우주선 스푸트니크 1호에는 아무도 타고 있지 않았어요. 그 후 스푸트니크 2호에 개를 태워 발사에 성공해 우주에 처음 간 것은 '라이카'라는 개였어요. 1961년 유리 가가린이 인류 최초로 우주 비행에 성공했어요.

처음으로 달에 간 사람은?

1969년 7월 20일(한국 시간 7월 21일), 인간이 처음 달에 착륙하는 모습을 전 세계 사람들이 텔레비전으로 지켜보았어요. 7월 16일에 케네디 우주 센터에서 발사된 아폴로 11호가 달에 착륙, 두 우주 비행사 암스트롱과 올드린이 달 표면에 도착했어요. 암스트롱은 첫발을 내디디며 "이것은 한 인간에게는 한 걸음이지만 인류에게는 위대한 도약이다."라는 말을 남겼지요.

달에 남긴 인류의 첫 발자국

우주 왕복선은 어디를 다녀오는 걸까?

미국의 우주선은 일회용이어서 여러 번 우주에 다녀올 수 있도록 개발한 것이 우주 왕복선이에요. 미국 항공 우주국은 1981년 최초의 우주 왕복선인 컬럼비아호를 발사했어요. 이후 디스커버리호, 엔데버호 등이 우주를 다녀왔어요. 컬럼비아호는 25회나 우주에 다녀왔지요.

우주 왕복선은 고장 난 인공위성을 수리하기도 하고, 여러 가지 실험을 위해 가거나 우주 정거장에 필요한 물건을 운반하기도 해요.

☞ **우주 정거장** 우주 정거장은 커다란 인공위성이에요. 우주 비행사나 과학자들이 생활하고 쉴 수 있는 호텔 역할도 하고 로켓을 고치는 정비소 역할도 해요. 우주 정거장에서 로켓을 조립해 다른 행성으로 보내기도 하지요.

읽은날: 월 일

오늘의 지식 하나
204

역사 주간

• 앞선 탐험가 •

콜럼버스 (1451~1506)

> 💡 **인도를 꿈꾼 콜럼버스**
>
> 콜럼버스는 이탈리아의 항구 도시 제노바에서 태어났어요. 바다를 보며 자란 콜럼버스는 언젠가 인도로 갈 날을 꿈꾸었어요. 마침내 아메리카 대륙을 발견했지만 콜럼버스는 죽을 때까지 그곳이 새로운 대륙이라는 것을 몰랐다고 해요.

이탈리아의 탐험가 콜럼버스

새로운 뱃길을 찾아서

콜럼버스는 포르투갈 왕에게 인도로 가는 항로(배가 지나다니는 바닷길)를 개척할 수 있도록 후원해 달라고 했어요. 당시 인도는 향신료와 보석이 풍부한 황금의 나라였어요.

하지만 거절당하자 에스파냐 여왕을 찾아갔어요. 당시 포르투갈과 경쟁을 하고 있던 에스파냐는 콜럼버스의 제안에 솔깃했어요. 콜럼버스가 새로운 항로를 개척해 발견한 땅에서 얻는 수익을 나누겠다고 제안했거든요. 이사벨 여왕은 콜럼버스를 후원하겠다고 약속했어요.

신대륙 발견

1492년 8월 3일, 콜럼버스는 4척의 배와 120명의 승무원을 태우고 출발했어요. 그리고 항해를 시작한 지 69일째 되는 날 육지에 도착했지요. 인도라고 믿었던 그곳은 아메리카 대륙이었어요. 그 사실을 모른 콜럼버스는 인도인 줄 알고 그곳 원주민들을 '인디언'이라고 불렀어요.

콜럼버스가 항해할 때 사용했던 관측기

☞ **콜럼버스의 달걀** 사람들이 신대륙 발견을 별것 아니라고 비아냥거리자 콜럼버스는 달걀을 꺼내 세워 보라고 했어요. 사람들이 쉽게 세우지 못하자 콜럼버스는 달걀 끝을 살짝 깨뜨린 다음 세우는 데 성공했어요.

· 앞선 탐험가

마르코 폴로(1254~1324)

동양으로 떠난 여행

마르코 폴로는 열일곱 살에 자신이 살고 있는 유럽에서 아시아로 여행을 떠나게 되었어요. 동양에 다녀온 적 있는 아버지와 삼촌을 따라 몽골 제국(원나라)으로 떠났지요. 위험한 바닷길이 아닌 육지의 비단길로 갔지만 많은 고생 끝에 3년 만에 몽골에 도착했어요.

<동방견문록>

원나라에 머물면서 마르코 폴로는 칸(황제)에게 서양에 대해 이야기해 주었어요. 원나라 이곳저곳도 여행했지요.

그러던 중 원나라 공주가 페르시아 지역으로 시집을 가게 되었는데, 바닷길을 잘 아는 마르코 폴로가 공주를 안내하기로 했어요. 그리고 24년 만에 고향으로 돌아왔지요. 전쟁에 나갔다 포로가 된 마르코 폴로는 감옥에서 루스티첼로라는 작가에게 원나라에 대해 이야기했

마르코 폴로 일행

어요. 루스티첼로가 그 이야기를 책으로 엮은 것이 바로 <동방견문록>이에요. 동양의 풍습과 문화를 서양에 소개한 최초의 책이지요.

☞ **비단길** 중국과 지중해를 연결하는 육지 무역로. 이 길을 통해 중국의 비단이 유럽에 전해졌다고 해서 비단길(실크 로드)이라고 해요. 불교가 중국에 전파된 것도 비단길을 통해서였어요.

오늘의 지식 하나
206

읽은날: 월 일

역사 주간

• 앞선 탐험가 •

마젤란 (1480?~1521)

더 빠른 길을 찾아 나선 마젤란

포르투갈의 마젤란은 새로운 뱃길을 찾고 싶었어요. 유럽에서 인도까지 어떻게 하면 빠르게 갈 수 있을까 고민하던 마젤란은 지구가 둥글다는 것을 떠올렸어요. 아프리카를 빙 돌아갈 것이 아니라 반대쪽으로 가면 더 빠르지 않을까 생각했지요. 당시 유럽 사람들에게 향신료는 아주 중요했어요. 그런데 포르투갈이 향신료를 독차지했지요. 에스파냐는 아메리카 대륙을 차지했지만 포르투갈을 보자 배가 아팠어요. 그래서 에스파냐의 왕이 마젤란에게 손을 내밀었어요.

최초의 세계 일주

1519년 9월 20일, 마젤란은 에스파냐 왕이 내준 다섯 척의 배와 270명의 선원을 이끌고 새로운 뱃길을 찾아 떠났어요. 남아메리카를 돌아 서쪽으로 가면 금방 인도에 도착할 줄 알았지만 항해하는 동안 반란도 일어나고 배가 암초에 부딪혀 부서지기도 했어요.

간신히 남아메리카의 해협을 빠져나온 마젤란은 그때까지 아무도 가 보지 못한 바다에 들어섰어요. 평화로운 넓은 바다, '태평양'이었어요. 괌을 비롯해 많은 섬을 발견한 마젤란은 필리핀 부족과 싸우다 숨을 거두었어요. 선원들은 인도양을 건너고 아프리카 희망봉을 거쳐 1522년 9월 에스파냐로 돌아옴으로써 세계 최초로 지구를 한 바퀴 돌았어요.

☞ **마젤란 해협** 대서양과 태평양을 이어 주는 좁은 바다예요. 마젤란이 이 해협을 발견하면서 태평양으로 나가는 바닷길이 열리게 되었지요.

• 앞선 탐험가 •

제임스 쿡(1728~1779)

상상 속의 대륙을 찾아서

북반구에 위치한 신대륙을 찾은 유럽인들은 이번에는 남반구의 신대륙을 찾아 나섰어요. 따뜻한 남쪽에는 어떤 나라가 있을까 하고 말이지요.

영국의 해군 대위 제임스 쿡은 과학자들과 화가들을 이끌고 남태평양으로 향했어요. 금성을 관측하기 위해서였지요. 뱃길을 잘 알고 있는 쿡이 과학자들을 안내하기에 안성맞춤이었어요. 미지의 대륙을 찾는 것도 임무였지요. 쿡은 남태평양을 지나 뉴질랜드와 오스트레일리아를 발견하고 그 곳이 영국 땅임을 선포했어요.

새로운 대륙, 새로운 항로

1772년, 쿡은 과학자들과 함께 배를 타고 다시 탐사에 나섰어요. 그런데 남쪽으로 가던 쿡은 깜짝 놀랐어요. 생각과 달리 갈수록 엄청난 추위가 몰려오고 남쪽 끝은 얼음투성이였거든요.

1776년, 쿡은 북서 항로를 찾으라는 명령을 받았어요. 북서 항로는 대서양에서 북극해를 통해 태평양으로 나가는 길이에요. 쿡은 하와이와 베링 해협, 알래스카 등 새로운 땅을 발견했지만 북서 항로는 찾지 못했어요. 30만 km가 넘는 바다를 누빈 쿡은 1779년, 자신이 발견한 샌드위치 제도(하와이 제도)에서 원주민에게 목숨을 잃고 말았어요.

쿡의 동상

 괴혈병 선원들은 오랜 항해를 하면서 괴혈병으로 죽는 경우가 많았어요. 쿡은 선원들에게 양배추와 과일을 먹게 해 비타민 C가 부족해 생기는 괴혈병을 막을 수 있었지요.

읽은날: 월 일

오늘의 지식 하나
208

역사 주간

• 앞선 탐험가 •
아문센 (1872~1928)

차근차근 꿈을 키운 아문센

노르웨이의 탐험가 아문센은 추운 날씨에 창문도 닫지 않고 자면서 극지 탐험의 꿈을 키웠어요. 어머니 뜻에 따라 의과대학에 들어갔지만 결국 탐험가의 꿈을 이루고자 남극 탐험에도 참여하고 북서 항로를 개척하는 데도 참여했어요. 탐험가로서의 실력을 차근차근 갖추어 나갔지요.

세계 최초로 남극점에 도착하다

아문센은 가장 먼저 북극점에 가려고 했어요. 그런데 1909년, 미국의 탐험가 피어리가 북극점에 도착했다는 소식을 듣고 목표 지점을 바꾸었어요. 정반대인 남극점을 탐험하기로 한 것이지요.

아문센은 철저하게 계획을 세워 준비했어요. 이누이트족이 주로 입었던 순록 가죽옷을 입고 개가 썰매를 끌게 했어요. 개가 더 이상 썰매를 끌지 못하면 이누이트 전통에 따라 식량으로 이용하기도 했지요. 또 돌아올 때를 대비해 가는 길에 식량을 나누어 보관한 덕분에 짐이 점점 줄어들었어요. 마침내 1911년 12월, 아문센은 세계 최초로 남극점에 도착했어요. 그리고 나누어 보관한 식량 덕분에 모두 무사히 돌아올 수 있었어요.

아문센

👉 **스콧** 아문센이 남극으로 떠나고 며칠 뒤 영국 탐험가 스콧도 출발했어요. 그런데 스콧은 개 대신 말을 데려갔어요. 말은 힘은 세지만 추위에 약해 죽고 말았지요. 또한 모직 옷은 털옷에 비해 너무나 추웠고 아문센보다 남극점에 늦게 도착했어요. 추위에 지치고 먹을 것도 떨어진 스콧 일행은 결국 남극에서 죽음을 맞이했어요.

· 앞선 탐험가

리빙스턴 (1813~1873)

리빙스턴은 누구일까?

리빙스턴은 스코틀랜드의 탐험가이자 선교사예요. 아프리카를 20년 넘게 탐험해 잘 알고 있는 리빙스턴에게 영국 왕립 지리학회에서 나일강이 어디에서 시작되는지 탐험해 달라고 부탁했어요.

아프리카 원주민들이 노예로 팔리는 것을 본 리빙스턴은 노예무역에 반대했어요. 그리고 노예 대신 물자를 배로 옮길 수 있도록 물길을 찾기 위해

리빙스턴

아프리카를 탐험했어요. 그러다 거대한 폭포를 발견하고 영국 여왕의 이름을 따서 '빅토리아 폭포'라고 이름 지었지요. 물길을 따라 탐험을 계속한 리빙스턴은 아프리카를 가로지른 최초의 유럽인이 되었어요.

나일강의 시작을 찾아서

리빙스턴은 나일강의 근원지를 찾아 탐험을 떠났지만 연락이 끊겼어요. 한 영국 기자가 리빙스턴을 찾았을 때는 병이 들어 있었지요. 기자가 함께 영국으로 돌아가자고 했지만 리빙스턴은 나일강의 근원을 찾고 노예무역을 없애기 전에는 아프리카를 떠나지 않겠다고 했어요. 그리고 탐험을 계속하던 리빙스턴은 잠비아에서 숨을 거두었어요. 무릎을 꿇고 기도하는 모습으로 세상을 떠난 리빙스턴의 탐험 이야기는 <중앙 아프리카에서의 리빙스턴의 최후 일지>라는 책으로 출간되었어요.

☞ **빅토리아 폭포** 아프리카 잠비아와 짐바브웨의 경계를 이루는 잠베지강에 있는 폭포예요. 너비 약 1,700m에 가장 높은 데서 떨어지는 물의 높이가 108m로 세계에서 가장 긴 폭포예요.

읽은날: 월   일

오늘의 지식 하나
210

역사 주간

• 앞선 탐험가 •

암스트롱(1930~2012)

비행사를 꿈꾸던 암스트롱

미국은 1960년대 초부터 인간을 달에 보내려는 계획을 세웠어요. 그리고 1969년 7월 16일, 드디어 인류가 달에 첫발을 내디뎠지요. 전 세계를 흥분에 휩싸이게 한 사람은 바로 닐 암스트롱이었어요.

어려서부터 비행기와 전투기에 관심이 많았던 암스트롱은 비행사의 꿈을 키우며 항공 우주 공학을 전공했어요. 한국 전쟁에 제트기 조종사로 참전하기도 했지요. 미국 항공 우주국에 들어간 암스트롱은 우주 비행사로 선발되어 우주여행을 시작했어요.

아폴로 11호의 우주 비행사들
(닐 암스트롱, 마이클 콜린스, 에드윈 올드린)

달에 첫발을 내디딘 암스트롱

암스트롱은 다른 두 우주 비행사와 아폴로 11호를 타고 4일 동안 우주를 날아 달 가까이에 이르자 동료 올드린과 함께 달 착륙선인 이글호로 갈아탔어요. 이글호는 '고요의 바다'라 불리는 달 표면에 착륙했고 암스트롱은 달 표면에 최초로 발자국을 남긴 지구인이 되었어요. 암스트롱은 달에 2시간 정도 머물면서 지진계를 비롯한 여러 가지 과학 장비를 설치했어요.

달의 암석과 토양도 채집해 달을 자세히 연구할 수 있게 되었지요. 이후 국제 우주 정거장도 건설하고 많은 인공위성과 우주 왕복선도 발사하는 등 인간이 우주에 진출하는 큰 계기가 되었어요.

☞ **나사(NASA)** 미국 항공 우주국. 1958년에 설립되었으며, 우주 개발에 관한 모든 것을 맡고 있어요. 1969년에 달 착륙 계획을 비롯해 우주에서 과학 실험을 하는 스카이랩 계획을 실시하기도 했어요.

• 베스트·스테디셀러 •

<성경>

<성경>은 어떤 책일까?

<성경>은 기독교와 유대교의 경전이에요. 예수의 탄생에서 죽음 그리고 부활 이야기가 담겨 있지요. '책들'을 뜻하는 그리스어 '비블리아(biblia)'에서 바이블(성경)이 되었어요. 기독교에서의 <성경>은 구약성경과 신약성경을 말하며 세계에서 가장 많이 팔린 책이에요.

<성경>에는 어떤 내용이 있을까?

구약성경은 예수가 태어나기 전 유대 민족의 역사와 하나님의 계시가 담겨 있고 신약성경은 예수의 탄생에서 사망과 부활에 이르는 내용이 담겨 있어요. 신약성경은 27권으로 마태·마가·누가·요한복음 등이에요. '복음'은 '기쁜 소식'이라는 뜻으로 예수의 가르침을 말해요.

<성경>은 어떻게 많은 사람들에게 전해졌을까?

예전에는 성경을 필사(베껴 씀)했어요. 그래서 성경은 물론 책 자체가 아주 귀했지요. 그런데 구텐베르크가 인쇄술을 발명하고부터 달라졌어요. 더 많은 책을 빨리 만들 수 있게 되었지요. 인쇄술 덕분에 성경이 많이 전파되면서 종교에도 큰 변화를 가져왔어요.

읽은날: 월 일

오늘의 지식 하나
212

문학 주간

• 베스트·스테디셀러 •

<논어>

<논어>는 어떤 책일까?

<논어>는 공자의 가르침을 적은 책이에요. 공자가 직접 쓴 것이 아니라 공자의 제자, 또 그 제자의 제자들이 공자와 제자들이 서로 묻고 대답한 내용을 기록한 것이지요. <논어>는 모두 7권 20편으로 이루어져 있으며 첫째 편인 학이(學而)의 첫 구절은 '배우고 때때로 그것을 익히면 기쁘지 아니한가(學而時習之 不亦說(乎)'예요.

공자는 누구일까?

공자는 551년 노나라에서 태어났어요. 가난 속에서도 열심히 공부해 20대에 이름을 떨치고 제자를 받아들였어요. 공자는 인(仁)의 실천을 바탕에 두고 예(禮)를 갖춘 도덕적인 이상 국가를 세우려 했어요. 인간의 바른 품성을 잘 실천하면 좋은 세상을 만들 수 있을 거라 생각했지요.

공자가 세상을 떠난 후에도 제자들이 여러 나라로 흩어져 그의 사상을 퍼뜨렸어요. 공자를 시조로 하는 유교가 탄생하기도 했는데 <논어>는 유교의 경전이라고 할 수 있어요.

☞ **노나라** 춘추 전국 시대 여러 나라 중 하나로 기원전 249년, 초나라에 멸망했어요. 공자가 기원전 722년~479년에 걸쳐 궁중에서 일어난 사건을 기록한 <춘추> 덕분에 잘 알려졌지요.

문학 주간

오늘의 지식 하나
213

읽은날: 월 일

• 베스트·스테디셀러 •
<나의 라임오렌지나무>

💡 **<나의 라임오렌지나무>의 작가는 누구일까?**

<나의 라임오렌지나무>의 작가 바스콘셀로스는 1920년 브라질에서 태어났어요. 작품 속 주인공 제제처럼 아주 가난했고 여러 직업을 거쳐 작가가 되었지요. <나의 라임오렌지나무>는 자전적인 소설이며 <광란자>, <햇빛 사냥> 등도 발표했어요.

<나의 라임오렌지나무>는 어떤 이야기일까?

주인공인 다섯 살 제제는 직장을 잃은 아빠와 공장에 다니는 엄마 그리고 누나, 형, 동생과 함께 살아요. 크리스마스 선물도 받지 못할 정도로 가난하지요. 제제에게 위안이 되는 것은 작은 라임오렌지나무예요.

제제는 라임오렌지나무에 '밍기뉴'라고 이름을 지어 줬어요. 기분이 좋을 때는 '슈르르까'라고 부르며 이야기를 나누지요. 제제의 또 다른 친구는 뽀르뚜까 아저씨예요. 자상한 뽀르뚜까 아저씨와 가족이 되고 싶을 정도로 친하게 지내던 어느 날, 아저씨가 철도 사고로 세상을 떠나고 말아요. 제제는 큰 슬픔을 이겨 내고 더욱 성장하게 돼요.

제제는 어떤 아이일까?

제제는 다섯 살이지만 어른스러워요. 크리스마스 선물을 사 주지 못하는 아빠의 마음을 이해하고 오히려 구걸을 해서 아빠에게 선물로 담배를 사 주기도 해요. 가족들과 이웃에게 구박받고 학대에 시달리면서도 씩씩하지요. 하지만 뽀르뚜까 아저씨가 사고로 죽자 희망을 잃고 병이 나고 말아요. 상처를 딛고 성장하는 제제의 모습이 감동적인 작품이에요.

☞ **<나의 라임오렌지나무>** 1968년에 발표하자마자 베스트셀러가 되었고 브라질 초등학교에서는 반드시 읽어야 하는 책이기도 해요. 세계 여러 나라 말로 번역되어 많은 사랑을 받고 있어요.

읽은날: 월 일

오늘의 지식 하나
214

문학 주간

• 베스트·스테디셀러 •
<그리스 로마 신화>

<그리스 로마 신화>는 어떤 이야기일까?

<그리스 로마 신화>는 말 그대로 그리스에 전해 오는 신화를 모은 책이에요. 그리스 신화에 약간 살을 붙인 로마 신화는 그리스 신화와 신들의 이름만 조금 다를 뿐 비슷해요.

올림포스 열두 신의 이야기에는 우리가 평소 사용하는 용어는 물론 사회적인 현상까지 담겨 있어요. 아킬레스건, 태풍, 마이더스의 손과 같은 용어와 올림픽 우승자에게 월계관을 씌워 주는 것 등이 <그리스 로마 신화>에서 유래했어요.

<그리스 로마 신화>는 누가 썼을까?

<일리아드>와 <오디세이아>를 쓴 호메로스를 비롯해 많은 역사가와 문학가들이 <그리스 로마 신화>를 정리했어요. 그리고 1855년 미국 작가 토머스 불핀치가 체계적으로 정리한 <신화의 시대>가 출간되어 지금까지 전 세계에서 읽히고 있지요.

☞ **신화** 신화는 옛날부터 전해 오는 신성한 이야기예요. 특히 나라를 세운 인물 이야기 등 신성한 이야기를 신화라고 하지요. 우리나라의 대표적인 신화로는 단군 신화, 주몽 신화 등이 있어요.

• 베스트·스테디셀러 •

<손자병법>

<손자병법>은 어떤 책일까?

<손자병법>은 전쟁에서 이기는 여러 가지 방법을 기록한 책이에요. '백전백승', '36계 줄행랑' 등이 <손자병법>에 나오는 말이지요.

춘추 전국 시대에 중국은 대륙을 통일하기 위해 안으로는 나라를 튼튼히 하고 밖으로는 전쟁을 했어요. 부국강병을 위해 제도를 개혁하면서 농민을 전쟁에 활용할 방법을 개발했어요. <손자병법>으로 농민들을 조직화해서 동원하자 전쟁의 규모도 훨씬 커졌지요. 가치를 인정받은 농민의 지위가 상승하기도 했어요. <손자병법>은 처세술에 관한 책으로 세계 여러 나라 지도자들에게 인정받은 책이에요.

<손자병법>은 누가 지었을까?

<손자병법>은 오나라의 손무가 지었어요. 춘추 시대 뛰어난 장수였던 손무가 군사학설과 전쟁 경험 등을 엮은 책이지요. 손무는 군사 전문가 집에서 태어나 어릴 때부터 병법에 관심이 많았어요. 병법을 연구하며 <손자병법>을 지었고 전쟁에서 큰 공을 세우기도 했어요.

☞ **춘추 전국 시대** 주나라의 힘이 약해지자 제후들이 세운 나라 중 힘이 강했던 다섯 나라(제·진·초·오·월)를 춘추 5패라고 해요. 춘추 시대에서 전국 시대로 접어들면서 강한 나라가 약한 나라를 침략했어요. 이때 큰 세력을 지녔던 진·초·연·제·조·한·위나라를 전국 7웅이라고 해요. 두 시대를 합쳐 춘추 전국 시대라고 하지요.

읽은날: 월 일

오늘의 지식 하나
216

문학 주간

• 베스트·스터디셀러 •

<코스모스>

<코스모스>는 어떤 책일까?

코스모스(cosmos)는 우주를 뜻하기도 해요. 천문학을 쉽게 설명한 과학책 <코스모스>에는 태양계와 빅뱅으로 탄생한 우주 그리고 인간과 또 다른 생명체에 관한 이야기가 실려 있어요. 1980년에 출간되었으며 천문학을 대중화하는 데 큰 역할을 했어요.

<코스모스>를 쓴 사람은?

<코스모스>를 쓴 칼 세이건(1934~1996)은 미국에서 태어났으며 어려서부터 과학을 아주 좋아했어요. 천문학과 천체 물리학을 전공하고, 나사(미국 항공 우주국)와 함께 금성 탐사선에 관한 일을 하기도 했어요. 또한 인류 최초로 태양계를 벗어나는 파이어니어 10호 우주선에 외계로 보내는 인류의 메시지를 담자는 제안도 했지요. 메시지는 알루미늄 판에 인간 남녀의 모습과 태양계에서의 지구의 위치 등을 그림으로 나타냈어요.

<코스모스> 다큐멘터리

<코스모스>는 1976년에 과학 다큐멘터리로도 제작되었어요. 칼 세이건이 출연해 우주와 인간의 관계를 과학적으로 이야기하고, 아직 불확실한 것에 대해서는 언젠가 알아낼 수 있는 가능성에 대해 이야기하기도 하지요. 모두 13편으로 세계 60개 나라에서 방송되었어요.

☞ **파이어니어 10호** 1972년 3월 3일에 발사되어 소행성대를 처음으로 탐사하고 목성을 관찰한 우주선이에요. 1983년에는 태양계 가장 바깥 행성인 해왕성의 궤도를 통과해 태양계를 벗어난 최초의 우주선이 되었지요. 2003년 1월 23일 교신을 마지막으로 통신이 끊겼어요.

문학 주간

오늘의 지식 하나
217

읽은날: 월 일

• 베스트·스테디셀러 •

<토지>

<토지>는 어떤 이야기일까?

박경리 작가가 1969년에 쓰기 시작해 1994년에 16권으로 완결한 대하소설이에요. 대한제국 말기부터 일제 강점기에 이르기까지 지주였던 최씨 일가의 이야기로, 갑자기 몰락해 간도로 야간도주했던 최씨 집안은 다시 옛 땅과 집을 사들여 고향으로 돌아오지요.

3대에 걸친 이야기인 <토지>는 당시 사회가 어떻게 변하는지 잘 보여줘요. 다양한 등장인물을 통해 우리 민족의 삶과 고된 역사를 생생하게 그려내 영어는 물론 프랑스어, 독일어로도 번역되었어요.

박경리는 어떤 사람일까?

어릴 적 박경리는 소심한 성격의 보통 아이였어요. 고등학교를 졸업하고 결혼했지만 한국 전쟁으로 남편을 잃고 어린 아들까지 잃는 고통을 겪었지요. 큰 슬픔에 빠진 박경리는 글을 쓰면서 마음을 달랬어요. 우연히 박경리의 시를 본 소설가 김동리가 소설을 써 보라고 권했대요. 이후《현대문학》에 작품이 추천되었다는 연락을 받았는데 습작으로 쓴 소설을 김동리가 제출한 거였어요. 그렇게 등단한 박경리는 <불신시대>, <표류도>, <김 약국의 딸들>, <토지> 등을 발표했어요.

통영시 박경리 기념관·홈페이지 바로 가기

☞ **대하소설** 시대적 흐름에 따라 인물의 생애를 넓게 다루는 소설이에요. 주인공 한 사람의 이야기가 아니라 많은 등장인물을 둘러싸고 벌어지는 사건을 다루어 배경도 다양하며 긴 세월을 다루기 때문에 규모가 아주 커요.

오늘의 지식 하나
218

동물·식물·인체 주간

읽은날: 월   일

• 가축 •
개

💡 가축은 언제부터 길렀을까?

먼 옛날, 사냥을 하며 살던 사람들은 사냥감을 얻지 못하면 굶어야 했어요. 그래서 사냥에 실패했을 때를 대비해야 했지요. 이후 농사를 지으면서 힘든 일을 대신해 줄 일꾼도 필요했어요. 그래서 생각해 낸 것이 야생 동물을 길들여 키우는 거였어요. 바로 가축이지요.

개는 언제부터 사람과 같이 살았을까?

개는 인간이 맨 처음으로 키우기 시작한 가축이에요. 약 1만 2,000년 이전부터 사육을 했대요. 처음에는 들짐승이었던 개가 사람이 먹고 버린 찌꺼기를 먹기 시작했어요. 사람 곁에 있으면 먹이를 쉽게 얻을 수 있다는 것을 알게 되었지요. 개는 워낙 영리하고 충성심이 강한 데다 사냥도 잘해 사람들이 개를 곁에 두고 키웠어요.

개는 어떤 동물일까?

개는 인간과 함께 사냥을 다니고 유목민들의 양을 몰아 주기도 했으며 무엇보다 주인의 집을 지키는 역할을 했어요. 그런데 요즘은 개가 가지고 있는 특별한 능력으로 새로운 일을 하고 있지요. 후각 세포가 사람보다 100만 배 발달해 경찰견이나 수색견, 마약 탐지견으로 활동해요. 또한 시각 장애인을 안내하기도 하고 치료 도우미 역할도 하지요.

☞ **우리나라 토종개** 우리나라 3대 토종개로는 진도의 진돗개, 경산의 삽살개, 북한의 풍산개가 있어요. 진돗개는 충성심이 아주 강하고 삽살개는 신라 시대 왕족들이 주로 길렀으며 풍산개는 북한을 대표하는 개예요.

•가축•
고양이

> 💡 **고양이는 언제 가축이 되었을까?**
> 고양이는 약 5,000년 전에 이집트인이 야생 고양이를 길들였다고 해요. 그래도 사냥을 하던 야생의 본능이 남아 있어 빠르게 움직이는 물체를 보면 공격하지요. 야생에서 천적에게 자신의 흔적을 감추기 위해 모래를 파고 배변한 후 다시 덮는 습성이 있어요.

신비한 고양이

고양이는 소중히 다루지 않거나 함부로 죽이면 불행해진다고 해요. 이러한 이야기는 동양뿐만 아니라 유럽이나 아프리카에도 전해져 고대 이집트에서는 고양이를 신성한 동물로 여겼어요. 흔히 고양이는 마녀의 친구이고 검은 고양이는 불길함의 징조로 여겼지요. 이집트인들은 고양이 머리 여신 '바스트'를 섬겼으며 고양이 미라도 많이 발견되었어요.

고양이 수염을 자르면 안 되는 이유

고양이의 눈은 어두운 곳에서는 동공이 커지지만 밝은 곳에서는 아주 작아져요. 눈이 발달해서 밤에도 물체를 재빠르게 알아볼 수 있지요. 특히 입 주위의 긴 털과 수염은 촉각이 예민해서 먹이를 잡을 때 편리해요. 수염은 물체에 닿으면 크기와 모양을 알 수 있고, 좁은 곳을 지날 수 있는지도 알 수 있다고 해요.

밝은 곳에서 동공이 작아진 고양이의 눈

☞ **고양이의 몸단장** 고양이 혀에는 돌기가 있어서 혀로 털을 핥아 깨끗이 정리해요. 혀로 앞발을 핥아 수염과 얼굴을 닦고 스스로 몸단장을 하므로 따로 목욕을 시킬 필요가 없어요.

읽은날: 월   일

오늘의 지식 하나
220

동물·식물·인체 주간

· 가축 ·
닭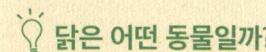

💡 닭은 어떤 동물일까?
닭은 약 3,000~4,000년 전에 인도, 말레이시아, 미얀마 등에서 기르기 시작했어요. 닭의 생김새는 품종에 따라 다르지만 머리에는 볏이 있고 부리가 짧아요. 그리고 날개가 짧아서 잘 날지 못해요. 대신 다리가 튼튼해 빨리 달릴 수 있지요.

귀신을 쫓는 동물
닭은 새벽을 알리는 동물이에요. 그래서 귀신을 쫓는 동물이라고도 해요. 주로 새벽에 울기 때문에 저녁에 울면 불길하다고 여겼어요. 또한 수탉의 볏은 마치 벼슬을 상징하는 관을 쓴 모양이라 조선의 선비들에게는 닭이 출세의 상징이었어요. 선비들의 서재에는 닭 그림을 많이 걸어 두었다고 해요. 또한 닭은 길조라서 전통 혼례식에도 등장했어요.

신화 속의 닭
어느 날 신라의 왕이 숲속에서 닭 울음소리가 나길래 가 보니 나뭇가지에 금빛 궤가 걸려 있었어요. 밑에서는 흰 닭이 울고 있었지요. 궤 안에는 사내아이가 들어 있었는데, 바로 경주 김씨의 시조인 김알지예요.

👉 **오골계** 오골계는 까마귀 오(烏)에 뼈 골(骨)을 써서 뼈가 까마귀처럼 검다고 붙여진 이름이에요. 실제로 오골계는 살과 가죽, 뼈까지 어두운 붉은색이에요. 그리고 발가락이 다섯 개인 것이 특징이에요.

동물·식물·인체 주간

오늘의 지식 하나
221

읽은날: 월 일

 가축

소

> 💡 **소는 언제부터 가축이 되었을까?**
>
> 농촌에 가면 쉽게 볼 수 있는 소는 농경 생활을 한 우리 민족에게는 익숙한 가축이에요. 순하고 듬직해 보이는 소는 약 1만 년 전쯤 메소포타미아와 나일강 유역 등에서 가축이 되었다고 해요. 우리나라에서는 2,000여 년 전부터 기른 것으로 추측해요.

소는 위가 네 개?

소는 위가 네 개예요. 그중 첫 번째와 두 번째 위는 소화액이 나오지 않고 미생물과 세균이 살아요. 소는 두 번째 위로 간 음식물을 되새김질해요. 세 번째 위에서는 수분을 흡수하고, 마지막 네 번째 위가 인간의 위와 비슷하며 소화액이 나와요.

소는 초식 동물이지만 풀을 소화하기 위해 위에 있는 미생물을 이용하고, 그 미생물이 발효한 것들을 흡수해 단백질 같은 양분을 얻기도 해요.

농사에 귀한 소

소를 농사에 활용하는 '우경법'을 실시한 것은 500년경인 신라 지증왕 때예요. 소가 밭을 갈면 사람이 일할 때보다 생산력이 훨씬 높았어요. 농사일에 없어서는 안 되는 귀한 가축이었지요. 그래서 소를 몇 마리 가지고 있는지가 부자의 기준이 되었어요. 소를 죽이거나 해치면 노비로 삼는 벌을 주기도 했다고 해요.

☞ **설렁탕의 유래** 조선 시대에는 농업의 신 신농씨와 후직씨에게 소를 바쳐 제사를 지냈어요. 이를 '선농제'라고 해요. 소를 제물로 바친 다음 탕으로 끓여 여러 사람이 나누어 먹었는데, 이것이 오늘날의 설렁탕이에요.

읽은날: 월   일

오늘의 지식 하나
222

동물·식물·인체 주간

• 가축 •

돼지

 돼지는 어떤 동물일까?

우리나라 돼지의 조상은 멧돼지예요. 예로부터 하늘에 제사를 지낼 때는 돼지를 제물로 사용했어요. 돼지의 주둥이가 길고 뾰족해서 화전민들은 땅속에 남아 있는 식물의 뿌리를 캐는 데 이용하기도 했지요. 지금은 개량종이 들어와 재래종 돼지를 찾아보기 어려워요.

돼지는 정말 더러울까?

지저분한 곳을 보면 돼지우리 같다고 하지요. 돼지는 진흙탕 목욕을 좋아해서 하루에도 몇 번씩 뒹굴어요. 진흙 목욕을 하면서 체온을 조절하는 것이지요. 실제로 돼지는 한 우리 안에 밥 먹는 곳과 화장실을 따로 두는 깨끗한 짐승이에요.

행운을 가져다주는 동물

돼지는 한자로 돈(豚)이에요. 발음이 화폐 '돈'과 같아서 재물을 뜻해요. 그래서 우리나라는 예로부터 돼지를 키웠고, 돼지꿈을 꾸면 재물과 행운이 들어온다고 좋아했어요. 또 옛이야기에서 돼지는 신통력을 지닌 동물로 고구려와 고려의 수도를 점지해 주었고, 아들이 없는 왕에게 아들을 점지해 주기도 했대요.

☞ **돼지 오줌보** 축구공이 흔하지 않았던 옛날에는 볏짚으로 만든 새끼를 동그랗게 말아서 공으로 만들었어요. 그리고 돼지 오줌보에 바람을 넣어 공처럼 차기도 했지요.

동물·식물·인체 주간

오늘의 지식 하나
223

읽은날: 월 일

· 가축 ·
말

💡 말은 어떤 동물일까?

말은 기원전 2700년경부터 가축으로 키웠어요. 예전에는 주로 사람을 태우거나 수레를 끌거나 농사에 이용하기도 했지요. 고구려 벽화에 말이 수레를 끄는 모습이 있고 신라에서는 목장을 만들었다는 기록으로 미루어 옛날 우리나라에서 말은 교통수단이었던 것으로 보여요.

'개 발에 편자'가 뭘까?

편자는 말발굽을 보호하기 위해 붙이는 쇠붙이예요. 미끄러지는 것을 막기 위해 붙이는 것으로 5~6개 정도의 못을 박아요. '개발에 편자'라는 말이 있어요. 말은 발굽을 보호하려 편자를 하지만 개한테는 어울리지 않겠지요. 이 말은 옷차림이나 물건 따위가 어울리지 않는다는 뜻이에요.

왜 말이 태어나면 제주도로 보내라고 했을까?

제주도에서는 석기 시대부터 말을 키우기 시작했다고 해요. 그 후 고려 시대 때 제주도에 원나라의 말을 들여와 목장을 만들었어요. 원나라가 멸망한 후에도 조선 시대까지 계속 말을 키우다 보니 제주도 말이 유명해졌지요. 조랑말이라고도 불리는 제주마는 다리가 짧고 몸통이 당나귀보다 큰 정도예요. 농사일을 도울 때는 많았지만 지금은 많이 줄었어요. 천연 기념물 제347호로 지정해 보호하고 있어요.

👉 **과하마** 고구려에는 '과하마'라고 불리는 말이 있었어요. 사람을 태우고서 과일나무 가지 밑으로 지나갈 수 있을 정도로 작은 말로, 주몽이 탔던 말이에요. 작지만 기동력과 지구력이 뛰어나 전쟁에서 사용했지요.

읽은날: 월   일

오늘의 지식 하나
224

동물·식물·인체 주간

· 가축 ·
양·염소

양은 어떤 동물일까?

양은 약 5,000년 전 유럽과 중앙 아시아 등에서 처음 가축으로 기르기 시작했어요. 우리나라에서 양을 키운 기록은 고려 때예요. 금나라에서 들여왔지만 당시에는 환경이 달라 제대로 키우지 못했어요. 이후 일제 강점기 때 산업용으로 키우기 시작했지요.

양은 겁이 많고 순한 편이에요. 옛날에는 양을 키워 고기와 우유를 얻었지만 요즘은 주로 털을 얻기 위해 기르지요.

염소는 어떤 동물일까?

염소는 약 1만 년 전부터 서남 아시아에서 길렀어요. 우리나라도 백제 시대에 염소를 일본에 수출했다고 해요.

염소는 암수 모두 뿔이 있고 수컷에는 수염이 있어요. 꼬리는 짧은 편이고 피부는 거칠어요. 색깔도 다양해서 흰색을 비롯해 갈색과 검은색 흑염소도 있어요. 또한 염소는 무리지어 다녀요. 높은 곳을 좋아하며 민첩하고 공격적이기도 해서 다른 가축의 먹이를 빼앗기도 해요. 거친 환경에서도 먹이를 잘 찾아 먹으며 쉽게 이동할 수 있어 산지가 많은 우리나라에서 쉽게 기를 수 있어요.

☞ **양털** 양털은 습기를 많이 빨아들이며 양털로 짠 옷은 보온성이 뛰어나요. 야생에서 자란 양은 자연스럽게 털갈이를 하지만 털을 얻기 위해 개량된 양은 털을 깎지 않으면 계속 자란다고 해요.

• 클래식 명곡 •

바흐 <무반주 첼로 모음곡>

가장 사랑받는 바흐의 곡

바흐 시대에 첼로는 그저 음이 낮은 악기 정도로 취급을 받았어요. 하지만 바흐는 첼로의 가치를 그보다 훨씬 높게 보고 있었지요.

★ 바흐 <무반주 첼로 모음곡> 들어보기
♬ 첼로: 요요마

<무반주 첼로 모음곡>은 바흐가 직접 쓴 원본 악보가 남아 있지 않았어요. 바흐의 부인이 베껴 놓은 악보 조각이 여기저기 떠돌았을 뿐이지요. 그런데 20세기를 대표하는 에스파냐의 전설적인 첼리스트 파블로 카잘스(1876~1973)가 골동품 가게에서 우연히 악보를 발견하고 30여 년간 연구해 세상에 내놓았어요.

감동을 더한 명곡, 명연주

독일 분단의 상징인 베를린 장벽이 무너진 1989년 11월, 첼리스트 므스티슬라프 로스트로포비치(1927~2007)가 무너진 벽돌더미 앞에서 이 곡을 연주했어요. 로스트로포비치는 러시아 공산화 시절에 자유를 찾아 미국으로 망명했던 음악가예요. 그가 무너진 베를린 장벽 경계선에 앉아 연주하는 모습은 많은 사람들에게 감동을 주었어요.

오늘의 지식 하나
226

읽은날: 　월　　일

예술·스포츠 주간

• 클래식 명곡 •

베토벤 교향곡 제5번 <운명>

베토벤의 운명이 담겨 있는 곡

베토벤 교향곡 제5번 <운명>은 비발디 협주곡 <사계>와 함께 우리나라에서 가장 많이 팔린 클래식 음반이라는 통계가 있을 만큼 사랑받는 곡이에요.

베토벤은 이 곡의 제1악장을 가리켜 '운명은 이와 같이 문을 두드린다'라고 했어요. 바로 이 대목에서 '운명'이란 별명이 붙게 되었어요. 작품 속에 베토벤의 운명이 담겨 있어 더욱 사랑받는 것이지요. 당시 베토벤은 귓병을 앓고 있었는데 음악가에게는 특히 무서운 병이지요. 온갖 고통과 어려움을 이겨 내려는 베토벤의 의지가 고스란히 담긴 곡이에요.

★ 베토벤 교향곡 제5번 <운명> 들어보기
♪ 루체른 심포니 오케스트라
(지휘: 미하엘 잔덜링)

또 다른 이름, 황제 교향곡

<운명> 교향곡은 베토벤이 38세 때 완성했어요. 첫 네 마디가 너무나 강렬해서 한 번만 들어도 머릿속에 계속 맴도는 곡이지요. 이 곡이 파리에서 연주될 때 한 늙은 병사가 벌떡 일어나 "황제다. 황제 만세!"라고 외치며 춤을 추었다고 해요. 그래서 이 곡을 '황제 교향곡'이라고도 해요.

베를리오즈 <환상 교향곡>

사랑의 마음을 담은 독창적인 곡

어느 날, 베를리오즈는 셰익스피어의 연극을 보다 주연 여배우인 해리엇 스미드슨의 팬이 되었어요. 그 뒤 사랑의 열병을 앓게 된 베를리오즈는 새로운 음악을 만들겠다는 의지와 그녀를 향한 사랑의 마음을 모아 곡을 만들었어요. 이 작품이 바로 <환상 교향곡>이지요.

이 곡은 교향곡 역사에 길이 남을 특별한 작품이에요. 다른 작곡가들이 흉내낼 수 없는 독창적인 곡이지요. 베를리오즈는 평소 존경하던 베토벤과는 다른 교향곡을 씀으로써 교향곡을 개척한 작곡가가 되었어요.

최초의 표제 음악

<환상 교향곡>에는 '어느 예술가의 삶과 이야기'라는 부제가 붙어 있어요. 이처럼 음악에 이야기를 담은 형식을 표제 음악이라고 하는데 <환상 교향곡>은 표제 음악의 형식을 띤 최초의 작품이에요.

5악장으로 구성된 <환상 교향곡>은 각 악장마다 제목이 붙어 있어요. 제1악장 '꿈과 정열', 제2악장 '무도회', 제3악장 '전원의 풍경', 제4악장 '단두대로의 행진', 제5악장 '마녀의 축제'예요.

★ 베를리오즈 <환상 교향곡> 들어보기
♬ 베를린필하모닉 오케스트라(지휘: 클라우디오 아바도)

읽은날: 월 일

오늘의 지식 하나
228

예술·스포츠 주간

• 클래식 명곡 •

차이콥스키 교향곡 제6번 <비창>

★ 차이콥스키 교향곡 제6번
<비창> 들어보기
♬ 원코리아 오케스트라
(지휘: 정명훈)

슬픔이 가득한 걸작

차이콥스키는 6개의 교향곡을 썼어요. 걸작으로 평가받는 4·5·6번 중에서도 제6번 <비창>은 교향곡 역사에 길이 남을 작품이에요.

'비창(Pathetique)'에는 '슬픔, 비참함'이란 뜻이 담겨 있어요. 가슴이 아플 정도로 너무나 슬프다는 뜻이지요. <비창>은 1893년 차이콥스키가 세상을 떠난 해에 작곡했어요. 1악장의 시작과 4악장의 마지막에 더블베이스의 낮고 조용한 소리로 곡의 분위기를 이끌어요. 2악장의 아름다운 왈츠마저 눈물이 나게 만드는 슬픈 곡이지요.

생의 마지막을 함께한 곡

차이콥스키의 다른 곡들은 모든 악기가 화려하고 웅장하게 큰 소리를 내며 연주를 마쳐요. 그런데 이 곡만큼은 아주 조용하게, 숨소리도 낼 수 없을 만큼 점점 작아지면서 마지막 숨이 멎는 듯한 정적 속에 사라지듯이 끝나요.

차이콥스키 스스로도 이 곡을 자신의 최고 작품으로 꼽았다고 해요. 1893년 10월, <비창> 교향곡을 직접 지휘한 차이콥스키는 9일 후에 세상을 떠났어요.

• 클래식 명곡 •

드보르자크 교향곡 제9번 <신세계로부터>

체코의 음악을 발전시킨 음악가

체코의 '국민 작가'로 불리는 드보르자크는 뉴욕 국립 음악원 원장이 되어서도 고향을 잊은 적이 없어요. 어느 해 방학을 이용해 아이오와주로 휴가를 떠난 드보르자크는 감탄했어요. 도착한 마을이 자신의 고향 보헤미아를 옮겨 놓은 것과 같았기 때문이지요. 그곳에서 보헤미아 전통 의상을 입고 춤추는 사람들을 본 드보르자크는 곡을 쓰기 시작했어요. 이때 탄생한 곡이 바로 <신세계로부터(신세계 교향곡)>예요.

고향을 그리워하는 마음을 담은 곡

<신세계로부터>는 드보르자크의 고향 보헤미아의 민요에 미국 인디언과 흑인들의 노래에서 얻은 느낌을 더해 민족적 색채가 짙게 풍겨요.

이 곡의 제목은 당시 뉴욕 국립 음악원 창설자인 자넷 사바 부인이 붙여 주었다고 해요. 여기서 신세계는 미국을 의미해요. 4악장으로 구성된 이 곡은 고향을 그리워하는 드보르자크의 마음이 잘 표현되어 있어요.

★ 드보르자크 교향곡 9번 <신세계로부터> 들어보기
♪ 코리안심포니 오케스트라(지휘: 최희준)

오늘의 지식 하나
230

예술·스포츠 주간

읽은날: 월 일

• 클래식 명곡 •

시벨리우스 교향시 <핀란디아>

★ 시벨리우스 교향시 <핀란디아> 들어보기
♪ BBC심포니 오케스트라
(지휘: 사카리 오라모)

파리 박람회에서 연주된 곡

핀란드를 대표하는 작곡가 시벨리우스는 교향시 <핀란디아>로 세계적인 작곡가가 되었어요. 교향시는 시나 전설 또는 풍경 등의 내용을 자유로운 형식으로 표현한 표제 음악의 한 종류예요.

핀란드는 러시아의 지배를 받았어요. 시벨리우스는 어릴 때부터 나라 잃은 국민을 위한 곡을 만들어야겠다고 생각했지요. 1899년에 완성된 <핀란디아>는 다음 해 파리 만국 박람회에서 연주되었어요.

핀란드의 국민 음악

<핀란디아>는 핀란드 민족 고유의 멜로디와 리듬을 사용한 곡이에요. 여러 지방에서 연주되면서 러시아의 지배에 눌려 있던 핀란드인들에게 애국심을 일깨워 주었지요. 이로 인해 독립운동까지 일어나자 러시아 정부는 이 곡의 연주를 금지시키기도 했어요.

그러자 '핀란디아' 대신 '스오미'라는 제목으로 연주를 계속 이어 갔어요. '스오미'는 핀란드의 다른 말로 '호수와 늪의 나라'라는 뜻이에요. 핀란드는 빙하 시대에 생긴 호수가 많아 자연 경관이 아름다운 나라예요. 제목에서부터 애국심을 느낄 수 있는 핀란드의 국민 음악이지요.

• 예술·스포츠 주간

오늘의 지식 하나
231

읽은날: 월   일

• 클래식 명곡 •

라흐마니노프 <피아노 협주곡 2번>

음악사에 길이 남을 명곡

라흐마니노프는 러시아의 귀족 집안에서 태어나 미국으로 망명한 작곡가이자 피아니스트예요. <피아노 협주곡 2번>은 그의 작품 중 가장 유명하고 사랑받는 곡이지요. 1901년 모스크바 필하모닉 오케스트라와 라흐마니노프의 피아노 연주로 초연되었어요. '한국인이 가장 사랑하는 클래식 곡' 1위로 뽑히기도 했으며, 해마다 교향악 축제에서 연주되는 인기 곡이지요.

작곡가로서의 명성을 얻게 해 준 걸작

이 곡은 세 악장으로 구성되어 있어요. 1악장은 차분한 피아노 독주로 시작해요. 영화 배경 음악으로 많이 사용되는 2악장은 서정적이고 아름다워요. 라흐마니노프의 천재성을 보여 주는 환상적인 악장이지요. 그리고 3악장은 빠르고 웅장한 협주곡이에요.

라흐마니노프는 어려운 시기를 이겨 내고 작품을 만들 수 있도록 치료와 격려를 해 준 니콜라이 달 박사에게 이 곡을 바쳤어요.

★ 라흐마니노프 <피아노 협주곡 2번> 들어보기
♫ 생페테르부르그 필하모닉 오케스트라
(지휘: 유리 테미르카노프, 피아노: 데니스 마추예프)

읽은날: 월 일

오늘의 지식 하나
232

세계·문화 주간

• 대표 음식 •
김치

김치가 왜 건강에 좋을까?

김치가 익으면서 발생하는 젖산균(유산균)은 몸에 해로운 균을 억제하고 병원균의 성장을 억제하기도 해요. 뿐만 아니라 비타민 C가 풍부하고 밥에 들어 있는 비타민 B의 흡수를 돕는 역할을 하지요.

김치를 담글 때 들어가는 젓갈은 단백질과 무기질을 보충하는 데도 한몫한답니다. 알칼리성 식품인 김치는 육류나 산성식품을 지나치게 많이 먹었을 때 혈액의 산성화로 발생하는 산 중독증을 예방해 주기도 해요.

김장은 왜 할까?

김장은 겨울을 나기 위해 한꺼번에 많이 담그는 김치를 말해요. 1년 정도 준비하지요. 봄에는 새우나 멸치 등 해산물을 소금에 절여 발효시키고, 여름에는 천일염을 구해 쓴맛이 빠지게 두어요. 늦여름에는 잘 익은 고추를 말려 가루로 빻아 두고 김장하기 알맞은 날을 잡아 담그지요. 김장김치를 봄까지 먹으려면 적절한 온도가 유지돼야 해요. 예전에는 땅에 항아리를 묻어 보관했지만 요즘은 김치 냉장고에 보관하지요.

☞ **발효** 미생물이 유기물을 변화시켜 독특한 물질을 만들어 내는 현상이에요. 발효 과정을 거치면서 본래와 다른 맛과 식감, 냄새를 지닌 식품으로 변하며 영양가와 저장성이 좋아지기도 해요.

세계·문화 주간

오늘의 지식 하나
233

읽은날: 월 일

• 대표 음식 •

스시

스시는 어떤 음식일까??

일본을 대표하는 스시는 1825년 에도의 새 식당에서 선보인 음식이에요. 먼 옛날, 일본 사람들은 '나레스시'라는 음식을 먹었어요. 나레스시는 원래 동남 아시아의 메콩강 근처에 살던 사람들이 먹던 삭힌 생선인데 일본으로 건너가 오늘날의 스시가 되었지요.

스시는 어떻게 만들까?

일본은 섬나라답게 생선이나 조개를 이용한 요리가 발달했어요. 그리고 눈으로 먹는다는 말처럼 예쁘고 깔끔한 음식이 많지요. 스시는 쌀밥에 식초와 소금, 설탕, 맛술 등을 넣어 양념한 후 손가락 두 마디 정도로 둥글게 뭉친 다음 얇게 저민 생선이나 조갯살을 얹은 거예요.

스시는 어떻게 먹을까?

스시는 보통 맛술과 겨자를 섞은 간장에 찍어 먹어요. 밥 위에 올린 생선 부분만 살짝 찍어서 먹지요. 그리고 흰살생선부터 붉은살 생선이나 어패류 그리고 단것 순서로 먹는다고 해요. 반드시 이렇게 먹어야 하는 것은 아니지만 스시를 제대로 맛보기에 가장 좋은 방법이라고 해요.

☞ **라면** 일본 사람들은 스시와 라멘을 즐겨 먹어요. 라멘은 지역마다 다르며 보통 생면이에요. 우리가 즐겨 먹는 인스턴트 라면은 1958년 일본의 안도 모모후쿠가 어묵을 기름에 튀기는 데서 아이디어를 얻어 개발했어요.

오늘의 지식 하나
234

세계·문화 주간

• 대표 음식 •
피자

💡 피자는 언제 처음 먹었을까?

이탈리아를 대표하는 음식 피자는 역사가 수천 년이나 돼요. 단순하게 구운 빵 위에 올리브 오일과 허브를 올려 먹던 것에 토핑이 더해져 오늘날과 같은 모습을 갖추게 되었지요. 요즘과 같이 도우에 토마토와 치즈를 얹은 피자가 탄생한 것은 19세기 말이에요.

이탈리아 사람들은 왜 피자를 좋아할까?

피자는 나폴리를 중심으로 발달했어요. 나폴리는 토마토 토핑을 처음으로 생각해 낸 곳이지요. 18세기 중반 나폴리에서 맛있는 토마토를 재배하면서 토마토가 피자 위에도 올라가고 그 밖의 요리에도 사용되었다고 해요. 당시 나폴리 지역을 다스리던 부르봉 왕조의 왕비는 입맛이 소박했어요. 왕은 서민 음식인 피자를 먹는 왕비가 별로 마음에 들지 않았대요. 그래서 왕비만을 위한 피자 레시피를 개발하려고 했지요. 궁궐에 피자 오븐을 들여놓고 레시피를 개발하자 왕과 왕비가 피자를 좋아한다는 소문이 퍼지면서 피자가 인기였다고 해요.

이탈리아 피자가 왜 미국에서 유명할까?

피자의 고향은 이탈리아지만 피자 하면 미국을 떠올리게 돼요. 그 이유는 이탈리아 남부 출신 이민자들이 미국으로 건너가면서 피자도 전해졌기 때문이에요. 같은 피자라도 이탈리아와 미국의 피자는 조금 달라요. 이탈리아 피자는 도우가 얇고, 미국 피자는 도우가 두꺼운 편이에요.

☞ **이탈리아 국기를 닮은 피자** 1889년 한 셰프가 마르게리타 왕비를 위해 피자 토핑에 특별히 모차렐라 치즈를 더했어요. 토마토, 바질, 모차렐라 치즈로 이탈리아 국기를 상징하는 이 피자가 마르게리타예요.

• 대표 음식 •

타코

타코는 어떤 음식일까?

타코는 옥수수 가루를 밀전병처럼 둥글게 구운 토르티야에 고기, 해산물, 채소, 치즈 등의 다양한 재료를 싸서 먹는 멕시코 전통 음식이에요.

멕시코 음식은 아메리카 원주민과 에스파냐의 음식 문화가 합쳐져 발달했어요. 또 뜨거운 날씨만큼 맛이 자극적인 것이 특징이지요. 멕시코 땅은 옥수수가 아주 잘 자라 멕시코인들에게 주식으로 이용돼 왔어요.

변신하는 타코

타코 요리는 싸 먹는 방법이 여러 가지예요. 토르티야에 음식을 넣고 튀기면 퀘사딜라이고, 콩이나 양파, 치즈 등을 얹어서 두껍게 한 것은 소페예요. 치즈를 부어 먹는 나초는 토르티야 조각을 튀긴 것이지요.

옥수수가 나지 않는 곳에서는 밀가루로 타코를 만들어 먹기도 해요. 밀가루 토르티야에 구운 쇠고기나 닭고기를 볶은 양파, 샐러드와 함께 싸 먹는 것을 '파히타'라고 해요. 파히타는 살사 소스와 사워 크림 등을 얹어 먹기도 해요.

☞ **멕시코 고추** 멕시코는 옥수수만큼 고추도 유명해요. 특히 칠리 고추는 우리나라 청양고추보다 20배나 더 맵다고 해요. 이 고추로 타바스코 소스, 핫 소스, 살사 소스 등을 만들지요.

• 대표 음식 •
퐁듀

퐁듀는 어떤 음식일까?

퐁듀(퐁뒤)는 빵이나 고기, 과일을 한 입 크기로 썰어서 긴 꼬챙이에 끼워 치즈를 녹인 소스에 찍어 먹는 스위스 요리예요. 18세기 알프스 산맥에서 비롯된 '퐁듀'는 '녹이다'라는 프랑스어에서 유래했어요.

알프스 산맥은 겨울이 길고 추워 다른 마을과 교류하기 힘들고 먹을 것도 풍부하지 않았어요. 그래서 여름에 만든 치즈와 빵을 먹으면서 긴 겨울을 보냈지요. 겨울이라 딱딱해진 치즈를 부드럽게 녹여 빵에 찍어 먹었어요. 산이라 조리 도구도 별로 없어서 불을 피워 놓고 여러 명이 꼬챙이에 끼워 먹다 보니 퐁듀는 여럿이 나누어 먹는 음식이 되었어요.

퐁듀는 어떻게 먹을까?

치즈 퐁듀는 각 지방마다 구하기 쉬운 치즈를 이용해서 만들어요. 여러 종류의 치즈에 전분과 와인을 넣어 녹여요. 긴 꼬챙이에 빵이나 과일 조각을 끼운 후 녹인 치즈를 감싸서 먹지요. 대부분 냄비를 가운데에 두고 여럿이 같이 먹어요.

☞ **퐁듀의 종류** 퐁듀는 처음 달걀과 치즈로 조리했대요. 치즈와 와인만으로 만든 퐁듀는 1875년에 나왔어요. 1960년대에 소개된 초콜릿에 과일, 빵과 함께 먹는 초콜릿 퐁듀도 스위스의 겨울과 잘 어울렸어요.

• 대표 음식 •

피시 앤 칩스

> 💡 **피시 앤 칩스는 어떤 음식일까?**
> 피시 앤 칩스는 '생선과 감자튀김'이에요. 대구 같은 흰살 생선에 튀김옷을 입혀 튀기고, 길게 썬 감자를 튀겨 곁들인 음식이지요. 조리가 간단하면서도 여전히 인기가 많아서 해마다 최고의 피시 앤 칩스 가게를 뽑는 경연 대회가 열린다고 해요.

피시 앤 칩스는 어떻게 생겼을까?

피시 앤 칩스는 영국으로 이주한 유대인들과 벨기에 이민자들에 의해 만들어졌다고도 하고, 잉글랜드 북부에서 만들어졌다고도 해요.

어업이 발달해 어획량이 늘어난 것도 피시 앤 칩스가 대중적인 음식이 되는 데 도움이 되었어요. 피시  앤 칩스는 영양도 많고 산업 혁명 때 노동자가 빨리 먹고 포만감을 느낄 수 있는 음식으로 인기가 많았어요. 제1차 세계 대전으로 힘든 영국인들을 달래 주는 음식으로도 인기였지요.

감자튀김의 고향은 어디일까?

감자튀김을 '프렌치 프라이'라고 하지요. 프렌치는 프랑스를 뜻하지만, 길게 썬 감자튀김은 벨기에에서 처음 만들었다고 해요. 프랑스를 거쳐 영국으로 온 감자튀김은 생선과 함께 영국의 대표 요리가 되었어요.

☞ **암호** 제2차 세계 대전 때 처칠은 피시 앤 칩스를 '좋은 친구'라고 불렀대요. 영국군 사이에서는 피시 앤 칩스를 암호처럼 활용했지요. '피시'라는 암호에 '칩스'라는 대답으로 아군을 확인했대요.

읽은날: 　월　　일

오늘의 지식 하나
238

세계·문화 주간

• 대표 음식 •

커리

💡 커리는 어떤 음식일까?
향신료를 혼합해서 만든 인도의 음식을 모두 커리라고 해요. 가장 대표적인 강황과 겨자씨, 커민, 계피, 고추, 후추 등과 같은 향신료가 주로 이용돼요. 정해진 레시피는 따로 없으며 어떤 향신료를 어떻게 배합하느냐에 따라 커리의 맛과 향, 매운 정도가 결정돼요.

커리는 언제부터 먹었을까?

커리는 인도의 고전 기록에도 등장해요. 유럽과 우리나라, 일본 등 아시아에도 커리가 전해졌지만 인도 향신료의 맛을 그대로 살리기보다는 각 나라의 입맛에 맞게 변했어요.

영국으로 전해진 커리는 밥에 곁들여 먹는 형태로 변했어요. 또 네덜란드에서는 코코넛 밀크가 들어가는 커리 요리를 개발했어요.

커리와 카레라이스

커리는 영국에서 일본으로 전해져 일본식 발음인 '카레'라고 했어요. 그리고 고기보다 당근과 양파, 감자 같은 채소가 많이 들어가고, 밥 위에 부어 먹는 카레라이스가 되었어요.

👉 **오른손과 왼손** 인도에서는 커리를 먹을 때 쌀밥을 섞어 손으로 떠 먹거나 난(Naan)이라는 인도 빵을 곁들여 먹어요. 스푼과 포크를 사용하기도 하지만 손으로 먹기도 해요.

• 정치 제도 •

대통령제

💡 대통령제는 어떤 제도일까?

현대 민주주의 정부는 대통령 중심제와 내각 책임제로 나뉘어요. 우리나라와 같은 대통령 중심제는 미국에서 만들어진 정부 형태예요. 입법부, 사법부, 행정부로 삼권이 분리되어 있고 행정부의 최고 책임자인 대통령이 나라를 대표하지요.

대통령제는 무엇이 좋을까?

대통령제는 정치적으로 비교적 안정된 정부 형태예요. 특별한 잘못을 하지 않는 이상 대통령의 임기를 보장하고 있거든요. 지도자가 자주 바뀌면 정치뿐만 아니라 사회와 경제가 흔들리기 쉬워요. 그런 점에서 대통령제는 안정적인 정부 형태라고 할 수 있어요.

대통령은 무슨 일을 할까?

대통령은 국가의 최고 지도자지만 권력을 마음대로 휘두르지는 못해요. 중요한 나랏일을 혼자 처리하지 않고 행정 부처의 장관들이 모이는 국무 회의를 통해서 결정하거든요. 그리고 국회의 동의 또는 승인까지 받아야 하지요. 대통령이 큰 잘못을 하면 국회는 대통령을 탄핵 소추할 수 있어요.

☞ **탄핵 소추** 대통령이나 국무총리 등이 헌법이나 법률을 어길 경우 국회가 그 자리에서 물러나게 할 수 있어요. 하지만 국회에서 탄핵 소추를 해도 헌법 재판소에서 부결하면 탄핵 소추는 무효가 돼요.

읽은날: 월 일

오늘의 지식 하나
240

사회·생활 주간

• 정치 제도 •

의원 내각제

💡 의원 내각제는 어떤 제도일까?

의원 내각제는 국회의 신임을 받은 정부 형태예요. 국회 의원 선거에서 가장 많은 의원을 당선시킨 당의 지도자가 수상(총리)이 되어 국가 최고 지도자가 되지요. 대통령 중심제는 삼권이 분리되어 있지만 내각 책임제는 입법부와 행정부가 분리되어 있지 않아요.

의원 내각제는 어떤 장점이 있을까?

의원 내각제는 국회와 정부가 서로 대결하고 있는 듯이 보이지만 뜻이 맞을 경우에는 정부 정책을 국회에서 신속하게 추진할 수 있는 장점이 있어요. 하지만 입법부와 행정부를 모두 한 정당이 차지하게 되어 정치를 제대로 못할 때는 견제할 수 없기도 해요. 또 당과 당의 경쟁이 심하면 정치가 혼란스러울 수도 있다는 것이 단점이에요.

영국의 왕실과 정치

영국은 왕실이 있지만 정치적인 일에 나서지는 않아요. 영국의 왕실은 상징적인 존재로 국제적인 행사에는 참여하지만 정치 간섭은 하지 않아요. 왕이 통치하던 때가 있었지만 1689년에 제정된 영국의 법률인 권리장전으로 왕권이 축소되고 의회 중심의 의원 내각제가 되었지요.

☞ **국회 의원** 국민들이 선거로 뽑으며 우리나라의 경우 임기는 4년이에요. 지역 대표와 비례 대표가 있는데 지역 대표는 지역 선거구에서 투표로 뽑고, 정당 득표율에 따라 추가로 비례 대표를 뽑아요.

• 정치 제도 •

군주제

💡 군주제가 무엇일까?

왕이 있는 정부 형태를 '군주제'라고 하며 입헌 군주제와 전제 군주제로 나뉘어요. 전제 군주제는 헌법보다 왕의 명령이 우선이에요. 또한 왕의 권위가 상징적으로만 남아 있고 헌법에 따라 나라를 운영하는 군주 제도를 입헌 군주제라고 해요.

요즘도 군주제가 남아 있을까?

왕, 임금이라고 하면 옛날 같지만 현재도 군주제를 택하는 나라가 있어요. 영국을 비롯해 네덜란드, 덴마크에는 아직도 왕이 있어요. 말레이시아와 태국, 사우디아라비아, 모로코 등에도 왕이 있지요. 형식적이고 상징적인 경우가 더 많고 실제 통치를 하지는 않아요.

입헌 군주제는 언제 처음 생겼을까?

영국의 제임스 2세는 나라를 자기 멋대로 다스렸어요. 결국 국민과 의회는 제임스 2세의 딸인 메리 공주와 남편 윌리엄을 왕으로 삼았지요. 그리고 의회는 메리에게 '권리장전'을 제출했어요. 권리장전은 왕의 존재를 인정하지만 의회의 승인 없이 왕 혼자 나랏일을 결정할 수 없다는 내용이에요. 영국은 이렇게 세계 최초의 입헌 군주 국가가 되었어요.

☞ **명예혁명** 메리 공주는 결혼해서 네덜란드에서 살고 있었어요. 그런데 영국 국민이 원해서 군대를 이끌고 남편 윌리엄과 영국으로 돌아왔어요. 소식을 들은 제임스 2세가 프랑스로 도망을 가서 정권이 바뀌었지요. 피를 흘리지 않고 정권이 바뀌었다고 해서 명예혁명이라고 해요.

읽은날: 월 일

오늘의 지식 하나
242

사회·생활 주간

• 정치 제도 •

삼권 분립

삼권 분립이 무엇일까?

국가의 권력은 크게 입법권, 사법권, 행정권 세 가지가 있어요. 아무리 민주주의 국가라고 해도 각각의 권력이 적절하게 균형을 잡지 않으면 독재가 될 수 있어요. 따라서 이 세 가지 권력을 분리하는 것을 삼권 분립이라고 해요. 국회에는 입법권, 법원에는 사법권, 정부에는 행정권을 주어 권력이 한쪽으로 쏠리지 않도록 하지요.

삼권은 각각 무슨 일을 할까?

입법권은 법을 만드는 권리예요. 법을 어겼을 경우 재판하는 권리는 사법권이고, 법에 따라 제도를 실시하는 권리는 행정권이에요. 그리고 이 삼권은 서로 감시를 하지요. 국회는 정부가 일을 제대로 하는지 감시하고 조사해요. 또 대통령이 나라의 중요한 결정을 내릴 때는 반드시 국회의 동의가 필요해요. 국회에서는 법을 만들 때 행정부의 동의를 얻어야 하고, 대통령이 검토하고 거부권을 행사할 수도 있어요. 그리고 그 법을 해석하고 재판하는 곳은 사법부예요.

☞ **삼권 분립** 삼권 분립론을 정리한 사람은 프랑스의 계몽 사상가 몽테스키외예요. 권력이 한 집단에 집중되면 마음대로 휘둘러 국민의 기본권이 침해될 수 있다고 생각한 몽테스키외는 국민의 자유와 권리를 보장하기 위해 권력 분립이 꼭 필요하다고 주장했어요.

사회·생활 주간

오늘의 지식 하나
243

읽은날: 월 일

• 정치 제도 •

선거 제도

> **선거는 왜 할까?**
>
> 고대 그리스에서는 시민들이 직접 정치에 참여했어요. 그런데 나라가 커지고 시민의 수도 많아지면서 시민이 직접 정치에 참여하는 것이 어려워졌어요. 그래서 국민들이 대표자를 뽑아 대신 주권을 행사하게 하지요. 이렇게 대표자를 뽑는 것을 '선거'라고 해요.

선거의 기본 원칙

민주주의 국가의 선거에는 4가지 기본 원칙이 있어요. 우리나라의 경우, 만 18세가 되면 모든 국민에게 선거권을 주는 보통 선거, 모두에게 한 표씩 똑같이 투표권을 주는 평등 선거, 본인이 직접 투표하는 직접 선거와 누구에게 투표했는지 다른 사람은 알지 못하는 비밀 선거예요.

예전에는 여성은 투표권이 없었고 돈이 많거나 교육을 받은 사람에게는 투표권이 2~3개 더 많기도 했어요. 하지만 이제는 누구나 동등하게 투표권을 가지고 있고, 부정 선거가 일어나지 않도록 본인이 직접 투표하며 자신의 뜻대로 투표할 수 있도록 비밀 선거를 원칙으로 하고 있어요.

선거를 할 수 없으면 어떻게 할까?

투표권은 있지만 투표소에 갈 수 없는 경우가 있어요. 군인이나 병원에 입원해 있는 사람 또는 선거일 당일에 투표를 할 수 없는 사람 등이에요. 그런 사람들을 위해 '사전 투표' 제도가 있어요. 선거 날 주소지의 투표소로 가지 않아도 투표에 참여할 수 있는 방법이지요. 신분증만 있으면 주소지와 상관없이 전국 사전 투표소에서 투표할 수 있어요.

☞ **선거 관리 위원회** 선거를 공정하게 관리하기 위해 두는 헌법상의 독립 기관이에요. 중앙 선거 관리 위원회와 각 시도 및 투표구의 선거 관리 위원회가 있어요.

읽은날: 월   일

오늘의 지식 하나
244

사회·생활 주간

• 정치 제도 •

정당

💡 정당이 무엇일까?

정당은 정치적으로 생각이 같은 사람들이 모인 단체예요. 대통령을 비롯해 국회 의원과 지방 자치 단체장, 지방 의회 의원 등의 후보를 내요. 국민의 의견을 모아 정부에 전달하며 정부를 감시하는 역할도 하지요. 정치인뿐 아니라 일반 국민도 정당에 가입할 수 있어요.

정당은 무슨 일을 할까?

정당은 국회 의원이나 지방 자치 단체장, 지방 의회 의원은 물론이고 대통령 후보도 선출해요. 국민이 대표로 뽑은 만큼 국민의 의견을 모아 정부에 전달하는 일을 해요. 그리고 정부 정책을 감시하고 대안을 제시하는 일을 하지요.

여당, 야당이 무엇일까?

우리나라는 정당이 여러 개예요. 그중에서 대통령을 내서 현재 정권을 잡고 있는 정당을 여당(정부당)이라고 해요. 그 외의 당은 모두 야당(재야당)이라고 하지요. 따라서 여당은 한 개이고 야당은 수가 많아요.

대통령은 여당의 의견을 많이 따를 수 있어서 나랏일에 영향을 끼칠 수 있어요. 하지만 여당이라도 국회 의원 수가 야당보다 적으면 큰 힘을 발휘할 수가 없어요.

☞ **교섭 단체** 국회가 어떤 일을 할 때 협의할 수 있는 단체를 말해요. 교섭 단체가 되면 정당의 뜻을 효과적으로 밝힐 수 있어요. 우리나라의 경우 현재 국회 의원 수가 20명 이상이 되어야 교섭 단체로 인정받아요.

• 정치 제도 •

시민 단체

💡 시민 단체는 무엇일까?
선거를 통해 국민을 대표하는 사람을 뽑지만 그렇다고 사회 문제를 모두 해결할 수 있는 것은 아니에요. 시민들이 모여 개인이 아닌 사회 전체의 이익을 위해 활동하는 단체를 시민 단체라고 해요.

시민 단체는 무슨 일을 할까?

시민 단체는 불우 이웃 돕기를 비롯해 환경 보호나 인권 보호 그리고 공정한 선거와 부패 방지 등 개인의 이익이 아닌 사회 전체를 위해 활동해요. 그리고 국민의 뜻을 정부에 전달하기도 하지요. 때로는 시민 단체의 활동이 정책 결정에 큰 영향을 미치기도 해요.

시민 단체에는 어떤 것이 있을까?

환경운동연합, 녹색연합, 한국소비자연맹 등이 시민 단체예요. 국제적인 시민 단체도 있어요. YMCA, YWCA를 비롯해 환경 시민 단체인 그린피스, 국경없는 의사회, 반크 등이에요.

시민 단체 활동을 지지하는 사람들이 회원이나 후원자가 되어 후원금과 자원 활동에 참여해 운영되고 있어요.

☞ **반크** 우리나라에 대해 잘못 알려진 것을 바로잡기 위해 노력하는 시민 단체예요. 우리나라 사람 누구나 참여할 수 있고, 대표적인 활동으로 독도가 우리 땅임을 알리고 지도에 실린 우리나라 지명을 바로잡고 있어요.

• 여러 에너지 •

빛에너지

에너지란?

에너지는 물체가 일을 할 수 있는 능력을 말해요. 힘이 없는 것은 몸에 에너지가 없기 때문이에요. 에너지가 없으면 아무것도 할 수 없고 아무런 변화도 없지요. 우리가 움직이고 기계가 돌아가는 것은 물론 자연이 변화하는 데도 에너지가 필요해요.

태양의 빛에너지

지구는 태양으로부터 빛에너지를 받고 있어요. 만약 태양이 없다면 지구는 캄캄하고 꽁꽁 얼어 버렸을 거예요. 식물이 자라는 것도 태양의 빛에너지 덕분이고 빛에너지를 모아 전기 에너지로 사용하기도 해요. 그 밖에도 태양의 빛에너지는 많은 일을 해요.

태양의 빛은 적외선과 가시광선, 자외선을 지구에 전달해요. 우리가 사물을 볼 수 있는 것은 가시광선 때문이에요. 햇볕을 쬘 때 따뜻하다고 느끼는 것은 적외선 때문이고요. 또 햇볕에 이불을 말리면 자외선이 화학 작용을 해서 살균을 하지요. 이와 같이 태양의 빛에너지는 다른 에너지로 바뀌기도 해요.

밤에 눈이 되어주는 빛에너지

예전에는 밤이 되면 깜깜했어요. 촛불 등으로 어둠을 밝히기는 했지만 낮처럼 환하지는 않았지요. 전구가 발명되어 일상생활에 사용하면서 어두운 밤에도 활동할 수 있게 되었지요. 전구는 전기 에너지가 빛에너지로 바뀌는 기구예요.

☞ **가시광선** 햇빛은 색깔이 없는 것 같지만 프리즘을 통과하면 무지개 색으로 나뉘는 것을 볼 수 있어요. 햇빛 중 이렇게 무지개로 보이는 부분이 가시광선이에요. 햇빛이 무지개 색으로 나뉜다는 것은 뉴턴이 발견했어요.

과학·자연 주간

• 여러 에너지

열에너지

열에너지는 어디에서 올까?

영국의 과학자 럼퍼드는 대포에 구멍을 뚫는 것을 보다가 엄청난 열이 나는 것을 알았어요. 열은 다른 데서 오는 것이 아니라 움직임과 관련 있는 에너지라는 것을 깨달았지요. 이후 과학자들은 물질 속 알갱이들이 바쁘게 움직여 열을 만들어 낸다는 것을 알았어요.

얼음에도 열에너지가 있다고?

열에너지 하면 따뜻한 것만 생각하기 쉬운데 얼음에도 열에너지가 있어요. 얼음뿐만 아니라 모든 물체는 열에너지를 가지고 있지요. 다만, 자신의 온도에 해당하는 만큼 가지고 있기 때문에 따뜻하게 느껴지지 않는 거예요. 얼음은 온도가 낮은 만큼의 열에너지를 가지고 있어요. 우리 몸이 그보다 높은 열에너지를 가지고 있어서 얼음이 차갑게 느껴지는 것이지요.

열에너지로 무엇을 할 수 있을까?

열에너지는 단순히 따뜻하게 해 주는 것만은 아니에요. 물을 가열하면 물을 이루고 있는 알갱이들이 움직이면서 엄청난 힘을 만들어요. 증기 기관차를 달리게 하는 것이 바로 열에너지예요. 제임스 와트가 개량한 증기 기관으로 면직물을 많이 생산하게 되면서 산업혁명이 시작되었어요. 이렇게 열에너지로 다른 무언가를 움직이고 변화시키는 에너지도 얻을 수 있어요.

☞ **증기 기관차** 증기의 힘으로 움직이는 기관차. 영국의 발명가 스티븐슨이 처음으로 제작했으며 리버풀과 맨체스터 사이에 선로를 놓아 운행했어요. 우리나라에 증기 기관차가 들어온 것은 경인선이 개통된 1899년이에요.

읽은날: 월 일

오늘의 지식 하나
248

과학·자연 주간

• 여러 에너지 •

운동 에너지

> 💡 **운동하면 에너지가 생길까?**
>
> 운동 에너지는 움직이는 물체가 가지고 있는 에너지로 물체의 질량과 비례해요. 속력이 같을 때 질량이 2배가 되면 운동 에너지도 2배가 되고 속도에는 제곱만큼 커져요. 시속 50km로 달리는 차와 100km로 달리는 차는 운동 에너지가 2의 제곱인 4배가 돼요.

롤러코스트에는 엔진이 없다?

높은 곳에서 갑자기 떨어지며 엄청난 속도로 달리는 롤러코스트에는 엔진이 없어요. 그런데도 빠르게 달릴 수 있는 것은 운동 에너지 때문이지요. 롤러코스트는 높은 곳에서 출발할 때 위치 에너지가 운동 에너지로 변하기 때문에 엔진이 없어도 빠른 속도로 움직일 수 있는 거예요.

운동 에너지를 만드는 힘

운동 에너지는 다른 에너지에서 오기도 해요. 롤러코스트가 운동 에너지로 움직이지만 높은 곳에 있을 때 물체가 지닌 위치 에너지가 바뀐 것처럼 말이에요. 선풍기도 전기 에너지가 운동 에너지로 바뀐 거예요. 지진은 지구 안에 있는 뜨거운 열에너지가 운동 에너지로 바뀐 것이지요. 이렇게 에너지는 다른 형태로 바뀔 수 있어요.

• 여러 에너지 •

화석 에너지

> 💡 **화석 에너지의 문제점?**
> 화석 에너지는 매장량이 정해져 있어 언젠가는 없어지는 천연 자원이에요. 또한 얻는 과정에서 환경을 파괴할 수도 있고, 사용할 때 지구 온난화에 영향을 주는 해로운 물질이 나오기도 해요. 그래서 화석 에너지를 대신할 수 있는 것을 개발하려 노력하고 있어요.

화석 에너지가 무엇일까?

화석 에너지는 석탄, 석유, 천연가스 등을 이용하는 에너지예요. 석탄은 아주 먼 옛날 식물이 땅에 묻혀 만들어졌어요. 땅속 깊은 곳에서 열과 압력에 의해 탄소 성분인 석탄이 되는 것이지요. 석유는 동식물이 바다에 가라앉은 후 오랜 시간에 걸쳐 플랑크톤이 분해되고, 깊은 바닷속에서 열과 압력에 의해 분해돼 만들어진 거예요. 그리고 천연가스는 유전 지역이나 탄광 지역 등에서 천연으로 나오는 가연성 가스를 말해요.

화석 에너지의 힘

석탄을 에너지로 사용하면서 산업 혁명이 일어났어요. 그 뒤 석유와 천연가스가 에너지로 사용되면서 산업이 아주 빠르게 발전했지요. 석유와 천연가스는 석탄에 비해 사용도 편리하고 뒤처리가 쉬운 장점도 있어요. 지금도 화석 에너지에서 세계 에너지의 85% 이상을 얻고 있어요.

☞ **플랑크톤** 플랑크톤은 물속에 살아요. 플랑크톤이 늘어나면 적조 현상이나 녹조 현상이 일어나는데 이때 플랑크톤이 물속의 산소를 고갈시켜 생태계를 파괴시킬 수 있어요.

오늘의 지식 하나
250

• 여러 에너지 •

전기 에너지

💡 만약에 전기가 없다면?

전기가 없으면 핸드폰도 쓰지 못하고 전등을 켤 수도 없고 물을 끌어올리는 모터도 멈춰 수돗물도 안 나올 거예요. 모든 기계가 멈추면서 우리 생활이 엉망이 되겠지요. 우리 생활에 필요한 대부분의 에너지를 차지하는 전기 없는 세상은 상상할 수 없을 정도가 됐지요.

전기는 누가 발견했을까?

그리스의 철학자 탈레스는 호박(광물)을 헝겊으로 문지르다 먼지가 끌려오는 현상을 발견했어요. 탈레스가 발견한 것은 그 자리에 머물러 있는 정전기예요. 1746년, 네덜란드 레이던 대학의 뮈스헨브룩은 이 전기를 유리병에 모았어요. 그 축전기 병을 레이덴병이라고 부르며 사람들을 놀라게 하려고 들고 다녔대요. 레이덴병은 1745년 독일의 클라이스트가 먼저 발명했다고도 해요.

전기는 어떻게 만들어질까?

전기는 발전소에서 만들어져 적절한 전압으로 가정이나 공장으로 오는 거예요. 전지를 통해서도 전기 에너지를 얻을 수 있어요. 전지는 전극 사이에 전기 에너지를 발생시키는 장치로, 장난감이나 벽시계 등에 들어가는 건전지가 대표적이지요.

전기 에너지는 다른 에너지로 바꿀 수도 있어요. 전등은 전기 에너지를 빛에너지로 바꾼 것이고 전기 난로는 전기 에너지를 열에너지로 바꾼 것이지요. 전기 에너지 덕분에 많은 전기 제품이 발명되었어요.

☞ **전압** 전압의 단위는 볼트(V)예요. 전기가 흐르려면 전기 입자(전하)가 높은 곳에서 낮은 곳으로 이동해야 해요. 이때 전기가 흐르기 위한 높이 차이를 전압이라고 해요. 전압이 클수록 많은 전기 에너지를 가지고 있어요.

과학·자연 주간

오늘의 지식 하나
251

읽은날: 월 일

• 여러 에너지

원자력 에너지

💡 **원자력은 나쁜 것일까?**

원자력 에너지는 전기 에너지뿐 아니라 농산물의 품종을 개량하거나 질병을 진단하는 데도 사용해요. 유해 물질을 분석하고 여러 가지 첨단 기술을 개발하는 데도 쓰이지요. 하지만 방사능, 핵폐기물 처리에 대한 문제는 신중하게 생각해야 해요.

원자력 에너지는 어디서 얻을까?

빛에너지나 전기 에너지, 화석 에너지 등 에너지는 대부분 자연이나 자연 현상에서 얻어요.

그런데 사람이 만든 에너지도 있어요. 바로 원자력 에너지예요. 핵에너지라고도 하지요. 원자핵이 분열할 때 발생하는 원자력 에너지는 화석 에너지와 달리 적은 우라늄으로도 엄청난 전기를 만들 수 있어요. 가격도 싸고 오염 물질이 적게 배출되는 장점이 있지요.

당피에르 원자력 발전소(프랑스)

원자력 에너지가 최고의 에너지일까?

원자력 에너지를 만들려면 위험도 따라요. 바로 방사능이에요. 방사능을 많이 쬐면 우리 몸의 백혈구가 줄어들어 암을 일으킬 수도 있기 때문에 아주 조심해야 하지요.

원자력 에너지를 만들고 난 핵폐기물에서도 방사능이 나와요. 핵폐기물이 모두 사라지는데도 25만 년 정도가 걸린다고 하니 큰 에너지를 주는 만큼 위험한 에너지이기도 해요.

☞ **우라늄** 우라늄은 자연에 존재하는 가장 무거운 방사성 원소예요. 핵원료로 사용하며, 우라늄 1kg으로 석탄 300만 kg에 해당하는 에너지를 생산할 수 있어요.

읽은날: 월 일

오늘의 지식 하나
252

과학·자연 주간

• 여러 에너지 •
신재생 에너지

> 💡 **왜 새로운 에너지를 개발해야 할까?**
>
> 화석 에너지는 우리 생활에 필요한 에너지를 많이 만들어요. 전기 에너지는 대부분 화석 에너지로 만들지요. 그런데 화석 에너지는 언젠가는 없어지는 것이므로 고갈될 걱정도 없고 환경 문제도 일으키지 않는 새로운 에너지를 개발하려 연구하고 있어요.

신재생 에너지가 뭘까?

신재생 에너지는 '신에너지'와 '재생 에너지'를 함께 부르는 말이에요. 환경 문제나 고갈될 걱정이 없는 에너지지요. 그중 재생 에너지는 이미 사용하고 있는 에너지 중 친환경적으로 재생이 가능한 것을 말해요. 대부분 폐기물을 분해하거나 태워 발생하는 열을 이용해 얻어요. 폐기물을 에너지로 사용하면 쓰레기 문제도 해결할 수 있고 고갈 염려도 없지만 태울 때 발생하는 이산화탄소 문제를 해결해야 해요.

신재생 에너지로 개발된 에너지

자연에서도 얻을 수 있는 대표적 에너지는 햇볕을 이용한 태양열 에너지와 바람의 힘을 이용한 풍력 에너지예요. 또한 바닷물의 흐름으로도 에너지를 얻을 수 있고 지하수나 지하의 열을 이용해 전기를 생산하기도 해요. 동식물에서 얻는 바이오 에너지도 대표적인 신재생 에너지예요.

수소와 산소를 화학 반응시켜 수소 에너지를 얻을 수도 있어요. 수소 에너지는 무공해 연료이며 수소가 연소되는 과정에 물이 생성돼 수소 자동차는 배기가스로 환경이 오염될 염려도 없어요.

☞ **수소 자동차** 가솔린(휘발유) 대신 수소와 공기에 있는 산소로 얻은 전기를 이용해 움직이는 친환경 자동차예요. 엔진이 없기 때문에 배기가스나 오염 물질을 배출하지 않아요.

• 생각쟁이 철학자 •

소크라테스 (기원전 469?~기원전 399)

"너 자신을 알라!"

고대 그리스 델포이의 아폴론 신전 현관 기둥에 새겨진 말이에요. 소크라테스가 자주 사용한 이유는 아무것도 모르는 자신을 알고 진리를 얻기 위해 노력하라는 뜻이었어요.

그리스가 페르시아 전쟁에서 승리한 후 아테네는 번영을 누렸어요. '지혜로운 자'라는 뜻의 소피스트들이 등장해 사람들에게 지식과 웅변술을 가르쳐 주었지요. 소크라테스는 젊은이들에게 계속 질문을 하면서 스스로 모르는 것을 깨닫게 했어요. 이것을 '소크라테스의 문답법'이라고 해요.

자크 루이 다비드의 <소크라테스의 죽음>

"악법도 법이다!"

소크라테스를 따르는 사람도 많았지만 반대로 미워하는 사람들도 있었어요. 소크라테스가 말재주로 신을 모독하고 젊은이들을 타락시킨다고 생각했거든요. 결국 모함에 빠져 법정에 선 소크라테스는 사형을 선고받았어요. 제자들이 소크라테스를 구하려 도망가라고 설득했지만 소크라테스는 '악법도 법'이라며 독배(毒杯)를 받고 죽었어요.

지금까지 전해오는 소크라테스의 이야기는 제자인 플라톤이 쓴 <소크라테스의 변명>, <플라톤의 대화> 등에 담겨 있어요.

☞ **소피스트(sophist)** 기원전 5세기~4세기까지 그리스에서 웅변과 변론을 가르치던 사람들. 진리와 정의에 대한 기준이 일정하지 않고, 자신의 의견을 설득하기 위한 주장만 해서 궤변론자라고도 해요.

오늘의 지식 하나
254

• 생각쟁이 철학자 •
플라톤 (기원전 428?~기원전 347?)

최초의 대학을 세우다

정치 명문 집안에서 태어난 플라톤은 머리도 좋고 운동도 잘했어요. 또한 정치에 관심이 많았지요. 하지만 스승 소크라테스의 죽음을 보고 정치에 미련을 버렸어요. 그 대신 아테네를 떠나 여러 곳을 떠돌아다니며 다양한 사람들의 사상을 접했어요.

아테네로 돌아온 플라톤은 아카데미아를 세워 학비를 받지 않고 학생들을 가르쳤어요. 논리적 사고를 강조한 플라톤은 아카데미아 현관에 '기하학을 모르는 자는 이곳에 들어올 수 없다'라는 문구를 써 놓았대요.

이데아의 세계

플라톤은 이데아(Idea)라는 것이 영원히 변하지 않는 것이라고 생각했어요. 이데아는 이성으로만 볼 수 있어요. 따라서 이성을 중요하게 생각했고, 이성에 따라 행동해야 한다고 가르쳤어요. 현실은 진짜 세계가 아니고 이데아 세계가 진짜 세계라고 여겼지요. 이데아 세계를 볼 수 있는 것은 지식을 통해서만 가능하다고 생각했어요.

플라톤은 이데아를 설명할 때 자주 동굴에 비유했어요. 동굴에 비친 그림자만 본 사람은 그림자를 진짜로 존재하는 것이라고 생각해요. 실제는 그 뒤에 있는데 말이지요. 플라톤은 고개를 돌려 진짜 세상을 보라고 주장했어요. 그 진짜 세상이 바로 이데아이고, 동굴 속 사람들이 보는 세계는 현실을 뜻해요.

☞ **철인 정치** 플라톤은 이상적인 국가의 통치자는 이성을 갈고닦은 지혜를 가진 철학자가 맡아야 한다고 했어요. 가장 이성적인 정치는 진리와 선을 아는 철학자가 나라를 통치하는 '철인 정치'라고 주장했어요.

역사 주간

오늘의 지식 하나
255

읽은날: 　월　　일

• 생각쟁이 철학자 •

아리스토텔레스 (기원전 384~기원전 322)

플라톤의 제자가 되다

아리스토텔레스는 그리스의 작은 도시에서 태어났어요. 의사인 아버지 덕분에 많은 교육을 받았지요. 공부가 더 하고 싶어 플라톤의 아카데미아에 들어간 아리스토텔레스는 20여 년 동안 공부했어요. 하지만 보이지 않는 이데아 세계를 중요하게 생각한 플라톤과 달리 아리스토텔레스는 현실 세계를 중요하게 생각했어요. 그리고 삼단 논법의 형식을 확립해 논리학의 기초를 이루었어요.

산책하며 생각하는 소요학파

아리스토텔레스는 플라톤이 세상을 떠나자 아테네를 떠나 많은 제자를 가르쳤어요. 그중에는 마케도니아의 알렉산드로스도 있었어요. 알렉산드로스 대왕이 그리스를 통일하고 페르시아를 정복하러 떠나자 아리스토텔레스는 아테네로 돌아와 '리케이온'이라는 학교를 세웠지요. 아리스토텔레스는 강의할 때 제자들과 걸으면서 이야기하기를 좋아했어요. 그래서 산책하면서 공부하는 사람들이라는 뜻으로 '소요학파'라고 해요.

아리스토텔레스는 눈으로 확인할 수 있는 세상을 중요하게 생각해 자연 관찰에 많은 관심을 기울였어요. 아리스토텔레스가 주장한 천동설은 약 3,000년 동안 서양 세계관의 중심이었어요. '소크라테스는 인류에게 철학을 주었고, 아리스토텔레스는 과학을 주었다'고 말하기도 해요.

☞ **삼단 논법** 삼단 논법은 근거를 내세워 하는 주장이에요. 예를 들어 '사람은 모두 죽는다, 소크라테스는 사람이다, 그러므로 소크라테스는 죽는다'에서 앞의 두 가지 전제를 내세워 마지막 결론에 이르는 방법이에요.

읽은날: 월 일

오늘의 지식 하나
256

역사 주간

• 생각쟁이 철학자 •

데카르트 (1596~1650)

> 💡 **데카르트는 누구일까?**
>
> 데카르트는 1596년 프랑스의 평범한 가정에서 태어났어요. 어릴 때는 몸이 너무 약해서 뛰어놀지 못하고 혼자 책을 읽거나 생각에 잠기고는 했다고 해요. 대학에서 철학을 전공한 데카르트는 모든 것을 의심하고 스스로에게 질문을 던지며 생각을 키워 나갔어요.

근세 철학의 기본을 이룬 데카르트

당시 유럽은 스콜라 학파의 철학이 유행이었어요. 하지만 데카르트는 스콜라 학파와는 생각이 조금 달랐어요. 스콜라 학파는 사람을 감시하고 통제해야 한다고 했지만, 데카르트는 합리적으로 생각하고 결론을 내려야 한다고 여겼지요. 무조건 믿고 따르는 것이 아니라 자신의 생각에 따라 정당한 일을 판단해야 한다고 주장했어요. 이러한 데카르트의 철학은 근세 철학의 기본이 되었어요.

데카르트

나는 생각한다, 그러므로 나는 존재한다

데카르트는 경험은 개인이 느끼는 주관적인 지식이라고 생각했어요. 똑같은 경험을 해도 각자 느끼는 것이 다르므로 무엇이든 의심하고 생각해서 확실한 지식을 찾을 수 있다고 여겼지요. 이 세상에서 의심할 수 없는 단 하나는 내가 의심하고 있다는 사실이었어요. 이로부터 '나는 생각한다, 그러므로 나는 존재한다'는 주장을 펼쳤지요.

☞ **데카르트와 좌표** 어느 날 침대에 누워 있던 데카르트는 천장에 있는 파리의 위치를 어떻게 나타낼 수 있을지 고민하다 좌표를 생각해 냈어요. 천장에 세로, 가로 축을 그려 파리의 위치를 값으로 표시한 거예요.

역사 주간

오늘의 지식 하나
257

읽은날: 월 일

• 생각쟁이 철학자 •

니체 (1844~1900)

💡 니체는 누구일까?

니체는 기독교 집안에서 태어났어요. 어릴 때부터 똑똑하고 피아노 실력도 뛰어났어요. 주변에서는 할아버지와 아버지를 따라 목사가 될 거라고 여겼지만 니체는 철학에 빠져들었어요. 무엇보다 의지를 중요하게 생각해 의지에 의해 문명이 발전했다고 주장했어요.

'신은 죽었다'

실존주의 철학을 이끈 니체는 <짜라투스트라는 이렇게 말했다>에서 '모든 신은 죽었다'고 했어요. 신은 인간이 창조한 허상이라고 생각했지요. 그러므로 허상인 신의 섭리에 순응하는 것이 아니라 인간 스스로 새로운 세계를 만들어야 한다고 주장했어요. 스스로 정신을 단련해 인간의 한계를 뛰어넘으면 초인이 된다고 여겼지요. '신은 죽었다'는 말은 인간이 초인이 되어 새로운 세계를 창조하자는 뜻이에요.

뭉크가 그린 니체의 초상화

<짜라투스트라는 이렇게 말했다>

짜라투스트라는 고대 페르시아 조로아스터교의 예언자인 조로아스터의 독일어 발음이에요. 니체는 짜라투스트라를 모델로 자신의 사상을 이야기했어요. <짜라투스트라는 이렇게 말했다>의 내용은 10년 동안 은둔해 있던 짜라투스트라가 거리로 나와 대중에게 설교하는 이야기예요.

☞ **조로아스터교** 선신(善神)의 상징인 해·불·별 따위를 숭배한 고대 페르시아의 종교예요. 기독교와 유대교, 이슬람교에 영향을 주었고 중국에서는 배화교라고 불렀어요.

읽은날: 월 일

오늘의 지식 하나
258

역사 주간

• 생각쟁이 철학자 •

칸트 (1724~1804)

시계처럼 정확한 철학자

늘 같은 시각에 산책 나온 칸트를 보고 마을 사람들이 시간을 알 정도로 칸트는 철저하게 규칙적이었다고 해요.

칸트는 모두에게 똑같이 주어진 24시간을 어떻게 사용하느냐에 따라 성공할 수 있는지 없는지가 정해진다고 믿었어요. 그래서 아침 5시에 일어나 7시부터 9시까지는 강의를 하고, 11시까지는 연구를 한 뒤 점심을 먹었어요. 산책과 잠자는 시간까지 다 정해 놓고 그대로 따랐다고 해요.

비판 철학의 탄생

칸트는 합리주의를 따르던 철학자예요. 그런데 합리주의자에게 절대적이던 '이성'이 절대적이지 않다는 것을 깨달았어요. 이성은 개인적인 것이고 사람마다 다를 수 있으니까요. 또한 경험주의자들이 중요하게 여긴 '경험'은 직접 하지 않아도 지식을 얻을 수 있다고 생각했어요.

칸트는 인간이 가진 이성으로 분석하고 평가해야 한다고 주장했어요. 칸트의 철학을 '비판 철학'이라고 해요. 칸트는 끝없이 질문하며 <순수이성 비판>, <실천이성 비판>, <판단력 비판> 등을 남겼어요.

아, 이제 산책할 시간이군!

☞ **합리주의** 합리주의자들은 이 세상은 이성과 논리가 지배한다고 생각해요. 우연이나 비합리적인 것을 거부하고 이성이 모든 지식의 근본이라고 주장하지요. 대표적인 합리주의 철학자로는 데카르트, 스피노자가 있어요.

역사 주간

오늘의 지식 하나 259

읽은날: 월 일

• 생각쟁이 철학자 •

파스칼(1623~1662)

파스칼이 누구일까?

파스칼은 열두 살에 삼각형의 내각의 합이 180도라는 것을 발견했다고 해요. 유클리드의 23가지 공리를 스스로 터득한 천재이기도 하지요. 또한 디지털 계산기를 발명하고, 물리학에도 관심이 많아 산과 평지에 기압의 차이가 있다는 것도 확인했지요. 그 외에 사이클로드 법칙, 파스칼의 원리 등은 우리 일상생활에도 많이 활용되고 있어요. 수학과 과학에 뛰어났던 파스칼은 어느 날 마차 사고를 당해 간신히 살아났어요. 신앙심이 깊었던 파스칼은 신의 뜻이라 여기고 종교와 명상에 빠졌어요.

'인간은 생각하는 갈대'

파스칼 하면 '인간은 생각하는 갈대'라는 말이 먼저 떠올라요. '클레오파트라의 코가 조금만 낮았더라면 지구의 모든 표면은 변했을 것이다'라는 말과 함께 <팡세>에 실린 말이지요. 파스칼이 인간을 갈대에 비유한 것은 인간을 자연에서 가장 약한 존재로 여겼기 때문이에요. 인간은 비록 한 줄기 갈대처럼 가냘프지만 어떤 생각을 하느냐에 따라 위대할 수 있다고 생각했어요. 따라서 '생각하는 갈대'라는 말에는 인간은 보잘것없음과 위대함을 함께 지니고 있다는 뜻이 담겨 있어요.

과학자이자 철학자였던 팡세는 병으로 서른아홉 살에 세상을 떠났어요. 그가 쓰던 원고를 정리해 지인들이 낸 책이 바로 <팡세>예요.

☞ **클레오파트라** 만약 클레오파트라가 아름답지 않았다면 로마의 장군 안토니우스가 사랑에 빠지지도 않았을 테고, 그랬더라면 로마와 이집트가 전쟁을 하지도 않았을 거예요. 세계 역사가 바뀌었을지도 몰라요.

오늘의 지식 하나
260

문학 주간

읽은 날: 월 일

• 노벨 문학상 수상 작가 •

셀마 라게를뢰프 (1909년 수상)

셀마 라게를뢰프는 어떤 사람일까?

셀마 라게를뢰프(1858~1940)는 스웨덴의 한 유복한 집안에서 태어났어요. 다리가 조금 불편했지만 사범학교를 졸업하고 아이들을 가르치는 일을 했지요. 어려서부터 책읽기를 좋아하고 공상을 즐겼던 셀마는 1891년 첫 소설 <예스타 베릴링의 이야기>를 발표했어요. 그 뒤 글쓰기에 전념해 <예루살렘>으로 스웨덴 최고의 소설가가 되었지요. 1909년 <닐스의 모험>으로 노벨 문학상을 수상했는데 여성 그리고 스웨덴 작가로서 최초의 노벨상 수상자예요.

<닐스의 모험>

<닐스의 모험(닐스의 신기한 여행)>은 스웨덴 어린이들에게 스웨덴의 자연과 풍속 등을 알려 주기 위해 쓴 이야기예요.

동물들에게 못된 짓만 하던 주인공 닐스는 어느 날, 요정의 마법으로 난쟁이가 되고 말아요. 그리고 동물들의 말을 알아듣게 되지요. 작아진 닐스를 보고 그동안 괴롭힘을 당했던 동물들이 닐스에게 복수를 해요. 그러던 중 거위 몰텐과 스웨덴 곳곳을 돌며 그동안 알지 못했던 동물들의 아픔을 알게 되지요. 다시 사람으로 돌아온 닐스는 동물을 사랑하는 부지런한 소년으로 성장해요.

☞ **<예스타 베릴링의 이야기>** 설화에서 영감을 얻어 쓴 소설로 라게를뢰프의 고향이 무대예요. 산업화로 광산과 자연이 사라져 가는 것이 안타까워 쓴 작품이라고 해요. 이 소설로 스웨덴에 다시 낭만주의 붐이 일었어요.

문학 주간

오늘의 지식 하나
261

• 노벨 문학상 수상 작가 •

펄 벅 (1938년 수상)

💡 푸른 눈의 중국인

펄 벅(1892~1973)은 미국에서 태어나 선교사인 부모를 따라 중국으로 갔어요. 어린 시절을 중국에서 지낸 펄 벅은 1930년 동서양 문화의 갈등을 다룬 인기작 <동풍서풍>을 발표했어요. 그리고 이듬해에 발표한 <대지>로 최고의 작가가 되지요.

<대지>는 어떤 이야기일까?

<대지>는 가난한 농부에서 대지주가 되는 왕룽을 중심으로 그 아들들의 이야기를 담은 작품이에요. 왕룽은 부자가 되자 사치와 허영에 빠졌어요. 하지만 천재지변과 사회의 혼란 속에서도 가족을 지키고 결국 땅으로 돌아가지요.

펄 벅은 이 작품으로 퓰리처상을 받고 1938년에는 노벨 문학상을 받았어요. 미국 여성 작가로는 최초의 노벨 문학상이에요.

펄 벅

펄 벅과 한국

펄 벅은 유한양행 창업주인 유일한을 통해 한국에 호감을 가지게 되었어요. 그리고 직접 한국을 방문하기도 했고, 스스로 '박진주'라는 한국 이름을 짓기도 했지요. 또한 한국 전쟁 이후의 어지러운 한국의 모습을 그린 <갈대는 바람에 시달려도>, <새해>와 같은 작품을 발표했어요. 그리고 펄 벅 재단을 세워 전쟁고아들을 돌보았어요.

☞ **펄 벅 재단** 펄 벅이 전쟁고아와 혼혈 아동을 돕기 위해 설립한 재단이에요. 우리나라를 비롯해 필리핀, 베트남, 대만, 태국, 중국, 캄보디아, 루마니아, 인도, 미국, 러시아 등에서 아동 인권과 복지를 위해 활동하고 있어요.

읽은날: 월 일

오늘의 지식 하나
262

문학 주간

• 노벨 문학상 수상 작가 •

헤세 (1946년 수상)

> 💡 **헤세는 어떤 사람일까?**
>
> 헤르만 헤세(1877~1962)는 독일에서 태어나 외할아버지의 서재에서 책을 읽으며 작가의 꿈을 키웠어요. 신학교에 들어갔지만 엄격한 생활에 적응하지 못해 그만두고 서점에서 일하며 책을 읽고 글을 쓰기 시작해 작가로 이름을 알렸지요.

노벨 문학상 수상

독일이 러시아와 전쟁을 선포하자 평화주의자였던 헤세는 평화를 호소하는 글을 신문에 발표했어요. 하지만 독일인들에게는 반역자라는 비판을 받았지요. 글도 발표하지 못하고 가족들도 투병 생활을 하는 등 힘든 시간을 보낸 헤세는 그 경험을 바탕으로 <데미안>을 발표했어요. 제2차 세계 대전 후에는 인간의 유토피아를 그린 장편 소설 <유리알 유희>로 많은 지지를 얻었지요. 좋은 작품으로 사람들을 위로한 헤르만 헤세는 1946년 노벨 문학상을 받았어요.

헤르만 헤세

<데미안>은 어떤 책일까?

<데미안>은 주인공 소년이 자아를 찾아가는 과정을 그린 작품이에요. 제1차 세계 대전 이후 우울함에 빠진 독일은 물론 유럽에 걸쳐 베스트셀러가 되었지요. 당시 독일에서 글을 발표할 수 없었던 헤세는 '에밀 싱클레어'라는 필명으로 <데미안>을 발표했어요. 그런데 이 작품으로 신인 작가에게 주는 폰타네상을 받자 이름을 밝히고 상을 돌려주었어요.

☞ **폰타네상** 독일의 권위 있는 문학상이에요. 베를린시에서 주는 신인 문학상으로, 헤르만 헤세가 필명으로 이 상을 받았으며 <양철북>의 작가 귄터 그라스도 이 상을 받았어요.

문학 주간

오늘의 지식 하나
263

읽은날: 　월　　일

• 노벨 문학상 수상 작가 •

헤밍웨이 (1954년 수상)

💡 헤밍웨이는 어떤 사람일까?

고등학교 졸업 후 기자가 된 어니스트 헤밍웨이(1899~1961)는 제1차 세계 대전 때 적십자 야전병원의 운전병이 되어 이탈리아 전선에 종군했어요. 전쟁 후에는 특파원으로 유럽을 돌며 많은 것을 보고 배웠지요. 장편 소설 <해는 또다시 떠오른다>로 이름을 알렸어요.

헤밍웨이는 어떤 작품을 썼을까?

헤밍웨이는 1929년에 전쟁의 허무함을 이야기한 <무기여 잘 있거라>를 완성했어요. 1940년에는 에스파냐 내란을 배경으로 한 소설 <누구를 위하여 종은 울리나>를 발표해 많은 사랑을 받았지요. 그리고 1953년 <노인과 바다>로 퓰리처상을 받았으며 1954년에 노벨 문학상을 받았어요.

헤밍웨이 가족(오른쪽에 서 있는 소년이 헤밍웨이)

<노인과 바다>는 어떤 작품일까?

석 달 가까이 물고기를 잡지 못하고 바다를 헤맨 늙은 어부 '산티아고'에게 85일째 되는 날 청새치 한 마리가 걸려들어요. 사흘 동안의 실랑이 끝에 돛단배보다 큰 청새치를 잡은 노인은 비싼 가격에 팔 생각에 들떠요. 하지만 피 냄새를 맡은 상어들이 몰려와 위험해지지요. 간신히 상어들을 물리치고 돌아왔을 때는 청새치의 머리와 뼈만 남고 말아요.

☞ <누구를 위하여 종은 울리나> 미국인 로버트 조단은 다리를 폭파하라는 임무를 받고 에스파냐 내전에 참가해요. 작전이 바뀌어 다리 폭파가 의미 없다는 것을 알지만 명령에 따라 폭파해요. 작전은 성공하지만 조단은 적탄에 쓰러지지요. 조단이 임무를 완수하는 3일 동안의 이야기지만 등장인물들을 생동감 있게 그린 명작이에요.

읽은날: 월 일

오늘의 지식 하나
264

문학 주간

• 노벨 문학상 수상 작가 •

카뮈 (1957년 수상)

💡 카뮈는 어떤 사람일까?

알베르 카뮈(1913~1960)는 프랑스의 소설가이자 극작가예요. 신문 기자로 활동하다 제2차 세계 대전 때 군에 지원하지만 건강 때문에 거부당했어요. 1942년 <이방인>과 <시지프 신화>로 이름을 알렸으며 <이방인>은 노벨 문학상을 받는 데 큰 영향을 주었어요.

<이방인>은 어떤 작품일까?

부조리한 세상에 대해 무관심하게 살다가 살인죄를 저지르고 사형 선고를 받은 주인공이 삶의 의미와 행복을 깨닫는다는 이야기예요. 주인공 뫼르소는 이웃 레몽의 계획에 동참했다가 살인을 저질러요. 한순간에 이방인이 된 뫼르소는 인생의 무의미함을 깨닫고 자신을 도우러 찾아온 변호사와 사제도 돌려보내요. 그리고 결국 죽음을 맞이하지요.

노벨 문학상 수상

부조리한 인간에 대해 이야기한 카뮈는 인권 운동에도 적극적이었어요. 특히 사형 제도에 반대하며 <단두대에 관한 성찰>이라는 에세이를 발표하기도 했지요. 1957년 그동안의 작품 세계를 인정받아 가장 어린 나이에 노벨 문학상을 받았어요.

카뮈의 묘(프랑스 루르아랭)
왼쪽은 두 번째 아내의 묘

👉 **시지프 신화** 그리스 신화 속 시지포스는 더 이상 인간이 죽지 않도록 죽음의 신을 쇠사슬에 묶었어요. 하지만 죽음의 신이 풀려나 시지포스는 죽음을 맞이하고 신들은 바위를 산꼭대기까지 밀어 올리는 형벌을 내려요. 그런데 이 바위는 산꼭대기에 이르면 밑으로 굴러 떨어져 다시 밀어 올려야 하는 무서운 형벌을 받은 것이지요.

문학 주간

오늘의 지식 하나
265

읽은날: 월 일

• 노벨 문학상 수상 작가 •

보리스 파스테르나크 (1958년 수상)

💡 **보리스 파스테르나크는 어떤 사람일까?**

보리스 파스테르나크(1890~1960)는 러시아의 시인이자 소설가예요. 아버지는 톨스토이의 책 <부활>의 삽화를 그린 유명 화가였고 어머니는 피아니스트였어요. 몇 권의 시집을 내고 소설에 관심을 가진 보리스는 1957년 유일한 장편 소설인 <닥터 지바고>를 완성했어요.

<닥터 지바고>는 어떤 작품일까?

러시아 혁명이 일어난 20세기 초 러시아를 배경으로 의사 '지바고'의 삶과 지식인으로서의 고민을 담은 이야기예요. 또 다른 인물 '라라'는 가난 속에서 삶을 개척해 나가는 소녀지요. 라라는 크리스마스 파티에서 평소 자신을 괴롭히던 사내에게 총을 겨누다가 지바고를 알게 돼요. 각자 결혼해 살던 두 사람은 제1차 세계 대전이 일어나자 지바고는 군의관, 라라는 종군 간호사가 되어 다시 만나는 이야기예요.

노벨 문학상과 보리스

보리스가 <닥터 지바고>를 완성했을 때 소련에서는 발표할 수 없어 이탈리아에서 출판했어요. 1958년 노벨 문학상 수상자로 선정되었지만 정치적 압박을 받은 보리스는 노벨상을 거부하는 대신 러시아에서 추방되지 않았다고 해요.

보리스 파스테르나크의 가족

☞ **노벨 문학상 거부** 어쩔 수 없는 상황 때문에 보리스는 노벨 문학상을 거부했어요. 1964년 <구토>로 노벨 문학상 수상자로 지정된 장 폴 사르트르는 '살아 있는 동안 누구도 평가받을 자격이 없다'며 노벨상을 거부했어요.

읽은날: 월 일

오늘의 지식 하나
266

문학 주간

• 노벨 문학상 수상 작가 •

가와바타 야스나리 (1968년 수상)

가와바타 야스나리는 어떤 사람일까?

가와바타 야스나리(1899~1972)는 일본의 소설가로 일본에서는 첫 번째, 동양에서는 두 번째로 노벨 문학상을 수상했어요. 어려서 고아가 된 가와바타 야스나리는 얼마 지나지 않아 가까운 친척까지 모두 잃었어요. 그로 인한 상실감과 고독감이 작품에 고스란히 드러나 있지요.

대학을 졸업한 가와바타 야스나리는 동인지 《문예시대》를 창간하고 <16세의 일기>를 발표했어요. 1926년 <이즈의 무희>로 이름을 알리고 <설국>으로 큰 인기를 끌며 1968년에 노벨 문학상을 받았지요.

<설국>은 어떤 작품일까?

어려서부터 연극과 무용에 관심이 있던 '시마무라'는 무용에 관한 글을 번역하는 일을 해요. 가끔 눈이 많이 내리는 온천장에 가는데, 그곳에서 고마코라는 기생(게이샤)과 알고 지내요. <설국>은 한 기생의 순수한 마음과 사랑에 대해 다룬 작품이에요. 분위기가 서늘하면서도 깨끗하고 신선하며 전체적으로 따스함과 아름다움을 지녔지요.

<설국>은 또한 섬세한 문장과 묘사가 아름다운 작품이에요. 가와바타 야스나리는 1935년부터 이 작품을 쓰기 시작해 결말 부분을 여러 번 고쳐 썼다고 해요. 그래서 12년이 지나서야 완성했어요.

☞ **일본의 노벨 문학상** 1968년 가와바타 야스나리가 수상하고 1994년에는 오에 겐자부로가 수상했어요. 그리고 2017년에도 영국 국적이지만 일본 태생인 가즈오 이시구로가 노벨 문학상을 수상했지요.

• 식물 불가사의 •
바오밥나무

바오밥나무는 어떤 나무일까?

바오밥나무는 아프리카에서 자라는 식물로, 수명이 무려 5,000년이나 돼요. 건조한 지역에서 자라다 보니 활동을 최대한 줄여 천천히 자라지만 한편으로는 오래 자라기도 해요. 물을 얻기 위해 키의 2배가 넘는 뿌리가 자라기 때문에 오랫동안 살 수 있다고 해요. 또한 건조한 기후에 물을 많이 저장할 수 있도록 줄기가 뚱뚱해요. 우기에 물을 저장했다가 건기에 사용하지요.

바오밥나무는 어떻게 활용할까?

바오밥나무가 줄기에 저장하는 물의 양은 여느 식물과 달라요. 줄기 안쪽은 수분을 저장하기 위한 섬유질이 있어서 약하지만, 바깥쪽이 단단한 목질로 되어 있어요. 바오밥나무가 자라는 마을의 주민들은 줄기의 껍질을 벗겨 지붕을 엮거나 바구니, 방석과 같은 생활용품을 만들어요. 그리고 열매는 음식이나 음료에도 쓰이고, 씨에서 기름을 얻는 등 아프리카에서는 식량 자원으로 이용해요.

☞ **바오밥나무와 어린 왕자** 어린 왕자는 자신의 별에서 늘 나무의 뿌리를 뽑아요. 안 그러면 뿌리가 별을 집어삼키기 때문이지요. <어린 왕자>에 나오는 그 나무가 바로 바오밥나무예요.

선인장

• 식물 불가사의 •

선인장은 어떤 식물일까?

사막은 생명이 살기 힘들 것 같지만 메마른 땅에서도 자라는 식물이 있어요. 바로 선인장이지요. 사막은 비가 거의 오지 않기 때문에 사막에서 자라는 식물은 몸에 수분을 많이 저장하고 수분이 밖으로 빠져나가는 것을 줄여야 해요. 선인장의 넓적한(굵은) 부분은 줄기이고 가시는 잎이에요. 잎이 바늘처럼 가늘고 뾰족하면 수분도 적게 빠져나갈 뿐만 아니라 동물들에게 뜯기는 것도 막지요.

여러 가지 선인장

사막에 사람처럼 우뚝 서 있는 선인장을 본 적이 있을 거예요. '사구아로(변경주)'라는 선인장으로 키가 15m나 자라요. 5층 건물보다 큰 이 선인장은 사막에 사는 작은 새들이 구멍을 파고 둥지를 만들어요. 뿌리를 땅속에 넓게 퍼뜨려 물을 빨아들이는 사구아로 선인장은 몸에 10톤이나 되는 수분을 저장할 수 있어요.

선인장 중에는 털로 뒤덮인 것도 있는데 부드러운 털 덕분에 햇빛을 반사해 몸의 온도를 낮출 수 있어요. 또한 털이 짧은 시간에 빗물을 흡수하고, 수분이 날아가는 것을 막아주기도 해요.

☞ **선인장의 주름** 선인장은 세로 주름이 많아요. 비가 올 때는 물을 많이 저장하려고 주름을 활짝 펴고, 비가 오랫동안 오지 않으면 주름을 지게 해서 몸통의 크기를 줄여요. 그러면 햇볕을 덜 받을 수 있기 때문이지요.

• 식물 불가사의 •
맹그로브

> 💡 **맹그로브는 어떤 식물일까?**
> 맹그로브는 열대와 아열대 지역에서 볼 수 있어요. 뿌리가 갯벌이나 바닷물에 잠겨 있고 일부는 물 위로 나와 있지요. 공기 중에 나와 있는 '호흡뿌리'에는 엽록소가 있어서 광합성을 통해 양분을 얻어요. 복잡하게 뒤얽힌 맹그로브 뿌리 주위에는 많은 생물이 살아요.

새끼를 낳는 식물

식물은 대부분 씨앗을 퍼뜨려서 번식을 해요. 그런데 맹그로브는 나뭇가지의 가장자리에 새끼 나무를 만들어요. 새끼 나무는 10cm 정도 자라면 새끼가 태어나듯 바닷물에 뛰어들어 물에 떠 있다가 서서히 뿌리를 내리지요. 맹그로브가 독특한 방법으로 번식하는 이유는 갯벌이나 바닷가에서 살기 때문이에요. 밀물과 썰물이 드나드는 곳에 씨앗을 떨어뜨리면 물에 휩쓸려 나가기 쉬워서지요.

맹그로브와 짱뚱어

맹그로브가 자라는 곳에는 짱뚱어가 많아요. 짱뚱어는 물 밖에서도 호흡을 할 수 있어서 적이 나타나면 얼른 맹그로브 뿌리를 타고 나무 위로 올라가요. 또 맹그로브 뿌리 주변 뻘에 구멍을 파고 안전하게 알을 낳기도 해요. 짱뚱어가 뻘에 파 놓은 구멍 덕분에 맹그로브는 산소를 잘 마실 수 있으니 서로 돕는 사이지요.

☞ **공생** 맹그로브는 짱뚱어에게 피신처를 마련해 주고 짱뚱어는 맹그로브가 숨을 쉴 수 있도록 도와줘요. 이러한 관계를 '공생'이라고 하지요. 개미와 진딧물, 집게와 말미잘처럼 서로 도움을 주며 살아가는 것을 말해요.

읽은날: 　월　　일

오늘의 지식 하나
270

동물·식물·인체 주간

• 식물 불가사의 •
라플레시아

💡 세상에서 가장 큰 꽃

이 세상에서 가장 큰 꽃은 인도네시아 보르네오 등에 사는 라플레시아예요. 꽃의 지름이 1m가 넘고 둘레가 3m나 돼요. 꽃이 크다 보니 피는 데도 한 달이나 걸려요. 무게도 8kg이나 되고요. 하지만 꽃을 오랫동안 볼 수는 없어요. 1주일 정도면 시들어 버리기 때문이지요.

파리를 부르는 향기?

세상에서 가장 큰 꽃에서는 어떤 향기가 날까요? 기분 좋은 향기가 날 것 같지만 라플레시아는 고기가 썩는 것 같은 고약한 냄새가 나요. 이렇게 고약한 냄새가 나는 이유는 동물들이 해치지 못하게 하기 위해서예요. 번식을 위한 것이기도 하고요. 라플레시아의 꽃가루는 파리 같은 곤충이 옮기기 때문에 파리가 좋아하는 썩은 냄새를 풍기는 거예요. 꽃 색깔도 파리가 좋아하는 색이라 라플레시아 곁에는 늘 파리가 날아다녀요.

라플레시아는 어떤 꽃일까?

라플레시아 꽃은 자줏빛이 도는 갈색에 밝은 색의 반점이 있어요. 꽃잎처럼 보이는 것은 꽃받침이고 라플레시아는 잎이 없어서 광합성을 하지 못해요. 스스로 영양분을 얻을 수 없는 라플레시아는 덩굴 식물에 붙어 살아요. 이러한 식물을 기생식물이라고 해요.

☞ **기생식물** 광합성을 하지 않아 스스로 양분을 만들지 못해서 다른 식물에 붙어 영양분을 훔쳐 먹고 살아요. 라플레시아와 겨우살이, 오리나무더부살이, 사철쑥더부살이, 새삼 등이 있어요.

• 식물 불가사의 •
끈끈이주걱

끈끈이주걱은 어떻게 사냥을 할까?

식물은 햇빛을 받고 물을 마시며 살지만 끈끈이주걱은 곤충을 사냥하기도 해요. 끈끈이주걱 잎에는 수백 개의 털이 나 있고 끝에 이슬처럼 끈끈한 액체가 있어요. 작은 곤충들은 햇빛에 반사된 이 액체를 꿀로 착각하고 위에 앉아요. 그러면 털이 오그라들면서 곤충을 감싸 버리지요. 곤충이 빠져나가려고 발버둥이 칠수록 더욱 세게 감싸 곤충의 영양분을 빨아들여요.

식충식물에는 어떤 것이 있을까?

끈끈이주걱처럼 곤충을 잡아먹는 식물을 식충식물이라고 해요. 파리지옥풀도 대표적인 식충식물이에요. 파리지옥은 둥근 잎 가장자리에 가시 같은 털이 있고 좋은 냄새를 내보내 곤충들을 유인하지요. 냄새를 맡은 곤충이 날아와 잎의 털을 건드리면 순식간에 닫아 버려요. 잎이 닫히면 곤충은 빠져나올 수 없어요. 잎에서 소화 효소가 분비되어 서서히 녹아요. 곤충이 다 소화될 때까지 1주일 넘게 잎을 닫고 있지요.

또 항아리 모양의 네펜데스는 미끈거리는 뚜껑과 꿀이 든 통이 있어요. 꿀 향기에 이끌려 날아온 곤충이 뚜껑에 앉는 순간 미끄러져 빠져 버려요. 네펜데스에 빠진 곤충도 서서히 녹아 식물의 먹이가 돼요.

☞ **식충식물** 식충식물은 다른 식물이 살기 힘든 거친 땅이나 높은 산 또는 바위, 습지에서 살아요. 식물에 필요한 영양소가 부족한 곳에서 살아남기 위해 식물은 스스로 모습을 바꾸어 갔어요. 잎을 변형시켜 벌레잡이 주머니를 만들고 벌레를 분해하는 소화액까지 만들었어요.

읽은날: 　월　　일

오늘의 지식 하나
272

동물·식물·인체 주간

• 식물 불가사의 •
시계꽃

 시계꽃은 어떤 꽃일까?

시계꽃은 이름과 같이 시계처럼 생겼어요. 여름에서 초가을 사이 약 5~8cm의 흰색이나 연보라색 꽃이 피어요. 브라질이 고향이지만 열대 아메리카를 비롯해 아시아나 오스트레일리아에서도 살아요. 덩굴식물인 시계꽃에서는 신기하게도 멜론 향이 난대요.

영리한 시계꽃

시계꽃의 천적은 헬리콘나비예요. 헬리콘나비는 시계꽃 잎에만 알을 낳아요. 알에서 깨어난 나비의 애벌레들은 시계꽃 한 그루의 잎을 모두 먹어치울 정도로 먹성이 좋아요. 벌레를 쫓을 수 없는 시계꽃은 살아남기 위해 자신의 잎에 헬리콘나비의 알 모양을 만들어요. 헬리콘나비는 다른 나비가 알을 낳은 곳에는 알을 낳지 않아요. 애벌레의 먹이가 부족하면 안 되니까요. 나비가 가짜라는 것을 알아차리지 못하도록 한두 개의 잎에만 알 모양을 만들어 놓아요.

시계꽃의 전설

시계꽃의 꽃말은 '성스러운 사랑'이에요. 브라질에서는 예수님이 십자가에 못 박혔던 땅에서 피어난 꽃이라고 해요. 그래서 진한 빨간색 꽃은 예수님을 나타내고 줄기는 예수님을 묶었던 밧줄을 뜻한다고 해요. 꽃잎 안쪽에 바늘처럼 생긴 부분은 예수님이 쓴 가시관이라고 해요.

동물·식물·인체 주간

오늘의 지식 하나
273

읽은날: 월 일

• 식물 불가사의 •
동충하초

 동충하초는 무엇일까?

대부분의 식물은 광합성을 하지만 광합성을 하지 않는 식물도 있어요. 바로 '균류'예요. 버섯이 균류에 속하며 주로 그늘진 땅이나 나무에서 자라는데 뜻밖의 장소에서 자라는 버섯이 있어요. 바로 동충하초지요. 곤충의 몸에서 자라는 동충하초는 귀한 약재로도 쓰여요.

동충하초는 어떻게 자랄까?

애벌레의 몸에 침입한 균사는 자라면서 곤충을 죽이고 곤충의 시체에서 자라요. 동충하초가 자라는 곤충은 버섯이 자라기 전까지 죽어도 썩지 않고 미라처럼 그대로 있어요. 겨울에 벌레였던 것이 여름에는 버섯으로 변한다고 해서 '동충하초'예요. 동충하초는 머리와 줄기 두 부분으로 나뉘며, 머리는 공 모양도 있고 원기둥이나 주걱 모양도 있어요.

동충하초는 왜 귀하게 여길까?

동충하초는 다양한 곳에서 자라지만 주로 습도가 높고 공기도 깨끗한 나무 그늘이 있는 곳에서 자라요. 특히 장마철에 잘 발견된다고 해요. 동충하초는 진나라의 시황제도 즐겨 먹었을 정도로 좋은 약재로 쓰였어요. 예로부터 녹용, 인삼과 함께 동양의 3대 명약으로 꼽혀요.

☞ **숙주** 혼자 살아가기 힘든 생물이 다른 생물에서 영양분을 얻어 가며 사는 것을 기생이라고 해요. 그리고 기생하는 생물이 기대는 대상을 숙주라고 하지요. 예를 들면, 겨우살이의 숙주는 참나무나 동백나무예요.

읽은날: 월   일

오늘의 지식 하나
274

예술·스포츠 주간

• 영화 · 오페라 · 뮤지컬 •

영화의 탄생

뤼미에르 형제

세계 최초의 영화는 1895년 프랑스의 뤼미에르 형제가 만들었어요. 앞서 미국의 발명가 에디슨이 '키네토스코프'라는 초기 형태의 활동사진 영사기를 만든 덕분이지요. 에디슨의 기술을 이용해 촬영기와 영사기를 만들어 최초의 영화를 찍었어요.

1895년 12월, 뤼미에르 형제는 프랑스 파리의 '그랑 카페'에서 최초의 영화로 기록되는 <열차의 도착>을 상영했어요. 상영 시간이 3분밖에 안 되는 무성 영화였지만 의미가 크지요.

최초의 유성 영화

1927년 10월, 미국 뉴욕 워너 극장에서 워너 브라더스사가 제작한 최초의 유성 영화 <재즈 싱어>가 상영되었어요. 하지만 완전한 유성 영화는 아니에요. 대부분 소리 없이 진행되었고, 주인공이 노래하는 장면만 스피커를 통해 목소리가 흘러나왔지만 관객들은 신기하고 재미있어 했어요. 1928년, 워너 브라더스사는 최초의 장편 사운드 영화 <뉴욕의 불빛>을 발표했어요.

☞ **최초의 영화 관람** 그랑 카페에서 <열차의 도착>이 상영될 때 기차가 스크린을 향해 달려오는 장면에서 놀란 관객들이 밖으로 뛰쳐나가기도 했다고 해요.

• 영화·오페라·뮤지컬 •

세계 3대 영화제

💡 레드 카펫은 왜 까는 걸까?

영화제에서 빼놓을 수 없는 것 중 하나가 레드 카펫이에요. 화려한 차림의 배우들이 빨간 카펫 위를 지나며 인사하는 모습은 그야말로 장관이지요. 레드 카펫은 '최고의 환대'를 의미해요. 옛날 유럽에서는 빨간색 천이 가장 비싸서 귀족들만 사용할 수 있었다고 해요.

세계적으로 손꼽히는 영화제

칸·베니스·베를린 영화제를 세계 3대 영화제라고 해요.

1946년에 시작된 칸 영화제는 프랑스 남부의 휴양 도시 칸에서 열려요. 베니스 영화제는 이탈리아 베니스(베네치아)에서 열리며, 가장 오랜 역사를 지닌 영화제예요. 최우수 작품에는 베니스의 상징인 날개 달린 사자 모형의 '황금 사자상(산마르코 금사자상)'이 수여돼요. 베를린 영화제는 독일 베를린에서 열려요. 1951년, 서독과 동독으로 나뉜 독일의 통일을 기원하는 영화제로 시작되었어요.

우리나라의 영화제

우리나라에서 열리는 영화제로는 부산 국제 영화제(BIFF)와 부천 판타스틱 영화제, 전주 국제 영화제, 제천 국제 음악영화제 등이 있어요. 1996년부터 열린 부산 국제 영화제는 우리나라 최초의 국제 영화제예요.

☞ **필름 마켓** 영화를 상품으로 사고파는 시장으로 '영화 마켓'이라고도 해요. 전 세계 영화 관계자들이 모여 수출과 수입 계약을 논의하는 곳으로, 영화제 기간 중에 운영돼요.

읽은날: 월   일

오늘의 지식 하나
276

예술·스포츠 주간

• 영화 • 오페라 • 뮤지컬 •

월트 디즈니와 애니메이션

그림을 좋아한 소년

월트 디즈니는 1901년 12월 5일 미국 시카고에서 목수의 아들로 태어났어요. 어려서부터 그림 그리기를 좋아했던 디즈니는 영화 광고 회사에서 일했어요. 애니메이션에 관심이 많았던 디즈니는 친구와 함께 만화 영화 회사를 차렸지만 얼마 못 가 파산했지요.

하지만 다시 시작해 1928년 <증기선 윌리>를 만들어 큰 반응을 일으켰어요. 이 영화에 처음으로 미키 마우스가 등장하지요. 이후 디즈니는 1937년, 세계 최초의 색채 장편 만화인 <백설 공주와 일곱 난쟁이>를 만들었어요. 텔레비전 프로그램에도 진출하고, 디즈니랜드도 개장했지요. 1932년에는 아카데미상을 수상하기도 했어요.

미키 마우스의 탄생

할리우드로 간 월트 디즈니는 새로운 만화 주인공을 구상했어요. 며칠째 사무실에서 지내던 어느 날, 디즈니는 잠이 들었어요. 부스럭거리는 소리에 눈을 떠 보니, 생쥐 한 마리가 먹다 남은 빵 조각을 먹고 있었어요. 징그럽게 여겼던 생쥐가 빵을 먹는 모습이 귀여워 보였어요.

이후 디즈니는 생쥐에 모자도 씌우고 큰 신발도 신기고 장갑도 끼워 새로운 캐릭터를 만들었는데 바로 '미키 마우스'예요.

• 영화 • 오페라 • 뮤지컬 •

블록버스터

블록버스터가 뭘까?

블록버스터(blockbuster)는 제2차 세계 대전 때 영국 공군이 썼던 폭탄의 이름이에요. 무게가 약 4.5톤이나 되고 폭발력이 대단해 터지면 한 구역(block)이 송두리째 파괴(bust)될 정도여서 '한 구역을 파괴한다'는 뜻으로 '블록버스터'라는 이름이 붙여졌어요. 영화계에서는 흥행에 크게 성공한 영화를 의미해요. 제작비를 많이 들여 만든 대작이기도 하지요.

최초의 블록버스터 영화는?

블록버스터 영화는 흥행뿐만 아니라 '단기간에 큰 성공을 거둔 영화'를 가리키기도 해요.

최초의 블록버스터 영화는 1975년에 개봉한 스티븐 스필버그 감독의 <죠스>예요. 무서운 식인 상어가 나오는 이 영화는 영화 역사상 최초로 1억 달러의 수익을 올렸어요. '블록버스터'라는 말을 탄생시킨 영화이기도 하지요. 그 후 블록버스터들이 쏟아져 나와 큰 인기를 끌면서 본격적인 블록버스터 시대가 열렸어요.

영화 <죠스>의 원작 소설 표지

☞ **영화 음악** 영화에 사용되는 음악뿐만 아니라 대사나 효과음이 수록되기 때문에 보통 OST(Original Sound Track)라고 해요. 기존의 곡을 사용하기도 하고 창작곡을 사용하기도 하며, 영상의 분위기와 감동을 높여 주지요.

영화 감독

・영화・오페라・뮤지컬・

스필버그 감독은?

스티븐 스필버그

1946년 12월 18일 미국에서 태어난 스티븐 스필버그는 어릴 적부터 상상력이 뛰어나 이야기를 잘 지어 냈어요. 영화 제작에도 관심이 많아 열두 살 때 8mm 단편 영화를 만들었고, 열네 살 때는 40분짜리 전쟁 영화를 만들기도 했지요. 또한 열여섯 살 때는 최초의 SF 영화 <불빛>을 만들어 극장에서 상영하기도 했어요. 유니버설 스튜디오에 입사해 텔레비전 시리즈물 감독으로 경력을 쌓았어요.

최고의 인기를 누린 영화 감독

극장에서 처음으로 상영한 스필버그 감독의 영화는 1972년 <슈가랜드 특급>이에요. 그리고 3년 뒤 <죠스>로 크게 성공하면서 세계적인 영화 감독으로 떠올랐지요. 이후 <ET> <인디애나 존스 시리즈> <후크> <쥬라기 공원> 등 흥행작을 만들며 최고의 감독이 되었어요. <쉰들러 리스트> <라이언 일병 구하기> 등으로 아카데미 작품상과 감독상 등을 받으며 더욱 명성을 얻었지요. 뛰어난 촬영 기술과 배경 음악, 특수 효과 면에서 대중들에게 사랑받는 영화 감독이에요.

할리우드 워크오브페임의 스필버그 감독 이름

☞ **SF 영화** SF(공상 과학) 영화는 미래 또는 우주에 있을 법한 일을 과학적 근거를 바탕으로 만든 영화예요. 주로 과학적인 소재를 다루며, 선과 악이 싸워 선이 이기는 기본 줄거리를 갖는 것이 특징이에요.

• 영화 • 오페라 • 뮤지컬 •

오페라

오페라와 뮤지컬의 차이점

오페라는 연극적인 요소보다 음악에 중점을 두며, 성악 발성으로 노래를 해요. 대사도 노래로 하며, 오페라에서 공연하는 사람을 '오페라 가수'라고 해요. 대부분 문학 작품이나 역사적인 사건을 내용으로 다루어요.

종합 무대 예술

오페라는 음악뿐만 아니라 문학, 연극, 미술, 무용 등이 한데 어우러진 종합 예술이에요. 공연 처음부터 끝까지 음악극으로 표현되며 성악(독창, 중창, 합창)과 관현악(오케스트라)으로 구성되지요.

우리나라 최초의 오페라는 1937년에 공연된 <나비 부인>이에요. 일본인이 주도한 것으로 광복 후에는 1948년에 공연된 <라 트라비아타>가 최초의 오페라예요.

오페라는 언제 탄생했을까?

오페라는 1597년 이탈리아 피렌체의 바르디 백작 저택에서 탄생했어요. 당시 저택에 모인 사람들이 고대 그리스극을 부활하려고 그리스 신화에서 '다프네'라는 새로운 음악극을 만든 것이 오페라의 시작이에요. 이후 유럽 각 나라로 전해져 주로 이탈리아어로 불리지만 프랑스어나 독일어로 된 것들도 많아요. 다만, 이탈리아어로 된 작품이 널리 알려지다 보니 '오페라' 하면 이탈리아를 떠올리는 거예요.

☞ **오페라의 음악** 오페라의 음악은 독창, 합창 그리고 관현악으로 구성돼요. 그중 독창은 '아리아'와 이야기하는 것처럼 부르는 '레치타티보'로 나누어요. 합창은 군중 역으로 등장하며, 관현악은 성악의 반주와 등장인물의 감정 또는 성격이나 행동을 묘사해요.

읽은날: 월   일

오늘의 지식 하나
280

예술·스포츠 주간

• 영화·오페라·뮤지컬

뮤지컬

뮤지컬과 오페라의 차이점

뮤지컬은 음악과 연극, 춤이 어우러진 현대적 음악극이에요. 연극에 노래가 더해진 무대 예술로 오페라와 비슷하지만 차이가 있어요. 뮤지컬에서 노래는 이야기를 끌고 나가는 보조 수단이고 연극을 더 중요하게 생각해요. 또한 공연 중에 많이 움직이기 때문에 오페라보다 활동적이지요.

뮤지컬은 언제 탄생했을까?

오페라를 좀 더 현대적인 감각으로 바꾼 것이 뮤지컬이에요. 미국인들이 개척 당시의 어려움을 음악과 연극의 형태로 조합한 것이라고 할 수 있지요. 1966년 <포기와 베스>라는 작품이 처음 공연되었어요.

뮤지컬은 오페라에 비해 스토리와 극을 좀 더 중요하게 여겨요. 내용 또한 대중적이고 서민적이지요. 노래도 대중가요를 부르는 발성으로 하고, 음역도 차이가 있어서 오페라와 달리 마이크를 사용해요. 또한, 뮤지컬 배우는 춤 실력까지 갖추어야 해요.

• 전통 의상 •

한복

> 💡 **한복은 어떤 옷일까?**
>
> 우리나라 전통 의상인 한복은 선이 아름답고 색깔도 고우며 품이 넉넉해서 편하지요. 여자 한복 저고리는 짧고 옷고름이 길어요. 치마는 길고 폭이 넓어요. 또한 남자 한복은 저고리가 길고 옷고름은 짧으며 바지는 풍성해요. 외출할 때는 웃옷으로 두루마기를 입었지요.

계절마다 다른 한복

사계절이 뚜렷한 우리나라는 계절마다 한복도 달리 입었어요. 여름에는 삼베와 모시 같은 옷감으로 지은 한복을 입었어요. 삼과 모시는 바람이 잘 통해서 시원해요. 그리고 겨울에는 목화솜을 자아 만든 무명실로 짠 무명과 누에고치에서 뽑아 명주실로 짠 비단으로 옷을 해 입었어요.

한복의 장점을 살린 생활 한복

전통 한복은 현대 생활에서 불편하기도 해서 요즘은 주로 명절이나 특별한 날에만 입어요. 한복의 단점을 줄이고 장점을 살린 생활 한복을 입기도 하는데, 저고리의 고름이나 바지의 대님을 단추나 끈으로 바꾸어 간편하게 입을 수 있어요. 또 빨기도 쉽고 활동하기도 훨씬 편해요.

☞ **동정** 한복의 깃, 소맷부리, 치맛단 등에 다른 색 천을 대는 전통이 있었어요. 특히 저고리 목 둘레에는 동정을 달았지요. 저고리 깃 위에 조붓하게 동정을 달면 한복이 더 깔끔해 보여요.

읽은날: 월 일

오늘의 지식 하나
282

세계·문화 주간

• 전통 의상 •

킬트

 킬트는 어떤 옷일까?

스코틀랜드에서는 '킬트'라는 체크무늬 치마가 남자들의 전통 의상이에요. 킬트를 입을 때는 무릎 아래까지 오는 면양말을 신고 양말에는 '스킨두'라는 단검을 꽂지요. 옛날에는 킬트 앞에 '스포런'이라는 작은 가죽 주머니를 차고 식량을 넣고 다녔대요.

타탄은 무슨 뜻일까?

체크무늬인 타탄(tartan)은 각 가문에서 정하는 특정한 색과 무늬가 있어요. 전쟁터에서는 적군과 아군을 구별하기도 하지요. 영주와 가족만 사용하는 색과 무늬가 있고, 자기 영토의 목동을 구분하기 위한 서민용 색과 무늬가 있었어요. 요즘은 타탄 체크가 전 세계적으로 옷감과 의류 디자인 등에 널리 사용되고 있어요.

왜 스코틀랜드에서만 입을까?

킬트는 영국 전체가 아닌 스코틀랜드의 전통 의상이에요. 1745년, 스코틀랜드의 반란으로 잉글랜드 의회가 잉글랜드인과 스코틀랜드인은 다르다며 킬트 착용을 금지했기 때문이에요. 이후 킬트는 잉글랜드에 대항하는 스코틀랜드의 정신적인 상징이 되었지요.

☞ **영국** 섬나라인 영국은 잉글랜드와 스코틀랜드, 웨일스, 북아일랜드로 이루어져 있어요. 영국 국기 유니언잭도 웨일스가 포함된 잉글랜드와 스코틀랜드, 아일랜드를 상징하는 십자가의 조합으로 만들어졌어요.

세계·문화 주간

오늘의 지식 하나
283

읽은날: 월 일

• 전통 의상 •

기모노

💡 기모노는 어떤 옷일까?

기모노는 일본의 전통 의상이에요. 발목까지 내려오는 길이에 소매는 길고 넓어요. 기모노는 혼자 입기 어려울 정도로 입는 방법이 까다로워요. 허리에는 오비라는 띠를 감아 등에 묶지요. 요즘에는 결혼식이나 격식을 차려야 하는 경우에 간소화된 기모노를 입어요.

기모노에는 어떤 것들이 있을까?

기모노는 입는 사람과 상황에 따라 모양이 조금씩 달라요. 결혼하지 않은 여성이 입는 기모노는 '후리소데'라고 해요. 소매가 길고 넓으며 화려한 무늬로 장식되어 있어요. 결혼한 여성들이 입는 기모노는 '도메소데'예요. 소매가 비교적 짧고 치마 아래쪽에 무늬를 넣어요. 그리고 여름 축제나 목욕 후에는 '유카타'라는 간편하고 가벼운 옷을 입어요.

기모노에는 어떤 신발을 신을까?

기모노에는 나막신이나 조리를 신어요. 조리는 굽이 낮은 슬리퍼처럼 생겼어요. 조리를 신을 때는 끈에 맞도록 엄지발가락과 둘째 발가락 사이가 갈라진 '다비'라는 버선을 신지요. 나막신인 게다는 남녀 공용으로 유카타를 입을 때 신어요.

☞ **촌마게** 옛날 일본 남자들의 헤어 스타일이에요. 일본 무사(사무라이)들은 앞머리를 밀고 뒷머리는 상투를 했어요. 투구를 쓰면 땀이 많이 나서 촌마게와 같은 헤어 스타일을 했다고 해요.

읽은날: 월 일

오늘의 지식 하나
284

세계·문화 주간

• 전통 의상 •

아오자이

아오자이는 어떤 옷일까?

아오자이는 베트남 여성들의 민속 옷이에요. '아오'는 옷 또는 저고리라는 뜻이고 '자이'는 길다는 뜻이지요. 원피스처럼 긴 윗옷과 헐렁한 바지로 이루어져 있어요. 중국의 영향을 받아 목깃은 차이나 칼라이고 신발은 비가 자주 오기 때문에 '구억'이라는 나막신을 신어요.

아오자이와 농라

아오자이와 함께 베트남 여성들은 '농라'라는 모자를 써요. '농'은 모자, '라'는 나뭇잎을 뜻해요. 농라는 비가 올 때는 우산이 되고 햇빛이 강할 때는 양산이 되기도 하지요. 또 더울 때는 부채 역할도 해요.

또 다른 전통 의상, 아오 뜨 턴

베트남의 축제나 공연 때는 아오자이와 조금 다른 옷을 입어요. '아오 뜨 턴'이라는 전통 의상으로, 허리 아래가 네 갈래로 나뉘는 긴 드레스예요. 앞의 두 갈래는 벨트 아래에서 매듭으로 묶을 수 있어요. 아오자이와 달리 바지를 입지 않고 치마처럼 입기도 해요. 아오자이는 자주 입지만 아오 뜨 턴은 전통 연극이나 공연, 축제 때 말고는 잘 입지 않아요.

☞ **아오자이** 베트남은 여러 나라의 지배를 받으면서 전통 의상도 조금씩 변화했어요. 얇고 긴 드레스였다가 중국의 지배를 받으면서 아오자이 안에 바지를 입게 되었고, 프랑스의 지배를 받으면서 몸에 붙는 모양으로 바뀌었어요. 1976년에 입는 것이 금지되었다가 1986년 이후 조금씩 입기 시작해 지금은 예식 때 입어요.

오늘의 지식 하나
285

읽은날: 월 일

• 전통 의상 •

판초

💡 판초는 어떤 옷일까?

판초는 천 가운데에 구멍을 뚫어 입는 망토예요. 낮에는 뜨거운 햇볕을 막고 밤에는 추위를 이길 수 있는 옷이지요. 때로는 담요로 사용하기도 하는 실용적인 옷이에요. 여성들은 주로 블라우스 위에 몸의 윗부분만 덮는 판초인 케츠케미틀을 입어요.

솜브레로와 레보소

멕시코 하면 판초와 챙(차양)이 넓은 모자가 떠올라요. 버섯처럼 생긴 모자의 이름은 '솜브레로'예요. 챙이 넓어서 햇빛을 잘 가려 주지요. 그리고 멕시코 여성들은 '레보소'라는 숄을 사용해요. 직사각형의 레보소는 몸에 두르거나 모자처럼 쓰기도 하고 물건을 옮기거나 아기를 업을 때 사용하기도 하지요.

판초가 군복으로

1850년대부터 미군은 방수천으로 만든 판초를 입었어요. 비에 젖지도 않고 활동하기 편해서 인기가 많았지요. 미국 남북 전쟁 때는 판초를 비옷이나 잠잘 때 시트로 사용하기도 했대요. 우리나라 군인도 판초 형태의 비옷을 입어요.

☞ **차로** 멕시코의 목동은 '차로'라고 불러요. 차로는 말을 타기 쉽게 몸에 딱 달라붙은 바지를 입고, 바지는 끈과 단추로 장식을 하지요. 그리고 흰 셔츠에 나비넥타이를 매고 솜브레로를 써서 멋을 낸답니다.

읽은날: 월 일

오늘의 지식 하나 286

세계·문화 주간

• 전통 의상 •

치파오

💡 치파오는 어떤 옷일까?

치파오는 청나라 때부터 입었던 '창파오'에서 유래한 옷이에요. 말을 탈 때 편하도록 옆이 트여 있어요. 남녀 옷 모두 치파오라고 하다가 요즘은 주로 여자 옷을 말해요. 여자는 치파오에 바지를 입고, 남자는 품이 넉넉한 두루마기인 '창파오'에 마고자 비슷한 '마과'를 입지요.

치파오에는 어떤 종류가 있을까?

옛날 황제가 입었던 치파오는 '롱파오'라고 해요. 용 무늬가 수놓아져 있어요. '차오파오'도 황제가 입었던 예복으로 제사를 지낼 때 입었어요. 그리고 대신들이 입었던 '망파오'는 황금색으로 이무기를 수놓았지요.

중국의 옷, 중산복

중국을 이끌던 쑨 원은 간편한 옷을 즐겨 입었다고 해요. 주름과 장식을 빼고 대신 실용적인 주머니를 달았지요. 이 옷을 쑨 원의 호를 따서 '중산복'이라고 해요. 치파오를 입던 중국은 중화 인민 공화국이 되고부터는 중산복과 인민복 또는 건설복을 입었어요. 하지만 1980년대부터는 서서히 예전의 옷으로 되돌아가고 있어요.

👉 **변발** 옛날 몽골과 만주 지역에서 남자의 머리를 뒷부분만 남기고 깎아 뒤로 땋아 내리던 풍습이에요.

• 전통 의상 •

사리

💡 사리는 어떤 옷일까?

2,500년 전부터 입기 시작한 사리는 인도 여성의 겉옷이에요. 바느질하지 않은 천 한 장으로 여러 가지 옷을 만들어 입지요. 인도 사람들은 바느질한 옷은 깨끗하지 않다고 여겨 바느질이 안 된 긴 천의 왼쪽 끝을 매서 몸 전체를 감싸듯이 두르거나 두건처럼 머리에 둘러요.

남자와 여자 옷은 어떻게 다를까?

여성은 '초리'라는 짧은 블라우스와 발을 가릴 정도로 긴 '가그라'라는 치마를 입고 사리를 걸쳐요. 남성은 셔츠처럼 생긴 '쿠르타'라는 넉넉한 윗옷에 사리처럼 옷감을 허리에 감고 다니다 일할 때 '도티'라는 바지로 만들어 입어요. 그리고 머리에는 '파그리'라는 터번을 둘러요.

또한 '아즈칸'이라는 겉옷은 제복 스타일의 옷으로 목이 올라오고 길이는 무릎이나 그 아래까지 내려오며 앞에 단추가 달려 있어요.

때와 장소에 따라 다르게 입는 옷

결혼한 여성이 윗사람을 만날 때는 사리를 어깨에 둘러 초리를 감추어요. 그리고 일할 때는 여성도 도티와 같은 바지로 만들어 입어요. 아무런 장식이 없는 하얀 사리는 남편을 잃은 여성이 입어요.

☞ **파자마** 파자마는 원래 인도 사람들이 입던 품이 넓은 긴 바지를 말해요. 촉감이 좋은 원단을 사용하고 품이 넉넉해서 편한 옷이에요.

• 경제 용어 •

M&A

💡 M&A가 뭘까?

둘 이상의 기업이 법률적으로 하나의 기업이 되는 것을 합병(merger)이라 하고, 한 기업이 다른 기업의 자산이나 주식을 취득해 경영권을 갖는 것을 인수(acquisition)라고 하지요. 두 단어의 머리글자를 딴 M&A는 다른 기업을 사들이거나 합병하는 것을 말해요.

M&A는 왜 할까?

기업이 성장을 위해 새로운 사업이나 기술을 얻고자 할 때 M&A를 하는 경우가 있어요. 새로운 기업을 창업하거나 기술에 처음부터 투자하는 것보다 이미 어느 정도 기술을 갖춘 기업을 인수하는 것이 비용을 줄일 수 있고 노하우도 쉽게 얻을 수 있기 때문이지요. 이런 경우는 기업 사이에 서로 도움이 되는 '우호적 M&A'라고 할 수 있어요.

M&A는 다 좋을까?

서로 부족한 두 기업이 힘을 모은다면 더 튼튼한 기업이 될 수 있을 거예요. 그런데 힘센 기업이 상대적으로 힘이 약한 기업을 빼앗듯이 인수 또는 합병하기도 해요. 상대 기업이 합병이나 인수할 생각이 없는데도 주식을 매입해 강제로 경영권을 갖는 경우를 '적대적 M&A'라고 해요.

☞ **주식** 주식을 산 사람을 주주라고 하며, 주주는 그 회사의 주인이 되어 자신이 가지고 있는 주식만큼 권리를 행사할 수 있어요. 회사는 주식을 팔아서 모은 돈으로 경영을 하고 이익이 생기면 주주에게 나누어 주지요. 반대로 손해가 나면 주주들은 투자한 돈을 못 받을 수도 있어요.

• 사회·생활 주간

오늘의 지식 하나
289

읽은 날: 　월　　일

• 경제 용어 •

거품 경제

> 💡 **거품 경제가 무엇일까?**
>
> 탄산음료를 컵에 따를 때처럼 경기가 잘 돌아가는 것 같은데 거품이 꺼지고 나면 돈이 별로 없는 경우예요. 실체는 없으면서 겉으로는 크게 부풀어 오른다는 뜻에서 '거품 경제' 또는 '버블 현상'이라고도 해요.

거품 경제는 왜 생기는 걸까?

1990년대에 일본은 수출 강국으로 많은 돈을 벌었어요. 돈이 넘치다 보니 부동산과 주식 가격이 많이 올랐어요. 물가 또한 많이 올랐지요.

그런데 외국에 투자를 많이 하다 보니 일본 내에서 제조업이 없어지는 공동화 현상이 일어났어요. 투자, 생산과 같은 실물 경제의 움직임이 없는데도 물가가 오르고 부동산 투기가 심해져 겉으로 보기에는 경기가 꽤 좋은 듯했어요. 하지만 돈이 생산적인 기업이 아닌 투기에 몰려 투자를 받지 못한 기업들이 문을 닫으면서 거품이 빠지기 시작했어요. 그리고 2000년대에 들어서 집값이 떨어지고 주식 가격도 곤두박질치며 경기가 아주 나빠졌어요.

거품 경제 후에는 어떻게 될까?

거품이 걷히면서 투자를 받지 못한 기업은 부도가 나거나 사원을 줄이는 구조 조정을 할 수밖에 없어요. 그러면 직장을 잃은 사람들이 많아져 소비도 줄어들지요. 또한 생산자는 규모를 줄이는 악순환이 계속돼요.

☞ **IMF(국제 통화 기금)** 가맹국들이 만든 기금을 필요할 때 이용하도록 돕는 기구예요. 우리나라는 1997년 IMF에서 외환을 빌린 적이 있어요. 이때 국민들의 금 모으기 운동 덕분에 4년 만에 빌린 돈을 갚을 수 있었지요.

읽은날: 월 일

오늘의 지식 하나
290

사회·생활 주간

• 경제 용어 •

금융 실명제

> 💡 **금융 실명제가 뭘까?**
>
> 금융 거래를 하는 사람 누구나 실제 본인 이름으로 거래를 해야 하는 제도예요. 은행의 예금은 물론 주식이나 채권 등 금융 상품을 거래할 때 본인 이름을 사용하지 않으면 법에 따라 처벌을 받을 수 있어요. 1993년 8월부터 실시되었어요.

금융 실명제는 왜 할까?

다른 사람의 이름을 빌린 차명 계좌나 아예 이름을 쓰지 않은 무기명 계좌는 돈의 주인이 누구인지 알 수 없어요. 그러다 보니 기업이나 정치가들이 빼돌린 불법 자금이거나 뇌물 또는 부정한 방법으로 모은 돈을 숨기는 일이 많았지요. 그래서 옳지 않은 방법으로 돈을 모으는 것을 막기 위해 긴급 명령으로 금융 실명제가 실시된 거예요.

부동산 실명제

금융 실명제로 부정부패 방지 효과를 거두자 부동산도 실명제를 실시하게 되었어요. 땅이나 건물을 거래할 때 실제 이름을 사용해서 부정한 거래나 탈세 등을 막았지요. 1995년 7월부터 부동산 거래를 실제 이름으로 하지 않으면 처벌을 받아요.

☞ **차명 거래** 금융 거래는 모두 실제 본인 이름으로 하고 있어요. 예금은 물론 2014년 12월 1일부터는 다른 사람의 이름을 빌리는 차명 거래도 금지되었어요.

· 경제 용어 ·

인플레이션

인플레이션이 뭘까?

인플레이션은 화폐 가치가 떨어지고 물가 수준이 전반적으로 오르는 경제 현상을 말해요. 인플레이션이 일어나면 화폐 가치가 떨어지고 물가가 올라 일반 사람들의 실제 소득이 줄어들게 되지요.

인플레이션은 왜 일어날까?

인플레이션이 일어나는 이유는 몇 가지가 있어요. 수요는 늘어나는데 공급을 맞추지 못하면 물가가 오르게 돼요. 또 제품의 생산 비용이 오르면 제품 가격이 오르면서 물가도 오르지요. 예를 들어 달걀 값이 오르면 달걀이 재료로 들어가는 빵이나 과자 등의 가격도 함께 오르는 거예요.

인플레이션이 왜 문제일까?

돈이 많은 사람과 적은 사람의 차이가 점점 벌어져요. 빈익빈 부익부 현상으로 사회가 불안정해지기도 하지요. 그리고 화폐 가치가 떨어져 저축이 줄어들어요. 은행에 돈이 없으면 기업이 투자를 못 하고, 경제가 성장할 수 없게 되지요.

인플레이션은 국내 시장뿐 아니라 무역에도 문제가 생겨요. 사람들이 더 싼 제품을 찾게 되다 보니 비싼 국내 제품보다 싼 수입품을 쓰는 경우가 늘어날 거예요. 싼 물건이 있는데 우리나라의 비싼 물건을 살 나라는 별로 없겠지요. 그러다 보면 수입이 수출을 앞서 무역에서 적자가 나요.

☞ **디플레이션** 인플레이션의 반대 개념이에요. 물가가 떨어지고 경제 활동이 침체되는 현상이지요. 물가가 떨어지면 사람들은 가격이 더 떨어지기를 기대해 물건을 사지 않고, 물건을 팔지 못한 기업은 더 이상 물건을 못 만들게 되지요. 그러면 생산 공장들이 문을 닫아 경제가 어려워져요.

오늘의 지식 하나
292

읽은날: 월 일

사회·생활 주간

• 경제 용어 •
벤치마킹

벤치마킹이 무슨 뜻일까?

벤치마킹(bench-marking)은 원래 토목 분야에서 사용했던 말이에요. 예전에는 강물이나 건축물의 높낮이를 측정하는 것이 쉽지 않아 쇠막대기를 세워 측정했는데 그 기준점이 '벤치마크'예요. 벤치마크를 세우거나 활용하는 일을 벤치마킹이라고 했어요.

벤치마킹은 어떻게 할까?

벤치마킹은 우수한 기업을 선택해 비교 분석하면서 운영 방법을 배우는 것을 말해요. 모델이 되는 모범 기업을 보며 자기 회사와 비교하고 분석해 단점을 보완해 나가는 거예요. 따라서 벤치마킹에 성공하려면 측정 기준인 벤치마크를 무엇으로 하는지가 중요해요.

벤치마킹은 누가 처음 했을까?

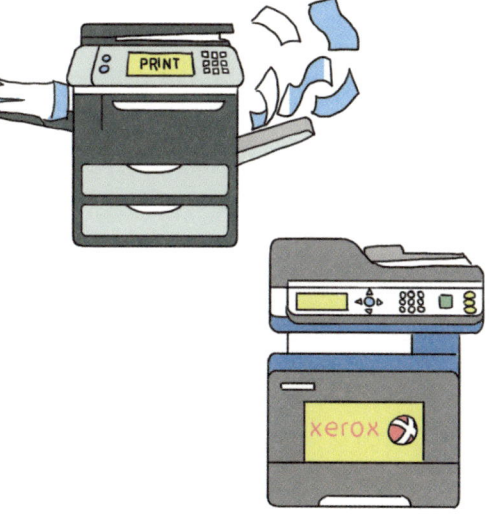

벤치마킹을 처음 시작한 것은 1979년 미국의 제록스예요. 제록스는 전 세계 복사기의 96%를 차지하고 있었어요. 그런데 일본의 캐논을 비롯해 새로운 복사기 업체들이 품질은 물론 기능과 디자인까지 뛰어난 제품을 내놓아 제록스의 매출이 떨어졌지요. 제록스는 일본식 작업 방법을 배우는 벤치마킹을 했어요. 그리고 비용을 아끼고 품질을 높이며 고객의 요구에 맞는 제품을 만들어 시장 점유율을 회복할 수 있었지요.

☞ **벤치마킹과 모방** 벤치마킹은 모방하고는 달라요. 다른 기업을 따라 하는 것이기는 하지만 단순히 베끼는 것이 아니에요. 벤치마킹은 대상의 장점과 단점을 분석해서 자기 회사 제품의 품질을 높여 시장 경쟁력을 높인다는 점에서 단순히 모방과는 차이가 있어요.

• 경제 용어 •

스톡옵션

스톡옵션이 무엇일까?

스톡옵션(stock option)은 회사 임직원 등에게 자기 회사의 주식을 정해진 가격에 살 수 있는 권리를 주는 것을 말해요. 스톡옵션을 활용하면 임직원의 사기를 올릴 수 있고 우수한 인력을 확보해 기술과 생산성 등에서 이익을 얻을 수 있어요.

어떻게 시작했을까?

벤처 기업 등 새로 회사를 세울 때, 유능한 인재를 쓰고 싶지만 자금이 부족할 때가 있어요. 이럴 때 스톡옵션 제도를 이용해요. 일단 회사 주식을 일정 기간 동안 시세보다 낮은 금액으로 살 수 있게 해요. 그리고 나중에 주식을 처분하는 권리도 함께 주는 거예요. 만약 회사가 이익을 많이 내면 주가가 올라 많은 이익을 낼 수 있어요. 따라서 임직원들은 회사와 자신의 이익을 위해 더욱 열심히 일하게 되지요.

우리나라는 1997년 4월부터 스톡옵션 제도가 도입되었어요. 벤처 기업을 중심으로 확산되어 대기업은 물론 여러 회사에서 활용하고 있지요.

☞ **벤처 기업** 전문 지식과 새로운 지식으로 창조적이고 모험적인 경영을 하는 중소 기업을 말해요. 애플사와 같이 세계적인 기업도 작은 벤처 기업으로 시작한 경우가 많아요.

오늘의 지식 하나
294

· 경제 용어 ·

DM 광고

💡 DM 광고가 무엇일까?

요즘은 소비 시장이 아주 다양해요. 소비층도 다양하게 세분화되어 있어서 기업에서는 다양한 마케팅 활동을 하고 있지요. 여러 광고 방법 중 DM 광고는 소비자에게 필요한 광고를 우편 등의 방법으로 전달하는 직접 광고예요.

DM 광고는 어떻게 할까?

DM 광고는 카탈로그나 안내장 등 인쇄물을 통해 자세한 정보를 전해요. 주로 백화점과 같은 유통업체에서 사용하는 광고 방법이지요. 업체에서 선정한 고객을 대상으로 하는 광고이기 때문에 고객은 선택되었다는 우월감을 느낄 수 있고, 판매자 입장에서는 판매를 기대할 수 있다는 장점이 있어요. 인쇄물 제작과 우편요금이 부담이 될 수도 있어요.

DM 말고 어떤 방법이 있을까?

DM을 디지털로 변화시킨 것이 EM, TM이에요. EM은 디지털 문화에 익숙한 젊은 층을 대상으로 문자 메시지 형태로 전송되지요. 적은 비용으로 빠른 내용을 전달할 수 있는 장점이 있어요. TM은 전화로 간단한 메시지를 전달하는 거예요. 직접 통화를 하기 때문에 설득력이 높고 소비자의 반응을 바로 알 수 있다는 장점이 있어요.

👉 **간접 광고** PPL 광고라고도 해요. 특정 기업이 협찬하는 것을 대가로 영화나 TV 드라마에 기업의 상품이나 브랜드를 끼워 넣는 광고예요. 영화나 프로그램의 인기가 높아지면 광고 상품 또한 판매율을 높일 수 있어요.

과학·자연 주간

오늘의 지식 하나
295

읽은 날: 　월　일

• 지형으로 본 지구 •

산

> 💡 **산은 어떻게 생겼을까?**
>
> 우리나라는 국토의 70퍼센트가 산이에요. 산은 지진이나 화산에 의해 만들어져요. 판이 서로 충돌해 솟아오르거나 화산이 폭발한 뒤 솟게 되지요. 세계에서 가장 높은 히말라야 산맥도 수천만 년 전 인도 대륙과 유라시아 대륙의 충돌로 생겼어요.

산꼭대기에서 조개껍데기가?

지구의 겉껍질을 지각이라고 해요. 퍼즐 조각처럼 여러 개로 나누어진 이 조각을 '판'이라고 하는데, 판이 서로 만나면서 때로는 바다였던 곳이 솟아올라 산이 되기도 하지요. 그래서 히말라야나 태백산맥에서 조개 같은 바다 생물의 화석이 발견되기도 해요.

강원도 구룡령

산에도 나이가 있다고?

모든 산이 한꺼번에 만들어진 것은 아니에요. 판이 충돌해서 만들어진 산의 경우 판의 경계에서 멀리 떨어진 산은 고생대에 만들어졌어요. 큰 지각 변동 없이 오랜 세월 침식해 완만한 구릉성 산지를 만들지요. 이런 곳에는 석탄과 같은 지하자원이 많이 묻혀 있어요. 반대로, 판 가장자리의 히말라야나 알프스, 로키 산맥 등은 신생대에 만들어졌어요. 그래서 지각이 불안정해 화산과 지진이 자주 일어나는 거예요.

☞ **고생대** 지질 시대는 고생대, 중생대, 신생대로 나누어요. 고생대는 지금으로부터 약 5억 7,000만 년 전~2억 4,500만 년 전까지로 삼엽충이나 고사리 같은 생물들이 살기 시작했어요. 공룡들의 세상이었던 중생대는 약 2억 5,000만 년 전~6,500만 년 전까지이고 인류가 출현한 신생대는 약 6,500만 년 전부터 지금까지를 말해요.

읽은날: 월 일

오늘의 지식 하나
296

과학·자연 주간

• 지형으로 본 지구 •
바다

💡 갯벌이 지구의 허파라고?

갯벌을 '지구의 허파'라고 해요. 갯벌에는 다양한 생물이 살고 있을 뿐만 아니라 오염된 물질을 정화하기도 하고 해일로부터 육지를 보호하기도 하기 때문이지요. 또한 갯벌에 바닷물을 가두고 햇볕에 증발시키면 소금을 얻을 수도 있어요.

바다는 어떻게 생겨났을까?

지구가 처음 만들어졌을 때는 바다가 없었어요. 그러던 중 엄청난 화산이 폭발하면서 수증기가 생기고 지구 밖 천체들이 충돌하면서 생긴 열이 수증기가 되어 지구 대기권으로 들어왔지요. 시간이 지나면서 수증기가 비가 되어 내려 강이 되고 호수가 되어 큰 바다를 이루었어요. 지금으로부터 약 38억 년 전 일이에요. 이때 빗물과 함께 땅에 있던 물질이 씻겨 내려갔어요. 화산이 폭발할 때 나온 염소와 땅에 있던 나트륨이 바다로 흘러가 염화나트륨을 만들어서 바닷물이 짠맛이 나는 거예요.

너무 짜서 생물이 살 수 없는 사해

바닷물보다 10배는 짠 곳이 있어요. 이스라엘과 요르단 사이에 있는 사해예요. 먼 옛날부터 존재한 이곳은 물이 너무 짜서 물고기나 해초가 살 수 없을 정도라 '사해(死海)'라고 불러요.

☞ **사해** 사실 사해는 바다가 아니라 호수예요. 강물이 들어와도 빠져나갈 곳이 없고 수분이 잘 증발되기 때문에 바다보다 더 짠 곳이 되었어요. 사해에서는 몸을 움직이지 않아도 물 위에 뜨는 신비한 경험을 할 수 있어요.

과학·자연 주간

오늘의 지식 하나
297

읽은 날: 월 일

• 지형으로 본 지구 •

강

 강은 어떻게 생길까?

눈이나 비가 내리면 땅에 스며들어 지하수가 되고 나머지는 낮은 곳으로 흘러요. 물이 흐르면서 물길이 생기고, 넓고 길게 흐르는 큰 물줄기가 바로 강이에요. 강은 단순히 물이 흐르는 것이 아니라 침식과 운반 그리고 퇴적 작용을 하면서 여러 지형을 만들어요.

한강 때문에 싸운 나라

예로부터 한강 유역에는 넓고 기름진 땅이 있어 살기 좋았어요. 또한 뱃길을 이용할 수 있어 교통이 편해 나라가 빠르게 발전할 수 있었지요. 그래서 삼국 시대에는 한강을 차지하기 위해 많은 전쟁을 치렀어요. 한강을 차지하는 나라가 전성기를 누렸지요. 삼국 중 한강을 맨 처음 차지했던 백제는 4세기 때가 전성기였어요. 하지만 이후 고구려가 빼앗아 전성기를 이루었고, 그 다음 한강을 차지한 신라가 676년에 삼국을 통일했어요.

강의 생김새

물길을 따라 강의 상류에 이르면 물이 아주 빠르게 흘러요. 빠르게 흐르면서 강바닥을 깎기 때문에 V자 계곡이 생겨요. 상류를 지나온 물은 중류에 이르면 속도가 느려져요. 서로 부딪힌 돌이 둥글둥글하게 깎이고 강의 폭도 넓어지지요. 강 하류에는 돌이 아주 작게 쪼개져서 자갈이나 모래에 가까워져요.

엘베강(작센 스위스)

☞ **한강** 한강은 남한강과 북한강이 만나 서울을 거쳐 서해로 흘러가요. 남한강은 강원도에서 시작해 양수리로, 북한강은 금강산에서 시작해 양수리로 흘러가요. 남한강과 북한강이 만나는 지점이 양수리(두물머리)예요.

읽은날: 월   일

오늘의 지식 하나
298

과학·자연 주간

· 지형으로 본 지구 ·
호수

💡 호수마다 물맛이 다르다고?

호수는 보통 민물로 된 담수호예요. 담수호의 물은 농업용수나 공업용수 그리고 생활용수로 쓰이지요. 그런데 바닷물처럼 짠맛이 나는 호수인 염호도 있어요. 사해나 러시아 남부에서 이란 북부에 걸쳐 있는 카스피해, 미국의 그레이트솔트호는 물맛이 짠 염호예요.

호수는 어떻게 생기는 걸까?

육지가 우묵하게 파여 물의 깊이가 5m 이상인 곳을 호수라고 해요. 그 이하는 늪이라고 하지요. 호수는 백록담이나 천지처럼 화산 폭발로 생기기도 하고 지각 운동으로 생기기도 해요. 그리고 하천의 침식이나 흐름으로 인해 소뿔 모양의 호수가 생기기도 하지요. 또한 바다 일부가 떨어져 나가 생기기도 하는데 이런 호수를 '석호'라고 해요. 우리나라 동해안의 경포호, 청초호, 영랑호 등이 석호예요.

인공 호수는 왜 만들까?

농사를 지을 때 물은 아주 중요해요. 가뭄이 들어 물을 제때에 공급하지 못하면 농사를 망칠 수 있지요. 그래서 물을 가두어 저수지를 만든 것이 인공 호수의 시작이에요. 전라북도 김제의 벽골제가 우리나라 최초의 인공 호수지요. 벽골제의 수문을 열고 닫아 벼농사를 짓는 평야에 물을 공급했어요.

미국 오리건주의 분화구 호수

👉 **의림지** 충청북도 제천에 있는 의림지는 신라 진흥왕 때 만든 인공 호수예요. 김제 벽골제, 밀양 수산제와 함께 오래된 시설로 지금도 물을 가두었다가 들판에 물을 공급하고 있어요.

과학·자연 주간

• 지형으로 본 지구 •
폭포

오늘의 지식 하나
299

읽은날: 월   일

 폭포는 어떻게 만들어질까?

강물이 급한 경사나 수직으로 떨어지는 물줄기를 폭포라고 해요. 단단한 암석을 지나던 물줄기가 무른 암석을 지날 때 암석이 깎이면서 급한 경사가 생겨 폭포가 만들어져요. 단층으로 강바닥이 내려앉아 생긴 낭떠러지나 빙하 때문에 깎인 계곡에 폭포가 생기기도 해요.

이구아수 폭포

세계에서 가장 큰 폭포

세계에서 가장 큰 폭포는 브라질과 아르헨티나 국경에 있는 이구아수 폭포예요. '큰 물' '위대한 물'이라는 뜻의 이구아수 폭포는 너비가 4.5km나 돼요. 272개의 크고 작은 폭포로 이루어져 있으며 엄청난 양의 물이 말발굽 모양의 가운데로 쏟아져요. 미국과 캐나다에 걸쳐 있는 나이아가라 폭포는 55m 높이에서 천둥 소리를 내며 떨어져요. 또 아프리카에 있는 빅토리아 폭포는 '포효하는 연기'라는 뜻이에요. 나이아가라 폭포의 두 배나 되는 높이에서 떨어져 멀리서도 소리를 들을 수 있어요.

바다로 떨어지는 폭포

제주도 서귀포에 있는 정방폭포는 특이하게 바다로 떨어져요. 하얀 비단을 드리운 것 같다고 해서 정방폭포인데 동양에서 바다로 직접 떨어지는 유일한 폭포예요.

☞ **단층** 지각에 큰 힘이 작용하면 단단한 땅이 휘기도 하고 끊어지기도 해요. 휜 구조는 습곡, 끊어진 구조는 단층이라고 하지요. 단층은 힘의 방향에 따라 위아래로 생기기도 하고 수평으로 어긋나기도 해요.

읽은날: 　월　　일

오늘의 지식 하나
300

과학·자연 주간

• 지형으로 본 지구 •
사막

사막은 어떻게 생겨날까?

사막은 비가 1년에 250mm 이하로 오는 곳이에요. 적도에 가까운 지역은 기온이 높고 공기가 메말라요. 바다와 먼 내륙에 있으면 늘 건조해서 열대 사막이 되기 쉽지요. 너무 추우면 습기가 얼어 건조해져 사막이 되기도 해요.

사막에는 풀이 살지 못할까?

사막에도 식물이 살아요. 물이 부족해 우리 주위에 있는 식물하고 모습이 조금 다르지요. 물을 저장하기 위해 식물의 줄기는 굵고, 증발을 막기 위해 잎이 아주 작아요.

사막에 가끔 비가 오면 웅덩이가 생기고 지하수가 솟아나 오아시스가 생기기도 해요. 오아시스는 인간은 물론 동식물에게도 중요한 곳이에요.

사막에 사는 동물

사막은 생물이 살기 힘든 환경이지만 사막에 사는 동물도 있어요. 대부분 뜨거운 낮에는 땅속이나 굴에서 지내고 밤에 활동하지요. 사막 하면 떠오르는 낙타는 등에 에너지를 낼 수 있는 지방을 저장하고 있어요. 한 번에 많은 양의 물을 마셔 오랫동안 물 없이도 견딜 수 있지요. 또한 두꺼운 가죽과 털이 낮에는 햇볕을 막고 밤에는 보온을 해 주어 사막에 잘 적응할 수 있어요.

사막에 사는 낙타

☞ **오아시스** '사막의 꽃'이라 불리는 오아시스는 사막에서 땅속 깊은 곳에 있던 지하수가 밖으로 올라온 곳이에요. 사막에서는 사람들이 오아시스를 중심으로 모여 살며 농사를 짓기도 해요.

과학·자연 주간

오늘의 지식 하나
301

읽은 날: 월 일

• 지형으로 본 지구 •
남극·북극

남극하고 북극은 다를까?

북극은 바닷물이 얼어서 만들어진 거대한 얼음 덩어리예요. 우리가 보는 북극은 바닷물에 가라앉은 거대한 빙산의 약 10% 정도밖에 안 돼요. 그에 비해 남극은 대륙이에요. 오랜 세월 동안 대륙 위에 눈이 쌓여서 약 2km 두께의 얼음 덩어리가 덮고 있는 것이지요.

남극이 더 추울까, 북극이 더 추울까?

남극과 북극은 얼음으로 뒤덮여 똑같은 것 같지만 남극이 북극보다 더 추워요. 남극은 대륙이라 열을 쉽게 내보내지만 북극은 바다로 이루어져 있어 태양열을 오래 유지하지요. 또 북극은 대륙으로 둘러싸여 있고 주위에 따뜻한 해류도 흘러요. 그래서 아주 추운 남극에는 주민들이 살지 않지만 북극에는 원주민인 이누이트족(에스키모)이 살고 있어요.

남극에는 펭귄만 살고 있을까?

남극에는 세계 여러 나라의 기지가 있어요. 어느 한 나라의 영유권을 허용하지 않고, 순수하게 과학 연구와 조사를 할 수 있도록 자유를 보장받은 곳이에요. 우리나라도 1988년에 남극 세종기지를 세우고 2014년에 장보고 기지를 세워 연구원들이 연구 활동을 하고 있어요.

남극의 펭귄들

☞ **빙하와 빙산** 빙하는 육지의 눈이 오랫동안 쌓여서 다져진 얼음 층이에요. 속도는 느리지만 위에서 아래로 흘러요. 빙하가 바다로 흘러 들어간 것이 빙산이에요. 빙산은 물에 떠 있는 얼음 조각으로, 물 위로 최소 5m 이상이 되어야 해요. 그 이하는 유빙이라고 하지요.

읽은 날: 월 일

오늘의 지식 하나
302

역사 주간

• 20세기 중대 사건 •

인류 첫 비행 성공

라이트 형제

라이트 형제

하늘을 나는 것은 아주 오래 전부터 인간의 꿈이었어요. 그리고 그 꿈을 이룬 사람은 윌버 라이트와 오빌 라이트 형제예요. 장난감이나 자전거를 만들어 파는 일을 하던 라이트 형제는 독일의 오토 릴리엔탈이 만든 글라이더에 관심이 많았어요. 언젠가 하늘을 나는 기구를 만들겠다고 결심했지요.

그런데 하늘을 날려면 날개는 가볍고 엔진은 강력하며 비행 방향을 조절할 수 있는 장치도 필요했어요. 라이트 형제는 엔진을 비롯해 방향 조절 장치까지 직접 만들었어요.

세계 최초의 비행

라이트 형제는 1,000여 번의 비행 실험 끝에 1903년 12월 14일, 키티호크섬에서 플라이어호의 시험 비행을 했어요. 윌버가 탄 플라이어호는 이륙한 지 3초 만에 떨어졌지만, 3일 후 오빌은 플라이어호를 타고 12초 동안 하늘을 날았어요. 네 번의 비행을 하는 동안 59초나 날기도 했어요. 엔진의 힘으로 하늘을 난 세계 최초의 비행이었지요. 1908년, 라이트 형제는 공식적으로 비행 시범을 보여 전 세계를 놀라게 했어요.

☞ **글라이더** 엔진이나 프로펠러 없이 바람의 힘으로 나는 글라이더는 새를 관찰하던 독일의 오토 릴리엔탈이 1891년에 처음으로 만들었어요. 1895년에는 350m를 활공해 하늘을 날려는 인간의 꿈을 이루었지요. 또한 라이트 형제가 비행기를 만드는 데 많은 영향을 주었어요.

315

역사 주간

오늘의 지식 하나
303

읽은날: 월 일

• 20세기 중대 사건 •

제1·2차 세계 대전

💡 왜 세계 대전이라고 할까?

세계 여러 나라가 참여한 큰 전쟁이라 '세계 대전'이라고 해요. 20세기에는 두 번의 세계 대전이 있었는데 첫 번째 대전은 식민지 때문에 일어났어요. 미국이 참전하면서 연합군이 승리했고 독일은 식민지를 모두 돌려주었어요.

제1차 세계 대전은 왜 일어났을까?

유럽 강대국들이 아시아와 아프리카에 식민지를 건설할 때 식민지를 얻지 못한 오스트리아는 발칸 반도로 눈을 돌렸어요. 마침 독립을 하려던 세르비아는 세력을 뻗쳐 오는 오스트리아가 마음에 들지 않았어요. 결국 사라예보에 온 오스트리아 황태자 부부를 살해하는 사건이 발생했지요. 이 사건으로 오스트리아가 세르비아에 전쟁을 선포하고, 러시아를 비롯한 독일, 프랑스, 일본, 영국이 끼어들면서 제1차 세계 대전이 시작되었어요.

제1차 세계 대전 당시 무기 공장

제2차 세계 대전은 왜 일어났을까?

제1차 세계 대전 후 엄청난 배상금을 물어낸 독일은 물가가 치솟고 실업자가 넘쳐났어요. 그리고 1933년, 히틀러가 수상이 되었어요. 이듬해, 히틀러는 독일 제국을 선포하고 총통에 올라 전쟁을 준비했어요. 그리고 1939년, 폴란드를 침략하면서 제2차 세계 대전이 일어났지요.

☞ **히틀러** 제1차 세계 대전에 참전했던 히틀러는 제대 후 독일 노동당(나치스)에 들어갔어요. 사람들을 끌어들이는 힘이 있던 히틀러는 총통에 올라 물가를 안정시키고 국력을 키웠지만 제2차 세계 대전을 일으켰어요.

읽은날: 　월　　일

오늘의 지식 하나
304

역사 주간

• 20세기 중대 사건 •

러시아 혁명

> 💡 '피의 일요일'이란?
>
> 러일 전쟁에서 일본에 패한 러시아는 경제적으로 아주 어려워졌어요. 1905년 1월, 견디다 못한 노동자들이 황제를 만나려고 궁전으로 몰려갔지만 니콜라이 2세는 노동자들에게 총을 겨누어 1,000여 명이 죽고 2,000명 이상 다쳤어요. 이 사건을 '피의 일요일'이라고 해요.

3월 혁명(구력 2월)

제1차 세계 대전이 일어나자 니콜라이 2세는 군대를 파견했어요. 그러자 1917년 3월, 굶주리던 노동자와 농민들은 소비에트(러시아어로 '평의회'. 노동자, 농민, 군사 대표자로 구성)를 만들고 시위를 했어요. 전쟁에 지친 군인들까지 시위에 가담하자 결국 니콜라이 2세는 황제에서 물러났어요. 그리고 러시아 공화국 임시 정부가 들어섰어요.

11월 혁명(구력 10월)

3월 혁명으로 임시 정부가 들어섰지만 노동자들이 원하는 문제는 해결되지 않았어요. 그러자 1917년 11월, 레닌과 레닌을 지지하는 볼셰비키당을 중심으로 노동자와 농민, 군인들이 임시 정부를 몰아내고 권력을 잡았지요. 레닌은 볼셰비키당의 이름을 공산당으로 바꾸고 전쟁을 멈추었어요. 그리고 세계 최초로 노동자와 농민 정부를 내세운 사회주의 국가가 탄생했어요.

러시아 혁명 당시의 모습

👉 **그레고리력** 러시아가 예전에 사용한 율리우스력은 우리가 일반적으로 사용하는 태양력인 그레고리력보다 13일이 늦어요. 그래서 러시아 혁명이 일어난 날짜가 러시아 사람들에게는 1917년 2월과 10월이지만 그레고리력으로는 3월과 11월이에요. 혁명 이후 그레고리력을 사용하게 돼요.

역사 주간

오늘의 지식 하나
305

읽은날: 월 일

• 20세기 중대 사건 •

세계 대공황

💡 대공황은 왜 일어났을까?

제1차 세계 대전이 끝나고 미국은 엄청난 경제 호황으로 세계에서 가장 큰 부자가 되었어요. 그런데 공장을 많이 지어 물건이 넘쳐나자 값이 떨어져 기업이 문을 닫았지요. 일자리를 잃은 사람들은 늘어나고 생활은 점점 어려워졌어요.

검은 목요일

1929년 10월 24일, 주가가 갑자기 떨어지자 주식을 팔려는 사람들이 많아져 주식 값이 절반이나 떨어졌어요. 이날을 '검은 목요일'이라고 해요. 11월에는 더 떨어져 주식이 아예 휴지 조각이 되고 말았어요. 그래서 더 많은 기업들이 문을 닫았고, 기업에 돈을 빌려준 은행은 돈을 돌려받지 못해 문을 닫을 수밖에 없었지요. 은행이 문을 닫자 예금한 돈을 찾지 못한 사람들은 하루하루를 걱정할 지경에 이르렀어요. 이 사태를 '대공황'이라고 해요.

뉴딜 정책

대공황으로 혼란스러울 때 대통령이 된 루스벨트는 뉴딜 정책으로 미국 경제를 조금씩 살려 나갔어요. 일자리를 만들고 정부에서 농산물을 사들여 가격이 떨어지는 것을 막았어요. 또 기업이 함부로 물건을 생산하고 값을 정하지 못하게 했지요. 그 덕분에 미국 경제는 조금씩 살아나 대공황에서 벗어날 수 있었어요.

☞ **루스벨트(1882~1945)** 미국의 제32대 대통령. 부통령 후보로 지명되어 대선에서 진 뒤 다시 변호사 활동을 했어요. 39세에 소아마비에 걸려 다리가 불편했지만 치료 후 다시 정계에 복귀했어요. 1932년 대통령 후보로 지명받자 뉴딜 정책을 제창하며 대통령에 당선됐어요. 네 번이나 대통령에 당선된 4선 대통령이에요.

• 20세기 중대 사건 •

원자 폭탄 투하

리틀보이와 팻맨

　1945년 5월, 제2차 세계 대전은 독일이 연합군에 항복해 끝나 가는 듯했어요. 하지만 일본은 항복하지 않고 버텼어요. 오히려 진주만을 공격해 미국을 세계 대전에 끌어들였지요. 전쟁이 끝날 기미가 보이지 않자 미국의 트루먼 대통령은 일본에 원자 폭탄을 떨어뜨리기로 결정했어요. 그리고 1945년 8월, 일본의 히로시마와 나가사키에 각각 리틀보이와 팻맨이란 이름의 원자 폭탄을 떨어뜨렸지요. 이로 인해 수많은 사람이 목숨을 잃자 일본은 8월 15일에 무조건 항복을 했어요.

평화를 지키려 만든 원자 폭탄

　히로시마와 나가사키에 떨어뜨린 원자 폭탄은 인류 최초의 핵무기예요. 원자 폭탄으로 히로시마에서 14만 명이 목숨을 잃었고, 나가사키에서도 약 4만 명이 목숨을 잃었어요. 그 이후에도 폭탄이 터지면서 나온 방사선 때문에 많은 사람이 병에 걸려 죽고, 후손들도 고통을 받고 있어요.

　원자 폭탄은 원래 평화를 지키기 위해 만들었어요. 제2차 세계 대전 당시 독일이 원자 폭탄을 연구 중이라는 것을 알고 아인슈타인은 미국이 먼저 만들기를 바랐어요. 그러면 독일의 전쟁을 막을 수 있을 것으로 생각했지요. 하지만 미국은 일본이 진주만을 습격하는 등 전쟁을 끝내려 하지 않자 원자 폭탄 투하를 결정했어요.

☞ **진주만** 미국 하와이의 오아후섬은 진주를 만들어 내는 굴 때문에 진주만이라는 이름이 붙었어요. 이곳에 미군 방어 기지를 건설했지만 1941년 12월 일본의 공격으로 미군 전함 21대와 비행기 188대가 파괴되거나 손상됐어요. 이에 미국은 본격적으로 제2차 세계 대전에 참전했지요.

역사 주간

오늘의 지식 하나
307

읽은날: 　월　　일

• 20세기 중대 사건 •

베를린 장벽 붕괴

베를린 장벽은 왜 세워졌을까?

독일도 예전에는 우리나라처럼 동독, 서독으로 나뉘어 있었어요. 그래도 서독과 동독은 비교적 자유롭게 오갈 수 있었지요. 그런데 동독에서 서독으로 넘어오는 사람들이 늘어나자 1961년 동독 정부가 콘크리트 벽을 세웠어요. 바로 베를린 장벽이에요. 베를린 장벽이 세워진 뒤로는 허가를 받고 브란덴부르크 문을 통해서만 왕래가 가능했지요. 두 나라를 가로막은 베를린 장벽은 오랫동안 동서 냉전의 상징물이었어요.

브란덴부르크 문

베를린 장벽이 무너진 날

소련의 공산주의 체제가 무너지고 동유럽의 사회주의 국가들이 개혁을 하면서 동독에서 서독으로 넘어가려는 사람들이 많아졌어요. 그 후 국경을 넘는 것이 쉬워지자 동독 사람들은 머지않아 베를린 장벽이 열릴 것이라고 여겼어요. 점점 더 많은 동독 사람들이 서독으로 넘어갔고, 곡괭이와 망치로 벽을 부수기 시작했지요.

1990년 6월 14일, 동독 정부는 베를린 장벽을 공식적으로 철거했어요. 그리고 1990년 10월 3일, 서독과 동독은 통일이 되었어요.

☞ **브란덴부르크 문** 독일 베를린의 중심가에 있는 건축물이에요. 프리드리히 빌헬름 2세의 명령으로 세워진 고전주의 양식의 건축물이지요. 독일이 동독과 서독으로 나뉘었을 때 베를린의 경계가 되었고, 통일이 된 후에는 독일의 상징이 되었어요.

읽은날: 월 일

오늘의 지식 하나
308

역사 주간

• 20세기 중대 사건 •

미국 9·11 테러

9·11 테러 당시 모습

9·11 테러는 왜 일어났을까?

2001년 9월 11일, 비행기 한 대가 미국의 세계 무역 센터 쌍둥이 빌딩 중 하나를 들이받았어요. 곧이어 다른 비행기가 나머지 빌딩에 부딪치면서 불길이 치솟아 쌍둥이 빌딩이 폭삭 무너져 내렸지요. 이 사건으로 3,000명에 가까운 사람들이 목숨을 잃었어요. 쌍둥이 빌딩이 무너지는 비슷한 시간에 미국 국방부도 공격을 받았어요. 조사 결과 9·11 테러는 알카에다가 일으킨 것으로 밝혀졌어요. 알카에다는 사우디아라비아 출신인 오사마 빈라덴이 이끄는 이슬람 집단이에요. 미국이 이스라엘과 이슬람 국가 사이에 분쟁이 있을 때마다 이스라엘 편을 들자 이슬람교도들은 미국을 적으로 생각했어요. 그래서 미국에 대한 증오로 비행기를 공중 납치해 일부러 빌딩에 부딪치게 한 거예요.

테러와의 전쟁

당시 부시 미국 대통령은 테러와의 전쟁을 선포했어요. 그리고 오사마 빈 라덴이 체류 중일 것으로 여긴 알카에다 테러리스트 훈련 캠프와 아프가니스탄 탈레반 정권의 군사 시설에 첫 공습을 실시했어요. 오사마 빈 라덴은 2011년 미군의 총에 맞아 사망했어요.

☞ **테러** 테러는 개인 또는 단체가 폭력을 휘둘러 사람들을 공포에 빠뜨리는 행위를 말해요. 사상이나 정치적 목적을 이루기 위해 죄 없는 시민들까지 공격하기도 하지요. 테러를 저지르는 사람을 테러리스트라고 해요.

• 한국의 고전 •

<구운몽>

<구운몽>은 누가 지었을까?

구운몽의 작가는 김만중(1637~1692)이에요. 효성이 지극했던 김만중은 유배지에서 어머니를 위로하려고 <구운몽>을 지었어요. <구운몽(九雲夢)>에서 '구(九)'는 젊은 승려 성진과 팔선녀를 가리키고 '운(雲)'은 인간의 삶, '몽(夢)'은 꿈이에요. '아홉 사람이 꾼 꿈'이라는 뜻이지요.

<구운몽>은 어떤 이야기일까?

인간 세상으로 쫓겨난 성진은 양처사의 아들 '양소유'로 태어나요. 그리고 벼슬에 오르고 여덟 명의 아내와 행복하게 지내지요.

사람들이 부러워할 만큼 사랑과 존경을 받던 양소유는 문득 모든 것이 부질없음을 깨닫고 불도를 닦기 위해 스승을 찾아 떠나요. 그때 한 승려를 만나면서 자신이 성진이었다는 것을 깨닫지요. 죄를 뉘우치고 육관대사의 제자가 된 성진이 도를 닦은 후 극락세계로 간다는 이야기예요.

읽은날: 월 일

오늘의 지식 하나
310

문학 주간

• 한국의 고전 •

<홍길동전>

💡 <홍길동>의 작가는 누구일까?

<홍길동전>을 지은 허균(1569~1618)은 조선 광해군 때의 문신이자 소설가로 호기심도 많고 배우기를 좋아했대요. 벼슬에 나아가서는 가난하고 천대받는 사람들을 따뜻하게 보살폈어요. 평등한 세상을 꿈꾸던 허균은 우리나라 최초의 한글 소설인 <홍길동전>을 통해 잘못된 사회 제도를 비판했어요.

<홍길동>은 어떤 이야기일까?

홍 판서의 아들인 홍길동은 학식과 무술 실력이 뛰어났어요. 하지만 서자(양반과 양민 여성 사이에서 낳은 아들)라서 늘 차별을 받았지요. 갈수록 차별이 심해지고 심지어 자신을 해치려는 일까지 생기자 길동은 집을 나왔어요. 그리고 '활빈당'이라는 도적들의 우두머리가 되었어요. 홍길동은 활빈당을 이끌며 못된 양반과 벼슬아치의 재산을 빼앗아 가난한 백성들에게 나누어 주었지요.

그 후 홍길동은 활빈당을 이끌고 율도국으로 건너가 그곳을 정벌하고 왕이 되어 태평성대를 누려요.

'호부호형'이 무슨 말일까?

홍길동은 서자라서 아버지를 아버지라고 부르지 못하고 형을 형이라고 부르지 못했어요. 결국 홍길동이 집을 떠나겠다고 하자 홍 판서는 호부호형을 허락했어요. 호부호형(呼父呼兄)은 '아버지라 부르고 형이라 부른다'는 뜻이에요.

☞ **허난설헌** 조선 중기의 시인 허난설헌(1563~1589)의 본명은 초희예요. 허균의 누나로 어려서부터 신동으로 불릴 정도로 글재주가 뛰어났어요. 하지만 자신의 재능을 다 펼치지 못하고 일찍 세상을 떠났어요. 허균은 일찍 세상을 떠난 누나를 안타까워하며 허난설헌의 시 200여 편을 모아 <난설헌집>을 만들었어요.

• 한국의 고전 •

<심청전>

💡 판소리 열두 마당이란?

지금까지 알려진 판소리는 모두 열두 마당이에요. 그중 창이 전해지는 작품은 <심청가>, <춘향가>, <흥부가>, <수궁가>, <적벽가>이고, 창이 전해지지 않는 작품은 <옹고집타령>, <배비장타령>, <장끼타령>, <변강쇠타령>, <강릉매화타령>, <무숙이타령>, <가짜신선타령>이에요.

<심청전>은 어떤 이야기일까?

앞을 볼 수 없는 청이 아버지 심학규는 아내가 세상을 떠나자 젖을 얻어먹여 가며 어렵게 딸을 키웠어요. 그러던 어느 날, 심학규는 다리를 건너다 물에 빠지고 말았어요. 심학규를 구해 준 스님은 공양미 300석을 부처님께 바치면 눈을 뜰 수 있다고 했지요. 효녀 심청은 뱃사람들에게 공양미 300석을 받기로 하고 제물이 되어 인당수에 빠졌어요. 이후 용궁에서 어머니를 만난 심청이 연꽃을 타고 인간 세상으로 돌아와 왕비가 되고 아버지를 다시 만난다는 이야기예요.

☞ **인당수** 인당수가 지금의 어디인지는 정확히 알 수 없어요. 다만, 중국과 교류를 하던 바닷길인 것으로 보아 서해 어디쯤일 것이라고 추측할 뿐이에요.

읽은날: 월   일

오늘의 지식 하나
312

문학 주간

• 한국의 고전 •
<콩쥐팥쥐전>

<콩쥐팥쥐>는 어떤 이야기일까?

콩쥐 엄마가 병으로 세상을 떠나자 아버지는 아내를 새로 맞이했어요. 그런데 계모와 딸 팥쥐가 콩쥐에게 못되게 굴었어요. 밑 빠진 독에 물을 채우라 하고, 나무 호미로 돌밭을 매라고 하는 등 힘든 일만 시켰지요. 그럴 때마다 두꺼비와 소 등이 나타나 콩쥐를 도와주었어요.

콩쥐는 시내에 신발을 빠뜨린 것이 인연이 되어 고을 원님과 결혼해요. 질투가 난 계모와 팥쥐가 콩쥐를 연못에 빠뜨리자 원님이 연못물을 퍼내 콩쥐를 살려요. 그리고 못된 짓을 한 계모와 팥쥐에게 벌을 내린다는 권선징악의 교훈이 담겨 있어요.

콩쥐와 신데렐라

콩쥐 이야기는 신데렐라와 비슷해요. 유리 구두의 주인인 신데렐라는 왕자님과 결혼하고, 콩쥐는 원님과 결혼해 행복하게 살지요.

☞ **권선징악** 권선징악은 '착한 일을 권장하고 악한 일에는 벌을 준다'는 뜻이에요. 동화나 우화 그리고 우리나라 고전 소설은 주제가 대부분 권선징악이에요.

문학 주간

오늘의 지식 하나
313

읽은 날: 　월　　일

• 한국의 고전 •

<흥부전>

💡 <흥부전>은 어떤 이야기일까?

착한 동생 흥부가 제비 다리를 고쳐 주고 박씨를 얻어 부자가 되자 형 놀부도 부자가 되려고 일부러 제비 다리를 부러뜨리고 박씨를 얻어요. 흥부네 박 속에는 금은보화가 가득했지만 놀부네 박 속에는 온갖 흉한 것이 가득 차 놀부가 모든 재산을 잃는다는 이야기예요.

흥부는 어떤 사람일까?

마음씨 착한 흥부는 놀부가 갑자기 내쫓았지만 가족을 데리고 말없이 집을 나왔어요. 놀부네 집에 먹을 것을 얻으러 갔다가 놀부 아내에게 밥주걱으로 뺨을 맞고 쫓겨나기도 하지요.

흥부는 바닥에 떨어진 제비를 구해 정성껏 돌봐 주었어요. 그리고 박씨를 얻어 큰 부자가 되지요. 뿐만 아니라 자신을 괴롭혔던 놀부가 거지 꼴이 되었을 때도 따뜻하게 위로하는 착한 주인공이에요.

놀부는 어떤 사람일까?

심술쟁이 놀부는 쫓아 낸 동생이 부자가 되었다는 소식에 흥부네로 달려가 돈궤와 화초장까지 얻어와요. 하지만 놀부의 못된 심보를 아는지 집에 와서 돈궤를 열어 보면 구렁이가 앉아 있고, 흥부네로 도로 가져가서 열어 보면 돈이 가득 들어 있었어요. 제비 다리를 일부러 부러뜨리고 박씨를 얻지만 박 속에서 거지떼, 사당패, 놀부네 안방을 묘로 쓰겠다는 상제 그리고 무시무시한 장군이 나타나 기절까지 하고 말아요.

☞ **화초장타령** <흥부가>에서 놀부가 흥부한테 빼앗은 화초장을 가지고 가며 부르는 노래예요. 욕심쟁이 놀부가 화초장 이름을 계속 외우다가 도랑을 건넌 후 화초장 이름을 까먹고 허둥대는 모습을 재미있게 표현했어요.

읽은날: 월 일

오늘의 지식 하나
314

문학 주간

• 한국의 고전 •
<춘향전>

<춘향전>은 어떤 이야기일까?

<춘향전>은 작자를 알 수 없는 고전 소설이자 한글 소설이에요.

조선 숙종 때 전라도 남원의 기생 월매에게는 딸 춘향이 있었어요. 단옷날, 그네 타는 춘향을 본 이몽룡은 한눈에 반했어요. 춘향도 이몽룡에게 마음을 빼앗겨 두 사람은 앞날을 약속하지요. 하지만 이몽룡이 갑자기 아버지를 따라 한양으로 떠나고 춘향은 이몽룡을 기다려요.

몇 달 뒤, 남원에 변학도라는 사또가 와요. 변 사또는 미인으로 소문난 춘향을 만나고 싶어 하지만 춘향은 변 사또의 말을 듣지 않아 매도 맞고 감옥에 갇혀요. 그 뒤 과거에 장원 급제해 암행어사가 된 이몽룡이 와서 변 사또는 벌을 받고 이몽룡과 춘향은 결혼해서 행복하게 살아요.

춘향은 양반일까, 아닐까?

조선 시대에는 양민과 천민으로 신분을 구분하는 '양천제'가 있었어요. 하지만 실제로는 양반, 중인, 상민 그리고 천민으로 구별되었지요. 신분은 자손 대대로 이어졌고, 결혼도 신분이 같은 사람끼리 했어요. 신분이 낮은 사람이 높은 사람과 결혼하면 자식은 낮은 신분을 따라야 했지요. 따라서 기생 엄마와 양반 아버지 사이에서 태어난 춘향은 양반이 아니었어요. 하지만 변 사또의 횡포에도 꿋꿋하게 버틴 춘향은 이몽룡과 신분을 뛰어넘은 사랑을 이루었어요.

☞ **단옷날** 단오는 음력 5월 5일로 여자들은 창포 물에 머리를 감고 그네를 타요. 그리고 남자는 씨름을 하며 보내지요. 모내기를 끝내고 풍년을 기원하는 제사도 지내며 예전에는 큰 명절로 여겨 여러 가지 행사를 했어요.

• 한국의 고전 •

<토끼전>

<토끼전>은 어떤 이야기일까?

남해 용왕이 큰 병이 났어요. 신하들이 온갖 약을 다 써 보고 용한 의원도 불렀지만 소용없었지요. 그러던 어느 날, 신선이 육지에 사는 토끼의 간을 먹으면 낫는다고 해 자라가 토끼를 잡으러 육지로 가요. 자라의 꾐에 넘어가 용궁까지 간 토끼는 간을 육지에 두고 왔다고 꾸며 대지요. 육지로 돌아온 토끼가 자라의 어리석음을 놀리며 도망친다는 이야기예요.

김춘추의 목숨을 구한 이야기

<삼국사기>의 '김유신전'에는 토끼와 거북의 설화인 '구토 설화'가 나와요. 신라의 김춘추(훗날의 무열왕)는 백제를 공격할 구원병을 얻으러 고구려에 갔다가 감옥에 갇혀요. 하지만 꾀를 내 풀려난 뒤 신라가 삼국을 통일하는 기틀을 다져요. 구토 설화는 판소리 <수궁가>와 소설 <토생원전>, <별주부전>의 뿌리가 되었어요.

☞ **우화 소설** 우화 소설은 사회의 불만을 표현하거나 풍자할 수 있는 이야기 형식이에요. 동물과 식물을 내세워 사람들의 문제를 다루기 때문에 현실을 비판하는 데 많이 사용했어요. 우리나라는 신라 시대 설총이 <화왕계>라는 우화를 지은 것을 시작으로, 우화 소설이 가장 많이 나타난 것은 조선 후기예요.

• 꽃 이야기 •
장미

장미에 얽힌 이야기

옛날, 이스라엘에 '자이라'라는 아가씨가 있었어요. 상냥하고 예쁜 자이라는 모든 사람들에게 사랑을 받았어요. 그런데 햄엘이라는 불량한 청년이 자이라를 괴롭혔어요. 자이라가 피하자 햄엘은 마을에 돌고 있는 전염병이 자이라 때문이라고 나쁜 소문을 퍼뜨렸어요. 자이라는 마녀로 몰려 화형을 당하게 되었지요.

그런데 장작에 불을 붙여도 자이라에게는 불이 붙지 않았어요. 어느 새 장작더미에서 싹이 나고 꽃봉오리가 맺히더니 불이 꺼지고 자이라 발 밑에 꽃들이 피어났지요. 그제야 사람들은 자이라에게 죄가 없다는 것을 알고 풀어주었어요. 자이라 발 밑에서 핀 꽃이 바로 장미예요.

장미의 꽃말

장미는 색깔마다 꽃말이 달라요. 빨간 장미의 꽃말은 '불타는 사랑', '아름다움'이에요. 주황 장미는 '수줍음', '첫사랑'이고 흰 장미는 '존경', '비밀'이에요. 분홍 장미는 '행복한 사랑', 노란 장미는 '우정'과 '평화'인데 '질투'와 '이별'의 의미도 있어요. 그리고 흔하지 않은 파란 장미는 '희망', '기적', '불가능'이라는 꽃말이 있어요.

☞ **장미 전쟁** 옛날, 영국의 랭커스터 가문과 요크 가문 사이에 전쟁이 일어났어요. 랭커스터가의 문장은 붉은 장미, 요크가의 문장은 흰 장미였어요. 장미를 문장으로 삼은 가문의 전쟁이라고 해서 '장미 전쟁'이라고 불렸지요. 장미 전쟁은 30년 동안 계속됐어요. 훗날 장미는 영국의 국화가 되었어요.

오늘의 지식 하나
317

읽은날: 월 일

• 꽃 이야기 •
백합

💡 백합은 어떤 꽃일까?
향기가 진한 백합은 여러해살이로 키는 1m 정도이며 나팔 모양 꽃이 5~6월에 피어요. 기원전 2,000년~1,400년의 크레타섬 유적지에서 백합이 그려진 항아리와 조각이 발굴된 것으로 보아 기원전부터 키웠던 것으로 추측해요. 이집트 왕의 문장이었다고도 해요.

백합에 얽힌 이야기

독일에 '아리스'라는 효녀가 살고 있었어요. 어느 날, 아리스가 나물을 캐고 있는데 사냥을 나온 성주가 아리스를 보고 한눈에 반했어요. 못된 성주가 아리스를 억지로 데려가려 하자 아리스는 어머니와 함께 달아났어요. 하지만 성주는 신하들에게 명령해 아리스와 어머니를 찾아냈지요. 두려움에 떨던 아리스의 어머니는 딸을 지켜 달라고 간절히 기도했어요. 그러자 아리스가 사라지고 그 자리에 한 송이 꽃이 피어났는데 바로 백합이에요.

백합의 꽃말

백합은 기독교에서 '성모의 꽃'이라고 해요. 그래서 부활절에는 백합으로 장식하지요. 백합의 꽃말은 '변함없는 사랑', '순결'이에요. 영어명은 '릴리(lily)'인데, 라틴어 '희다(li)'와 '꽃(lium)'의 합성어예요.

우리나라에서는 백합을 나리꽃이라고도 불러요. '나팔나리'는 흰색 백합이고, 주황색 꽃잎에 점이 있는 나리는 '참나리'라고 해요.

☞ **여러해살이** 식물이 싹이 트고 꽃을 피운 다음 열매를 맺고 씨를 만들고 죽기까지의 과정을 식물의 한살이라고 해요. 죽지 않고 이듬해 다시 새순이 나서 꽃을 피우고 열매를 맺는 식물이 여러해살이예요.

읽은날: 월 일

오늘의 지식 하나 318

동물·식물·인체 주간

• 꽃 이야기 •

국화

국화에 얽힌 이야기

이탈리아에 꽃을 좋아하는 '타게스'라는 신이 있었어요. 타게스는 금방 시드는 꽃이 마음에 들지 않아 직접 만들기로 했어요. 달콤한 향이 나는 샘물을 떠 오고, 끼고 있던 금반지를 녹여 황금 물을 만들었어요. 그리고 꽃을 여러 장 그렸지만 마음에 들지 않아 그림들 중에 잘된 부분만 오려 꽃을 만들었지요. 아름다운 것만 모여 완성된 꽃은 생각보다 향기도 별로였고 꽃송이도 힘없이 떨어졌어요. 그 모습을 본 꽃의 여신이 타게스가 만든 꽃에 생명을 불어넣자 추위도 잘 견디는 국화가 되었대요.

국화의 꽃말

가을을 대표하는 국화는 크기와 색깔이 다양해요. 꽃말도 서로 다른데, 붉은색 국화의 꽃말은 '진실'이고 노란색 국화는 '짝사랑', '실망', 흰색 국화는 '성실', '진실'이에요. 국화는 예로부터 선비의 기품을 닮았다 해서 매화, 난초, 대나무와 함께 사군자에 속해요.

☞ **중앙절** 음력 9월 9일은 중앙절이라고 해요. 중앙절에는 국화로 화전을 해 먹었어요. 중국에서는 중앙절에 국화주를 마시면 재앙을 막는다고 해서 국화주를 마셔요.

· 꽃 이야기 ·

개나리

개나리에 얽힌 이야기

인도에 새를 좋아하는 공주가 있었어요. 궁궐에 온갖 새를 키웠지만 세상에서 가장 아름다운 새는 찾지 못했어요. 공주는 가장 아름다운 새를 가져오는 사람에게는 큰 상금과 벼슬을 주고, 궁궐 안의 새도 모두 놓아주기로 약속했지요.

어느 날, 한 노인이 공주가 찾던 아름다운 새 한 마리를 들고 찾아왔어요. 공주는 약속대로 궁궐 안의 모든 새를 놓아주었어요. 그런데 노인이 가져온 새는 점점 색깔이 변하더니 울음소리도 이상해졌어요. 그 새는 바로 공주가 가장 싫어하는 까마귀였어요. 공주는 화병이 나서 죽고 말았지요. 이윽고 공주의 무덤에 나무 한 그루가 솟아나 꽃을 피웠는데 바로 개나리예요.

개나리의 꽃말

개나리는 봄을 알리는 꽃이에요. 그래서 꽃말도 '희망', '기대'예요. 이른 봄에 잎보다 노란 꽃이 먼저 가지 가득 피지요. 개나리는 양지는 물론 음지에서도 잘 자라고 추위와 건조한 환경에도 강한 편이에요. 공해에도 강해서 어디서나 잘 적응하고 보통 꺾꽂이로 번식을 많이 해요.

☞ **꺾꽂이** 삽목이라고도 하며 식물을 번식시키는 방법 중 하나로 식물의 가지나 줄기 따위를 잘라 흙에 꽂아 두면 뿌리가 나요. 줄기 외에 잎을 잘라서 묻는 잎꽂이도 있고, 줄기를 묻어 번식하는 줄기묻이도 있어요.

• 꽃 이야기 •

카네이션

💡 카네이션에 얽힌 이야기

먼 옛날, 로마에 관 만드는 솜씨가 뛰어난 '소크니스'라는 아가씨가 있었어요. 하지만 소크니스의 솜씨를 질투한 사람들에 의해 죽고 말지요. 그러자 아폴론이 신단을 아름답게 꾸며 주던 소크니스를 가엾게 여겨 꽃으로 변하게 했는데, 바로 작고 붉은 카네이션이에요.

카네이션 꽃말

붉은 카네이션의 꽃말은 '모정', '건강을 비는 사랑'이에요. 그래서인지 어버이날이나 스승의 날에 카네이션을 감사의 꽃으로 선물하지요.

카네이션은 색깔마다 꽃말이 다른데, 흰색 카네이션은 '나의 애정은 살아 있습니다'이고 노란색 카네이션은 '당신을 경멸합니다'라고 해요.

어버이날은 어떻게 정해졌을까?

미국의 어느 마을에서 존경받던 자비스 부인이 세상을 떠나자 딸이 하얀 카네이션을 바쳤어요. 어머니를 잘 모시지 못한 것이 마음에 걸려 기일에 자비스 부인이 좋아하던 카네이션을 바치자 많은 사람들이 이를 따랐어요. 그리고 1908년 시애틀에서 어머니날을 정하고, 그 후 미국에서는 5월 둘째 일요일을 어머니날로 정했어요.

☞ **어버이날** 우리나라는 5월 8일을 어머니날로 정했다가 1973년부터 어버이날로 이름을 바꾸었어요. 어버이날에는 살아 계신 부모님께는 붉은 카네이션을 드리고 돌아가신 부모님께는 하얀 카네이션을 드려요.

• 꽃 이야기 •

튤립

튤립에 얽힌 이야기

네덜란드에 착하고 아름다운 아가씨가 있었어요. 마을 청년 세 명이 아가씨에게 청혼을 했어요. 한 사람은 성주의 아들, 또 한 사람은 기사, 남은 한 사람은 돈 많은 상인의 아들이었지요.

청년들은 자신이 가지고 있는 가장 값진 것을 내밀며 사랑을 고백했어요. 아가씨는 한 명을 선택해 상처를 주기보다 모두에게 똑같은 사랑을 나누어 주고 싶어 꽃의 여신 플로라에게 꽃이 되게 해 달라고 빌었어요. 플로라가 아가씨의 소원대로 만든 꽃이 튤립이에요. 튤립은 세 청년이 준 왕관 모양 꽃에 검 모양 잎, 보물 상자 모양의 뿌리를 하고 있어요. 튤립의 꽃말은 '영원한 사랑의 고백'이에요.

목숨을 걸었던 알뿌리

1640년, 네덜란드 사람들은 튤립 알뿌리를 사들였어요. 튤립은 알뿌리가 갈라지면서 두 가지 이상의 색을 내는 꽃을 피웠어요. 그러다 보니 언젠가는 귀한 꽃을 피우는 알뿌리가 나와 큰돈을 벌 수 있을 거라고 생각했지요. 귀족부터 시녀에 이르기까지 많은 사람들이 알뿌리를 사들이는 바람에 가격이 엄청나게 오르기도 했어요. 오래전 튤립을 많이 사들였던 네덜란드는 지금은 튤립 수출국이 되었어요.

☞ **튤립** 튤립 하면 네덜란드가 떠오르지만 튤립의 원산지는 터키예요. 이슬람교도들이 머리에 쓰는 두건인 터번은 터키어로 '튤리반다'라고 해요. 튤립이 터번처럼 생겼다고 해서 튤립이라는 이름이 붙었지요.

읽은날: 　월　　일

오늘의 지식 하나
322

동물·식물·인체 주간

• 꽃 이야기 •

프리지어

💡 프리지어는 어떤 꽃일까?

프리지어는 여러해살이이며 남아프리카가 원산지예요. 알뿌리 식물로 여름 전에 캐서 잘 말린 다음 가을에 심으면 이듬해 봄 싹이 터서 잎이 자라요. 그리고 달콤한 향기가 나는 꽃이 피지요. 프리지어의 꽃말은 '순결', '천진난만'이에요.

프리지어에 얽힌 이야기

'프리지어'라는 요정이 있었어요. 프리지어는 소년 '나르키소스'를 짝사랑하고 있었지만 말도 못 붙이고 제대로 바라보지도 못했어요. 어떻게 하면 나르키소스에게 사랑을 고백할지 고민하던 어느 날, 나르키소스가 호수에 비친 자신의 모습에 정신이 팔려 그만 물에 빠져 죽고 말았어요. 사랑하는 사람을 잃은 프리지어는 슬픔을 참지 못하고 나르키소스가 빠진 호수에 뛰어들었지요. 이를 지켜본 신이 프리지어를 예쁜 꽃으로 만들어 주었어요.

또 다른 수선화

많은 요정들이 나르키소스에게 사랑을 고백했지만 모두 거절당했어요. 그러자 복수의 신 네메시스는 나르키소스에게 자신을 사랑할 수밖에 없는 벌을 내려요. 결국 물에 비친 자신을 보고 사랑에 빠진 나르키소스는 세상을 떠나지요. 나르키소스가 머물렀던 자리에 한 송이 꽃이 피어났는데, 바로 수선화예요.

☞ **나르시시즘** 나르키소스처럼 자신을 사랑하는 것을 나르시시즘이라고 해요. 자신을 사랑하는 일은 필요하지만, 자신만을 최고로 여기거나 다른 사람과 어울리지 못할 정도로 심각한 경우를 나르시시즘이라고 해요.

335

• 스포츠 •

스포츠 용어

자주 사용하는 스포츠 용어 모음

- **아마추어** 운동을 취미로 삼아 즐겨 하는 사람. 전문적인 직업 선수는 프로.
- **FIFA(국제 축구 연맹)** 월드컵을 주최하는 단체.
- **IOC(국제 올림픽 위원회)** 올림픽 대회를 주관하는 단체. 우리나라는 1947년에 가입.
- **어시스트** 축구, 농구 등에서 득점하기 좋은 위치에 있는 선수에게 공을 보내 득점을 돕는 일.
- **해트 트릭** 축구, 아이스하키 등에서 한 선수가 한 경기에 3골 이상 넣는 것.
- **콜드 게임** 야구에서 5회 이상의 경기를 마친 뒤 양 팀의 점수 차이가 크거나 비, 분쟁 등으로 더 이상 경기를 할 수 없을 때, 심판이 그때까지의 점수로 승부를 결정한 게임.
- **페널티 에어리어** 축구에서 수비 선수가 반칙했을 때 공격하는 편에게 페널티킥을 허용할 수 있는 구역.
- **리바운드** 농구에서 슈팅한 공이 골인되지 않고 튀어나오는 것을 손으로 잡아내는 기술.
- **홈 플레이트** 야구 경기장에 있는 4개의 베이스 중 홈에 있는 베이스.
- **홈 팀/어웨이 팀** 홈 팀은 자기 팀 근거지에서 다른 팀을 맞이해 싸우는 팀, 어웨이 팀은 원정 온 팀.
- **연장전** 축구에서 연장전은 전후반 각 15분(청소년 이하는 각 10분)이고, 연장전에서도 승부가 안 나면 승부차기로 정함. 농구의 연장전은 5분, 핸드볼은 전후반 각 5분.
- **LPGA** 미국 여자 프로 골프 협회. 미국 남자 프로 골프 협회는 PGA.

읽은날: 월   일

오늘의 지식 하나
324

예술·스포츠 주간

• 스포츠 •

선수 유니폼

 선수들은 왜 몸에 딱 달라붙는 옷을 입을까?

육상, 수영, 사이클, 빙상과 같이 0.001초를 다투는 기록 경기에서는 유니폼에 따라 기록이 달라질 수 있어요. 기록 경기의 운동 선수 유니폼이 몸에 딱 달라붙는 이유는 활동성을 높이고 공기 저항을 줄여 좋은 기록을 내기 위해서예요.

골키퍼는 왜 다른 유니폼을 입을까?

축구 경기에서 골키퍼는 같은 팀인데도 디자인이 다른 유니폼을 입어요. 축구에서 손을 사용할 수 있는 유일한 선수인 골키퍼는 자신의 팀 진영의 페널티 에어리어에서만 손을 사용할 수 있어요. 만약 골키퍼가 페널티 에어리어 밖에서 손을 사용했을 경우에는 반칙이에요. 필드 선수와 골키퍼를 구분하기 위해 유니폼이 다른 거예요.

착용이 금지된 유니폼

2008년 베이징 올림픽 때 수영 선수들은 전신 수영복을 입었어요. 전신 수영복 덕분에 베이징 올림픽에서는 세계 신기록이 쏟아져 나왔지요. 그런데 수영 선수들의 순수한 실력이 아닌 첨단 기술을 반영했기 때문에 베이징 올림픽 이후 공식 대회에서는 전신 수영복 착용이 금지되었어요.

☞ **심판** 레퍼리(refree): 축구, 농구, 하키, 권투 같은 종목의 심판.
엄파이어(umpire): 야구, 배구, 탁구 같은 종목의 심판.
저지(judge): 육상, 레슬링, 체조 같은 종목의 심판.

• 스포츠 •

올림픽의 역사

한눈에 살펴보는 올림픽의 역사(회수/개최지와 연도)

제1회 아테네 올림픽(그리스, 1896), 첫 현대 올림픽 대회.

제2회 파리 올림픽(프랑스, 1900), 여자 선수가 처음 참가한 대회.

제3회 세인트루이스 올림픽(미국, 1904)

제4회 런던 올림픽(영국, 1908)

제5회 스톡홀름 올림픽(스웨덴, 1912)

제6회 베를린 올림픽(독일, 1916), 제1차 세계 대전으로 취소.

제7회 안트베르펜 올림픽(벨기에, 1920), 오륜기를 처음 사용한 대회.

제8회 파리 올림픽(프랑스, 1924)

제9회 암스테르담 올림픽(네덜란드, 1928)

제10회 로스앤젤레스 올림픽(미국, 1932)

제11회 베를린 올림픽(독일, 1936), 손기정 선수가 마라톤에서 금메달을 딴 대회.

제12/13회 제2차 세계 대전으로 취소.

제14회 런던 올림픽(영국, 1948), 우리나라가 처음으로 참가한 대회.

제15회 헬싱키 올림픽(핀란드, 1952)

제16회 멜버른 올림픽(오스트레일리아, 1956)

제17회 로마 올림픽(이탈리아, 1960)

제18회 도쿄 올림픽(일본, 1964), 올림픽 경기를 처음 TV로 중계 방송한 대회.

제19회 멕시코시티 올림픽(멕시코, 1968)

제20회 뮌헨 올림픽(서독, 1972)

제21회 몬트리올 올림픽(캐나다, 1976), 우리나라가 처음으로 금메달을 딴 대회.

제22회 모스크바 올림픽(소련, 1980)

제23회 로스앤젤레스 올림픽(미국, 1984)

제24회 서울 올림픽(한국, 1988), 우리나라에서 열린 대회.

제25회 바르셀로나 올림픽(스페인, 1992), 황영조 선수가 금메달을 딴 대회.

제26회 애틀랜타 올림픽(미국, 1996)

제27회 시드니 올림픽(오스트레일리아, 2000)

제28회 아테네 올림픽(그리스, 2004)

제29회 베이징 올림픽(중국, 2008)

제30회 런던 올림픽(영국, 2012)

제31회 리우 올림픽(브라질, 2016)

제32회 도쿄 올림픽(일본, 2021년), 코로나19로 인해 1년 연기해 개최됨.

☞ **올림픽 개막식** 개막식에서 선수단이 가장 먼저 입장하는 나라는 올림픽이 처음 생긴 그리스예요. 그 다음에는 알파벳 순서대로이고, 맨 마지막에 개최한 나라가 입장하지요.

올림픽 경기 종목

• 스포츠 •

하계 올림픽 종목

• 구기 종목

축구, 배구, 농구, 탁구, 핸드볼, 테니스, 배드민턴, 골프, 럭비, 필드하키, 야구(2008년까지)

• 기록 종목

대표적인 종목은 육상과 수영. 육상에는 트랙 경기와 필드 경기가 있고 세부 종목이 많아 금메달이 가장 많이 걸려 있음.
수영 종목에는 다이빙, 싱크로나이즈드 스위밍, 바다 수영, 수구와 카누, 카약, 조정, 요트도 있음.
그 외에 양궁, 사격, 역도, 체조, 승마, 근대 5종 경기, 트라이애슬론도 기록 경기.

서울 올림픽공원 세계평화의 문

• 격투기 종목

권투, 유도, 레슬링, 태권도 등 상대 선수에게 타격을 주어 점수를 얻는 경기. 도구를 이용해 대결하여 점수를 얻는 펜싱도 있음.

동계 올림픽 종목

피겨 스케이팅, 봅슬레이, 루지, 스켈레톤, 쇼트트랙, 스피드 스케이팅, 스노보드, 스키 점프, 아이스하키, 알파인 스키, 크로스컨트리, 바이애슬론, 노르딕 복합, 컬링, 프리스타일 스키

☞ **올림픽과 야구** 야구는 1904년 세인트루이스 올림픽 때 채택되었으며 정식 종목이 된 것은 1992년 바르셀로나 올림픽 때예요. 2012년에 제외되었다가 2020년 도쿄 올림픽에 다시 정식 종목으로 채택되었지만 2024년 올림픽에서는 제외된다고 해요.

• 스포츠 •

고대 올림픽과 현대 올림픽

올림픽은 언제 시작되었을까?

올림픽의 시작은 기원전 776년, 고대 그리스 도시 국가의 축제였어요. 서기 393년, 기독교도였던 테오도시우스 황제가 종교적 이유로 중단시킬 때까지 1,160여 년 동안 계속되었지요. 올림픽이 다시 시작된 것은 프랑스의 쿠베르탱 남작에 의해서예요. 젊은이들의 신체 발달을 위해 1896년 아테네에서 14개국 선수가 참가한 제1회 올림픽 경기가 열렸어요.

고대 올림픽과 현대 올림픽

최초의 올림픽은 고대 그리스 청년들이 경쟁했던 시합이에요. 이 고대 올림픽은 로마가 그리스를 지배하면서 폐지되었어요. 그리고 오랜 세월이 지난 1896년 그리스 아테네에서 열린 제1회 대회가 현대 올림픽의 시작이에요. 처음에는 8년에 한 번씩 열렸어요.

4년마다 한 번씩 열리는 올림픽은 하계 올림픽만 있었어요. 그러다 1924년 스키, 스케이트 등 겨울 스포츠 경기를 하는 동계 올림픽이 시작됐어요.

☞ **올림픽기, 성화, 마스코트** 올림픽기(오륜기)는 1914년에 만들어졌어요. 지구상에 있는 다섯 대륙을 뜻하는 5개의 고리가 얽혀 있는 모양이지요. 올림픽 성화는 1928년에 채택되었고, 올림픽 마스코트가 처음 등장한 것은 1972년 제20회 독일 뮌헨 올림픽 때예요.

읽은날: 월 일

오늘의 지식 하나
328

예술·스포츠 주간

• 스포츠 •

월드컵

> 💡 **올림픽과 월드컵이 4년마다 열리는 이유는?**
> 대회 규모가 워낙 크기 때문이에요. 올림픽도 단체 종목의 경우 지역 예선이 있어요. 예선 시합을 치르는 데만도 여러 날이 걸리기 때문에 해마다 올림픽을 열 수 없지요. 월드컵도 마찬가지예요. 또 4년에 한 번 개최하는 것이 대회의 권위를 유지하는 데도 도움이 돼요.

왜 월드컵은 나라 이름, 올림픽은 도시 이름을 붙일까?

올림픽과 더불어 월드컵도 세계인의 스포츠 축제예요. 1930년 우루과이에서 처음 열린 후 4년마다 주최국을 바꿔 가며 열리고 있지요.

그런데 올림픽 이름 앞에는 도시가 붙고 월드컵 앞에는 나라 이름이 붙어요. 서울 올림픽, 브라질 월드컵처럼 말이에요. 최초의 올림픽이 도시 국가인 그리스에서 시작되었기 때문에 올림픽에는 도시 이름을 붙여요. 그리고 올림픽은 각 도시의 친선 대회였고 월드컵은 각 나라의 축구 협회 주관이기 때문에 각각 도시와 나라 이름을 붙이는 거예요.

세계인이 가장 좋아하는 스포츠, 축구

월드컵은 올림픽 못지않게 규모가 크고 인기 있는 대회예요. 축구 경기 한 종목만을 겨루는 대회지만 월드컵이 세계 최대 스포츠 대회가 된 이유는 축구가 세계인이 가장 좋아하는 스포츠이기 때문이에요. 지역별 예선을 거쳐 월드컵 본선에 참가하는 나라는 32개국이에요. 예선전에 참가하지 않아도 되는 나라는 이전 대회 우승국과 대회 개최국 두 나라뿐이지요.

☞ **프리미어 리그** 영국에서 열리는 프로 축구 리그예요. 20개의 프로 팀이 다른 팀과 두 번씩 경기(38경기)를 해서 종합 점수가 가장 좋은 팀이 우승해요.

• 스포츠 •

올림픽 에피소드

💡 **처음부터 메달을 목에 걸어 준 게 아니라고?**

1956년 멜버른 올림픽 때까지는 메달을 선수 목에 걸어 주지 않았어요. 브로치 형태로 왼쪽 가슴에 달아 주었다고 해요. 선수의 목에 메달을 걸어 주기 시작한 것은 1960년 로마 올림픽 때부터예요.

금메달은 언제부터 줬을까?

1896년 제1회 아테네 올림픽 때는 우승자에게 올리브나무 가지와 은메달, 상장을 주었대요. 제2회 파리 올림픽 때는 우승자에게 메달 대신 트로피를 주었고요. 1·2·3위 선수에게 금·은·동메달을 준 것은 1904년 제3회 세인트루이스 올림픽 때부터예요.

금메달은 전체가 금은 아니에요. 겉만 금이고 속은 은으로 되어 있어요. 금값이 비싸기 때문이지요. 반면, 은메달은 전체가 은이고, 동메달은 청동으로 되어 있어요.

올림픽에 줄다리기가?

1900년 제2회 파리 올림픽 때는 줄다리기 종목이 있었다고 해요. 한 팀당 8명이 참가했지요. 또 물속에 들어가 나오지 않고 수영하는 잠영 경기도 있었는데 다음 올림픽에서는 폐지되었대요. 관중들이 물 속에서 헤엄치는 선수들을 볼 수 없어 구경하는 재미가 떨어졌기 때문이지요.

☞ **특별한 기록** 헝가리의 펜싱 선수 알라다 게레비치는 1932년 로스앤젤레스 올림픽부터 1960년 로마 올림픽까지 6연패를 했어요. 1940년과 1944년 올림픽이 제2차 세계 대전으로 취소되지 않았으면, 8연패를 했을 수도 있어요.

• 세계의 신화 •

그리스 로마 신화

그리스 신화와 로마 신화의 차이점

그리스 신화는 로마로 전해졌어요. 로마 사람들은 그리스 신화에 나오는 신들의 이름을 로마식으로 바꾸었어요. 그렇다고 로마가 그리스 신화를 모두 베낀 것은 아니에요. 취향에 맞지 않는 이야기는 받아들이지 않았고 로마 제국을 세운 이야기 등 그들만의 이야기도 추가했답니다.

올림포스 열두 신과 주요 신의 이름

그리스의 신과 로마의 신은 서로 비슷하지만 이름이 조금씩 달라요.

제우스(유피테르 / 주피터)	헤르메스(메르쿠리우스 / 머큐리)
헤라(유노 / 주노)	디오니소스(바쿠스 / 바커스)
포세이돈(넵투누스 / 넵튠)	에로스(쿠피도 / 큐피드)
헤스티아(웨스타 / 베스타)	크로노스(사투르누스 / 사탄)
데메테르(케레스)	하데스(디스)
아테나(미네르바 / 미너버)	페르세포네(프로세르피나)
아폴론(아폴로)	모이라이(파르카)
아르테미스(디아나 / 다이애나)	카리테스(그라티아 / 그레이스)
아레스(마르스 / 마즈)	뮤사(뮤즈)
헤파이스토스(불카누스 / 벌컨)	헤베(유벤타스)
아프로디테(베누스 / 비너스)	판(파우누스 / 폰)

☞ **넥타르와 암브로시아** 올림포스 신들이 주로 마신 음료는 넥타르예요. 또한 '불사의 음식'이라는 암브로시아를 먹었어요. 넥타르와 암브로시아를 먹어서 신들은 늙지도 죽지도 않고 건강하게 살았다고 해요.

세계·문화 주간

• 세계의 신화 •

북유럽 신화

💡 북유럽 신에서 유래한 요일 이름

요일 이름을 보면 1주일 중 4일은 북유럽의 신들과 관련이 있어요.
화요일(Tuesday)은 전쟁의 신 '튀르', 수요일(Wednesday)은 최고의 신 오딘, 목요일(Thursday)은 천둥의 신 '토르', 금요일(Friday)은 사랑의 여신 '프리가'에서 유래했어요.

북유럽 최고의 신, 오딘

세상을 만든 오딘은 바닷가에서 쉬다 발견한 물푸레나무로 남자를, 느릅나무로 여자를 만들었어요. 오딘은 프리가와 결혼해 토르, 튀르, 헤임달, 발드르 등 북유럽을 대표하는 신들을 낳았어요.

세계의 나무, 이그드라실

북유럽 신화에서는 신을 비롯해 인간, 거인, 난쟁이 등이 거대한 물푸레나무인 이그드라실에 매달린 아홉 개의 세계에서 살아가고 있어요.

세계의 한가운데에 자라는 이그드라실은 하늘과 땅을 잇고, 바깥쪽은 바다로 둘러싸여 있어요. 오딘이 다스리는 아스가르트와 인간이 사는 미트가르트에는 비프로스트라는 무지개 다리가 있는데, 오로지 신과 거인만이 이 다리를 건널 수 있다고 해요.

☞ **지혜의 샘** 많은 일을 하기 위해 모든 분야의 지식이 필요했던 오딘은 이그드라실의 뿌리 아래에 있는 샘물을 마시고 원하던 지식을 갖게 되었어요. 하지만 그 대가로 한쪽 눈을 바쳐야 했지요. 이후 빈 눈두덩이를 가리기 위해 커다란 모자나 두건을 쓰게 됐대요.

읽은날: 월 일

오늘의 지식 하나
332

세계·문화 주간

• 세계의 신화 •

이집트 신화

> **태양의 신 아툼(라)**
>
> 먼 옛날, 이집트 사람들은 세상이 물로 가득 찬 커다란 바다라고 믿었고 그 바다를 '누'라고 했어요. 어느 날, 물 속에서 둥근 빛 하나가 떠올랐어요. 바로 '아툼'이지요. 아툼은 태양의 신으로 '라'라고도 불리며, 무언가를 만들어 내기도 하지만 반대로 파괴하기도 해요.

이집트 최고의 신, 오시리스

라의 손자인 오시리스는 이집트 최고의 신이 되었어요. 지혜로운 오시리스는 부드러운 눈동자에 목소리는 아름다웠지요. 사람들에게 농사짓는 방법을 알려 주고, 사람을 잡아먹는 풍습을 없앴으며 법과 규칙 등 문명을 전해 주었어요. 전 세계를 돌며 문명을 전한 것도 오시리스예요. 다른 사람을 이해하고 가르쳐 주는 재주만 있고, 의심하는 일이 없었어요.

죽음의 신이 된 오시리스

오시리스의 동생인 세트는 형을 제치고 이집트의 왕이 되고 싶어 오시리스를 없앨 계략을 꾸몄어요. 오시리스가 세상을 둘러보고 오자 잔치를 벌인 세트는 멋진 나무 상자를 가져와 상자에 몸이 맞는 사람에게 주겠다고 했어요. 오시리스가 아무 의심 없이 상자에 눕자 세트는 뚜껑을 달아 못질을 하고는 나일강에 버렸어요.

오시리스는 비참하게 죽었다가 여러 신의 도움으로 살아났어요. 하지만 완전한 몸이 아니라 지하 세계를 다스리는 죽음의 신이 되었지요.

☞ **동물 모습의 신** 이집트 신 중에는 동물 모습을 한 신이 많아요. 따오기의 머리를 한 토트, 자칼의 머리를 한 아누비스, 매의 머리를 한 호루스, 암사자의 모습을 한 세크메트, 고양이의 머리를 한 바스테트지요. 형을 죽인 세트도 동물의 머리를 하고 있어요.

세계·문화 주간

오늘의 지식 하나
333

읽은날: 월 일

• 세계의 신화 •

켈트 신화

> **켈트 신화에는 창세 신화가 없다?**
>
> 고대 켈트족 고유의 신화는 로마 제국이 팽창하고 기독교가 전파되면서 점차 사라져 중세 들어 옛 조상의 신앙으로 여겨지게 되었어요. 켈트 신화의 가장 큰 특징은 신들에 의해 세상이 창조되었다는 창세 신화가 없다는 점이에요.

신들의 아버지, 다그다

다그다(다자)는 켈트의 우두머리 신이에요. '좋은 신'이라는 뜻으로, 모든 신들의 아버지라고 할 수 있지요. 다그다는 볼록한 배에 얼굴은 붉고, 머리털은 흰 머리가 섞인 붉은색이에요. 말가죽 부츠에 꽉 끼는 옷을 입어 우스꽝스러운 모습이지요. 하지만 아주 지혜롭고 힘이 좋아서 다그다가 지나간 자리에는 골이 깊게 파이고, 그 골이 주(州)의 경계가 되었다고 해요.

켈트의 저승, 시이

신족인 투아다 데 다난족은 인간 게일족이 쳐들어오자 지하로 숨었어요. 그렇게 살게 된 지하 세계를 '시이'라고 해요. 다난족의 마나난이 아름다운 언덕과 골짜기에 벽을 두르고 마련한 곳이지요. 덕분에 신들은 자신의 거주지를 갖게 되었어요. 신들에게는 시이가 새로운 주거지지만, 인간의 눈에는 저승이에요.

☞ **켈트의 신** 다그다(우두머리 신), 디안게트(의술의 신), 루그(태양과 빛의 신), 마나난(바다의 신), 모리건(말과 전쟁의 여신), 오그마(문자와 웅변술의 신), 뉴아다, 미디르, 오인구스(다그다의 아들), 미아흐(디안게트의 아들)

읽은날: 월 일

오늘의 지식 하나
334

세계·문화 주간

• 세계의 신화 •

한국 신화

> 💡 **난생 설화란?**
> 고구려의 주몽이나 신라의 박혁거세처럼 사람이 알에서 태어났다는 민족 설화예요. 신비롭고 위대한 인물로 강조하기 위한 신화나 영웅의 탄생 이야기가 많아요. 알에서 태어났다는 것은 보통 사람들과는 다른 귀한 존재로 하늘의 뜻에 따라 태어났다는 것을 보여 줘요.

단군 신화

하늘나라 환인의 아들 환웅이 태백산 무리 3,000명을 이끌고 신단수 아래로 내려와 신시(神市)를 세워 나라를 다스릴 때 사람이 되기 원하는 곰과 호랑이에게 쑥과 마늘을 주며 100일 동안 햇빛을 보지 말고 동굴에서 지내라고 했어요. 하지만 호랑이는 견디지 못해 나갔지요. 곰은 웅녀가 되어 환웅과 결혼해 아들 단군을 낳았는데, 이 단군이 한반도 최초의 국가 조선(고조선)을 세웠다는 내용이에요.

집을 지켜주는 우리나라 신

- **성주신** 집 전체를 관장하는 신. 집을 지키는 신들의 대장.
- **조왕신** 부뚜막을 지키는 부엌의 신.
- **철륭신** 장독대에 사는 신. 집 뒤쪽도 지키는 신.
- **칠성신** 장독대에 모셔 둔 신. 아이를 지켜주는 신.
- **측신** 측간(화장실)에 있는 신.
- **업신** 집안의 재물을 지켜 주는 신.

• 세계의 신화 •

인도 신화

아바타?

인도 신화에서는 창조의 신 브라흐마와 유지의 신 비슈누, 파괴의 신 시바가 함께 세상을 다스려요. 우주가 창조되어 유지되다가 파괴되고, 다시 창조되고 유지되고 파괴되는 과정을 반복하지요. 영혼도 마찬가지인데, 이것을 '윤회'라고 해요. 비슈누도 여러 번 다시 태어났는데, 그가 변신한 모습을 '아바타'라고 해요. 비슈누에게는 10가지 아바타가 있어요.

힌두교의 3대 신

인도 국민의 대부분은 힌두교 신자예요.

브라흐마(범천)는 비슈누, 시바와 함께 힌두교의 3대 신이에요. 이 세 신은 각각 우주의 창조·유지·파괴를 주관해요. 힌두교의 바탕이 된 브라만교에서는 태양, 불, 번개, 물 등의 자연 현상을 신으로 모셨는데, 브라흐마가 바로 브라만교의 최고 신이에요.

☞ **인드라** 인도의 신 중에서 잘 알려진 건 베다와 힌두의 신들이에요. 인드라는 베다 신 중에서도 강력한 신이에요. 비슈누, 브라흐마, 시바가 세력을 확장하면서 힘을 잃었지만 불교에서는 석가모니의 수호신으로 '제석천'이라고 해요.

읽은날: 　월　　일

오늘의 지식 하나
336

세계·문화 주간

• 세계의 신화 •

중국 신화

> 💡 **중국의 삼황**
>
> 삼황은 중국에 맨 처음 나라를 세운 수인씨, 복희씨, 신농씨예요. 수인씨는 불을 피우는 방법을 가르쳐 날고기를 익혀 먹을 수 있게 해 주었고, 복희씨는 물고기를 잡고 가축을 기르는 방법을 가르쳤으며, 신농씨는 백성들이 농사를 지어 한 곳에 머물러 살 수 있게 해 주었어요.

중국의 천지 창조 신화

아직 하늘과 땅이 갈라지지 않았을 때, 우주는 어둡고 뒤죽박죽 엉킨 커다란 달걀 같았어요. 그 속에서 잉태해 1,800년 동안 잠자던 반고는 어느 날 잠에서 깨어 사방을 둘러보았어요. 아무것도 보이지 않자 반고는 큰 도끼로 사방을 내리찍었지요. 그러자 커다란 달걀 껍데기 같은 것이 깨지면서 가볍고 맑은 것들은 위로 올라가 하늘이 되고 무겁고 텁텁한 것들은 아래로 내려와 땅이 되었어요.

날마다 열 자씩 자란 반고

반고는 머리로는 하늘을 떠받치고 발로는 땅을 밟고 하늘과 땅이 다시 합쳐지지 않도록 버텼어요. 하늘은 날마다 열 자씩 높아지고 땅은 열 자씩 두터워져 반고도 하루에 열 자씩 크지 않으면 안 되었지요. 또다시 1,800년이 흐르는 동안 하늘과 땅은 단단해져 무너질 염려가 없었어요.

오랜 세월 하늘을 떠받치고 있던 반고가 죽자 그의 입김은 바람과 구름이 되고 목소리는 우렁찬 천둥 소리, 왼쪽 눈은 해, 오른쪽 눈은 달로 변했다고 해요.

👉 **중국의 오제** 삼황에 이어 중국을 다스린 '황제, 전욱, 제곡, 요, 순' 다섯 임금을 가리켜요. 사람들은 북방 민족의 지도자인 치우와 싸워 이긴 황제를 중국 민족의 시조로 여기게 되었어요. 또한 덕으로 천하를 다스린 요·순 임금 때를 '요순 시대'라고 해요.

고령화 사회

고령화 사회가 무엇일까?

의학 기술이 발달하면서 인간의 평균 수명도 늘어났어요. 65세 이상의 노년층 인구가 전체 인구의 7% 이상인 사회는 '고령화 사회', 14% 이상인 사회는 '고령 사회', 20% 이상인 사회는 '초고령 사회'라고 해요.

고령화 사회가 왜 문제일까?

고령화 사회가 되면 일을 할 수 있는 노동 인력이 부족해 산업 생산력이 떨어져 국가 재정이 어려워져요. 또한 경제력이 부족한 노인을 책임져야 할 청장년층의 부담이 커지겠지요. 노인의 질병과 빈곤 등의 문제도 뒤따라 고령화 문제가 해결되지 않으면 사회가 무너질 수도 있어요.

우리나라 상황은 어떨까?

우리나라는 세계에서 고령화가 가장 빨리 진행 중이에요. 2007년 고령화 사회에 들어섰고 2018년에는 고령 사회가 되었어요. 출산율이 지금처럼 계속 낮아지면 2026년에는 초고령화 사회가 될 수도 있어요.

☞ **출산율** 일정 기간에 태어난 아이가 전체 인구에서 차지하는 비율. 한 나라가 인구를 유지하려면 출산율이 최고 2.1명 이상 되어야 해요. 하지만 우리나라 출산율은 해마다 떨어져 2020년에는 0.8명대를 기록했어요.

읽은날: 월 일

오늘의 지식 하나
338

사회·생활 주간

• 사회 용어 •

팬데믹

팬데믹이 무엇일까?

코로나19에 감염된 확진자가 늘어나면서 학교는 온라인 수업으로 바뀌었어요. 직장도 재택 근무하는 곳이 많았지요. 이러한 상황은 우리나라뿐 아니라 세계적으로 비슷했어요. 이처럼 전염병이 세계적으로 동시에 대유행하는 상태를 '팬데믹(pandemic)'이라고 해요.

팬데믹은 누가 정할까?

팬데믹은 세계 보건 기구(WHO)가 선포해요. 감염병의 위험도를 여섯 단계로 나누는데, 1단계는 동물에 한정된 감염이고, 2단계는 동물과 소수의 사람, 3단계는 사람 사이에서 감염이 증가되는 상태를 말해요. 4단계는 사람 사이의 감염이 확산되어 세계적인 유행병이 일어날 초기 상태예요. 5단계는 최소 두 나라에서 전염병이 유행할 때이고 6단계는 서로 다른 대륙에서 유행하는 경우예요. 따라서 팬데믹은 감염병 최고 경고 단계로 세계적인 대유행 상태를 말해요.

팬데믹은 언제 있었을까?

세계적인 팬데믹 상태는 2020년이 처음은 아니에요. 14세기 중세 유럽 인구의 3분의 1이나 되는 수많은 생명을 앗아간 흑사병(페스트)을 비롯해 1918년에 5,000만 명 이상 사망한 스페인 독감, 1968년 100만 명이 사망한 홍콩 독감이 세계적으로 유행했어요. 1948년에 설립된 세계 보건 기구가 정식으로 팬데믹을 선포한 것은 홍콩 독감과 2009년 신종 플루, 2020년 코로나19가 유행했을 때예요.

☞ **신종플루** 2009년 봄, 멕시코에서 시작해 4월에 전 세계로 퍼졌어요. A형 인플루엔자 바이러스에 감염된 돼지를 통해 발생해 돼지독감으로 불렸지요. 세계 보건 기구에서는 6월 11일에 팬데믹을 선포했지만 신종플루 치료제가 사용되면서 지금은 A형 독감이라고 불러요.

사회·생활 주간

오늘의 지식 하나
339

읽은날: 월 일

• 사회 용어 •

번아웃

> 💡 **번아웃이 뭘까?**
>
> 번아웃은 열심히 일하던 사람이 신체적으로나 정신적으로 극도의 피로감을 느껴 무기력해지는 현상이에요. '소진', '연소' 또는 '탈진 증후군'이라고도 해요. 1970년 미국의 의사 프뤼덴버그가 자신이 치료하던 간호사에게서 증상을 발견하고 번아웃이라는 말을 처음 사용했어요.

번아웃은 왜 생길까?

번아웃 증후군은 일하는 시간에 비해 휴식 시간이 짧은 경우 생길 가능성이 높아요. 직장인은 물론 가정주부에게도 나타날 수 있어요. 주로 헌신적으로 일하고 보람을 느꼈던 사람이 갑자기 슬럼프에 빠지면 번아웃 현상이 더 심해진다고 해요. 그래서 남을 돌보는 직업인 간호사나 심리학자 등에게 자주 발생한다고 해요. 또 기대했던 만큼 보상을 얻지 못할 때도 번아웃 증후군을 겪어요.

번아웃 증상은 어떨까?

번아웃 증상은 피곤함뿐 아니라 불면증이나 우울증도 나타나요. 무기력하고 허무감을 느껴서 일을 그만두거나 알코올에 의존하기도 하지요. 자신의 행동을 통제하지 못하고 충동적이라 가정생활과 사회생활에 큰 영향을 끼치는 경우도 있어요.

☞ **보어아웃** 번아웃의 반대예요. '보어'는 지루하다는 뜻으로 일이 너무 없어서 문제예요. 주로 직장인들이 지루하고 단조로운 일 때문에 겪는 의욕 상실을 뜻해요.

읽은날: 월 일

오늘의 지식 하나
340

사회·생활 주간

• 사회 용어 •

인구 공동화 현상

> 💡 **인구 공동화 현상이 무엇일까?**
>
> 낮에는 인구가 많았다가 밤이 되면 인구가 줄어드는 현상을 '인구 공동화 현상'이라고 해요. 밤이면 사람들이 사무실과 상가가 많은 도시의 중심지에서 빠져나가 텅 빈 모습이 도넛과 비슷해서 '도넛 현상'이라고도 하지요.

인구 공동화 현상은 왜 생길까?

도시의 일정한 지역에 상업 기능과 행정 기능이 들어서면 땅값이 올라가요. 그러면 주거지는 가격이 싼 도시 외곽으로 밀려나게 돼요. 따라서 도시 중심지에는 상업 시설과 공공기관만 남게 되어 낮에는 사람이 몰리고 밤에는 사람이 빠져나가는 현상이 나타나는 것이지요.

인구 공동화 현상의 문제점은?

공동화 현상이 나타나는 지역은 외곽에 있던 사람들이 주거지에서 근무지(중심지)로 이동하면서 교통량이 많아져 교통 혼잡 문제가 나타나요.

또한 자동차가 도시 중심으로 몰리다 보니 배기가스 등의 오염 물질과 함께 인공열이 생겨요. 그리고 낮에 사람들이 많이 몰린 중심 지역은 냉난방 시설에서도 많은 열이 발생하지요. 인공적으로 생긴 열은 고층 건물 때문에 순환하지 못하고 열을 도시에 가두는 열섬 현상이 나타나게 돼요.

☞ **열섬 현상** 열섬 현상은 대기오염은 물론 열대야 현상을 증가시켜요. 그래서 도시의 열기를 식히기 위해 공원을 만들어 공기의 흐름을 원활하게 해 주고 있어요.

· 사회 용어 ·

리콜 제도

> 💡 **리콜이 무엇일까?**
>
> 문제가 있는 상품을 생산자가 거둬들이는 것을 말해요. 제품에 결함이 있어 소비자가 피해를 입을 수 있을 경우, 생산자가 제품을 거두어 수리나 교환, 때로는 환불을 해 줘요. 자동차나 비행기처럼 생명과 관련 있는 제품은 나라에서 법으로 리콜 제도를 정해 놓고 있어요.

리콜을 하면 손해 아닐까?

리콜은 생산자가 자신의 제품이 문제가 있다는 것을 인정하는 거예요. 그리고 무상으로 모든 제품을 회수해서 수리해야 하지요. 그러면 생산자 입장에서는 이미지도 나빠지고 경제적으로도 손해가 클 것 같지만 오히려 소비자들은 생산자가 제품에 대한 책임을 다한다고 긍정적으로 생각해요. 당장은 손해처럼 보이지만 기업의 이미지를 좋게 하고 더 큰 사고를 막을 수 있어서 리콜을 하는 것이 훨씬 경제적이에요.

자발적 리콜과 강제적 리콜

생산자가 물품의 결함을 알고 스스로 리콜을 시행하는 것을 '자발적 리콜'이라고 해요. 하지만 정부에서 소비자에게 피해를 끼치거나 안전상에 위험이 있다고 생각될 때는 생산자에게 강제로 리콜을 시행하게 하지요. 이것을 '강제적 리콜'이라고 해요. 대부분 제품에 문제가 있으면 생산자와 기업이 사전에 상의를 하기 때문에 자발적 리콜을 선택하는 경우가 많아요.

☞ **A/S(애프터 서비스)** 제품에 개별적으로 문제가 생겼을 때 소비자가 요청해서 보상하는 거예요. 고객 서비스 또는 사후 관리라고 해요.

읽은날: 월 일

오늘의 지식 하나 342

사회·생활 주간

· 사회 용어 ·

서킷 브레이커

💡 서킷 브레이커가 무슨 뜻일까?

서킷 브레이커(circuit breaker)는 주식 시장에서 주가가 갑자기 많이 오르거나 반대로 많이 떨어지는 경우 주식 거래를 정지하는 제도를 말해요. 1987년 10월, 미국에서 주가가 대폭락하는 블랙 먼데이 이후 주식 시장이 붕괴되는 것을 막기 위해 처음 도입했어요.

서킷 브레이커는 어떤 효과를 낼까?

서킷 브레이커는 전기가 과열되면 자동으로 차단하는 안전 장치예요. 이 말이 경제 용어로 쓰여 주식 시장에서 주가 변동이 심할 경우 주식 매매를 차단해 투자자들에게 잠시 숨 돌릴 틈을 주는 것이지요. 우리나라 주식 시장의 경우, 지수가 전일 대비 8%, 15%, 20% 이상 하락해 1분간 지속되는 경우 발동해요. 서킷 브레이커는 주식 시장뿐 아니라 어떤 상황을 강제적으로 중단하거나 통제할 때도 쓰여요.

사이드카는 또 무엇일까?

현물 거래는 현재 시세로 거래하는 것이고, 선물 거래는 미래 가치를 예측해서 투자하는 거예요. 주식에도 현물과 선물이 있어요. 선물 시장의 기존 종목 가격이 기준가 대비 5% 이상 급변해 1분 이상 지속되면 5분 동안 주식 거래가 중단돼요. 선물 시장의 상황이 갑자기 변할 경우 현물 시장에 미치는 영향을 최소화하기 위해서지요. 사이드카(sidecar)는 서킷 브레이커의 전 단계로 1987년 10월 뉴욕 증시가 대폭락했을 때 재발을 막기 위해 서킷 브레이커와 함께 도입된 제도예요.

☞ **상한가·하한가** 우리나라 주식 시장에서 개별 주식이 하루에 오르거나 내릴 수 있는 최고 한도 가격. 30% 이상 오르거나, 30% 이하로 떨어질 수 없어요. 이유는 시장의 안정과 개인 투자자의 피해를 줄이기 위해서예요.

• 사회 용어 •

온실 효과

💡 온실 효과가 무엇일까?

지구 표면은 태양으로부터 받은 열을 다시 대기로 내보내요. 이 열을 공기 중의 수증기와 이산화탄소 등이 흡수하면서 대기권으로 빠져나가지 못하게 하는 현상을 온실 효과라고 해요. 온실 효과가 없다면 지구의 온도가 영하 20℃로 내려가 생명체가 살기 힘들 수도 있어요.

온실 효과가 왜 문제일까?

온실 효과를 일으키는 온실가스 중 대표적인 것이 이산화탄소예요. 그런데 산업 혁명 이후 사회가 점점 발전하면서 석탄, 석유 같은 화석 연료의 사용량이 늘어났어요. 그러면 온실가스 배출량이 늘어나 지구의 평균 기온이 점점 올라가요. 지구 온난화로 극지방의 빙하가 녹아요.

빙하가 녹으면 뭐가 문제일까?

빙하가 녹으면 바닷물이 늘어나 해수면이 높아져요. 그러면 도시와 섬이 점점 물에 잠기게 되지요.

지구 온난화는 날씨에도 영향을 미쳐요. 더위가 더 심해지고 겨울이 따뜻해져 홍수나 태풍, 가뭄과 같은 기상 이변도 자주 일어나요. 이상 기후에 동식물이 살기도 힘들어지고 농작물 수확량에도 문제가 생겨 인류에게 많은 영향을 끼칠 수 있어요.

☞ **온실가스** 전 세계가 온실가스 배출을 줄이기 위해 함께 노력하고 있어요. 1997년 일본 교토에서 '교토 의정서'를 맺고 온실가스를 줄이기로 협약했지요. 온실가스를 줄이려면 에너지를 절약하고 친환경 제품을 사용해야 해요. 화석 연료 대신 신재생 에너지를 사용하면 지구 온난화를 막을 수 있어요.

읽은날: 월 일

오늘의 지식 하나
344

역사 주간

• 전쟁 •

페르시아 전쟁

💡 페르시아 전쟁은 왜 일어났을까?

기원전 6세기, 당시 동양의 최강자는 페르시아였어요. 그리스계인 이오니아인들이 반란을 일으키자 기원전 490년, 페르시아 제국이 에게해를 건너 폴리스(도시 국가)를 침입했어요. 페르시아의 다리우스왕은 아예 그리스까지 정복하기로 마음먹었지요.

마라톤 전투

페르시아 군대와 아테네 병사들은 마라톤 평원에서 전투를 벌였어요. 페르시아에 비해 아테네는 병사의 수도 적고 무기도 보잘것없었어요. 하지만 예상과 달리 아테네 병사들은 페르시아 군대를 물리쳤어요. 승리의 기쁜 소식을 알리기 위해 아테네 병사가 마라톤 평원에서 아테네까지 쉬지 않고 달렸어요. 그리고 아테네 시민들에게 승리 소식을 전한 다음 숨지고 말았지요. 바로 이 마라톤 전투에서 '올림픽의 꽃'이라 불리는 마라톤 경기가 비롯되었어요.

최후의 승자

마라톤 전투 이후 페르시아는 다시 아테네를 공격해서 함락했어요. 하지만 페르시아 함대는 세계 4대 해전 중 하나인 살라미스 해전에서 격파되었어요. 그 후에도 또 아테네를 공격했지만 실패했지요. 결국 페르시아 전쟁에서 그리스가 승리하면서 알렉산드로스 대왕이 다스리는 마케도니아와 로마 제국으로 이어지는 번영을 누릴 수 있었어요.

☞ **세계 4대 해전** 살라미스 해전, 칼레 해전, 트라팔가르 해전 그리고 한산 해전(한산도 대첩)을 말해요. 칼레 해전에서 영국은 에스파냐를 물리친 후 해상 강국으로 떠올랐고, 트라팔가르 해전은 넬슨이 이끄는 영국 함대가 프랑스와 에스파냐의 연합 함대를 격파한 해전이에요. 한산 해전은 이순신 장군이 일본군을 무찌른 싸움이에요.

역사 주간

오늘의 지식 하나
345

읽은날:　　월　　일

• 전쟁 •

십자군 전쟁

십자군 전쟁은 왜 일어났을까?

서유럽에서 기독교 세력이 자리 잡고 있을 때 서아시아에는 이슬람 세력이 힘을 키우고 있었어요. 그러자 서아시아 가까이 있는 비잔틴 제국(동로마 제국)은 위기감을 느끼고 교황에게 도움을 청했어요. 교황 우르바누스 2세는 이슬람 세력이 점령하고 있는 성지를 되찾자며 전쟁을 부추겼어요. 전쟁에 나가 싸우면 죄를 용서받고 천국에 갈 수 있다고 했지요.

십자군 원정은 성공했을까?

성지를 되찾기 위한 전쟁에 나갈 원정군을 모집하자 많은 사람들이 모여들었어요. 군인들은 기독교를 상징하는 십자가를 새긴 갑옷을 입었어요. 그런데 십자군 중에는 종교적인 마음을 가진 사람도 있었지만 땅을 얻거나 투기를 하려는 사람들도 있었어요.

1096년 원정을 시작한 제1차 십자군은 이슬람 제국을 공격하고 예루살렘을 점령했어요. 하지만 1127년 이슬람 세력이 힘을 모아 잃어버린 땅을 되찾자 다시 십자군 원정대를 모집해 보냈지만 실패하고 말았어요. 그 후에도 200년 넘게 여덟 차례나 원정을 떠났지만 모두 실패해 예루살렘은 약 800년 동안 이슬람 세력이 점령했지요. 십자군 전쟁 이후 교황의 권위는 떨어지고 봉건 기사들도 몰락했어요. 대신 왕의 권력이 강해지면서 점차 중앙 집권 국가의 기반을 갖추게 되었어요.

☞ **예루살렘** 예루살렘은 기독교와 이슬람교 그리고 유대교의 성지예요. 예수가 부활한 곳이자 예수가 다시 내려오겠다고 약속한 땅이기도 하고, 이슬람교의 예언자인 무함마드(마호메트)가 말을 탄 채 하늘을 오가던 곳이에요. 또한 솔로몬왕 때 유대인이 대성전을 지어 하느님께 바친 곳이기도 해요.

읽은날: 월 일

오늘의 지식 하나
346

역사 주간

• 전쟁 •
백년 전쟁

백년 전쟁은 왜 일어났을까?

왕위 계승 때문에 시작된 백년 전쟁은 영국과 프랑스가 1337년부터 1453년까지 100년 이상 이어 간 전쟁이에요.

1328년, 프랑스의 샤를 4세가 아들 없이 세상을 떠나자 사촌 동생 필리프 6세가 왕이 되었어요. 그러자 영국 왕 에드워드 3세가 자신이 샤를 4세의 조카이니 왕과 더 가깝다고 주장했어요. 하지만 프랑스는 영국 왕이 프랑스를 다스린다는 것은 말이 안 된다며 무시했지요. 게다가 프랑스 안에 있는 영국 땅을 빼앗자 화가 난 에드워드 3세는 선전 포고를 했어요.

잔 다르크의 활약

백년 전쟁 초기에는 영국이 주도권을 잡았어요. 하지만 유럽에 흑사병이 퍼져 전쟁을 중단하기도 했고, 두 나라의 살림이 어려워지고 반란이 일어나 또 중단하기도 했어요. 전쟁이 다시 시작돼 프랑스가 위기를 맞았을 때 잔 다르크가 등장했어요.

잔 다르크의 등장에 프랑스군은 사기가 올랐어요. 오를레앙 전투를 승리로 이끈 잔 다르크는 마녀로 몰려 화형을 당했어요. 이후 프랑스는 영국군에게 빼앗겼던 도시들을 되찾고, 1453년 노르망디에서 승리하면서 백년 전쟁은 끝이 났어요.

☞ **잔 다르크** 1412년 프랑스에서 태어난 잔 다르크는 열세 살이 되던 어느 날 나라를 구하라는 신의 목소리를 듣고 백년 전쟁에 참전했어요. 잔 다르크는 흰 갑옷을 입고 신이 함께한다는 뜻의 무늬가 새겨진 깃발을 들고 백년 전쟁을 승리로 이끌었어요.

미국 독립 전쟁

> 💡 **기회의 땅 신대륙**
>
> 콜럼버스가 신대륙을 발견하자 영국에서 많은 이민자들이 건너갔어요. 처음에는 영국도 식민지에 대해 너그러웠어요. 하지만 7년 전쟁으로 재정이 어려워지자 영국은 식민지에 무리하게 세금을 거두었고 아메리카 식민지와 영국 사이는 점점 멀어졌어요.

보스턴 차 사건

1773년, 보스턴 항구에 차를 실은 무역선이 정박해 있었어요. 그런데 인디언 복장을 한 남자들이 배에 올라타 차 상자를 바다에 던졌어요. 영국의 관세 정책에 항의하는 것이었지요. 그리고 제1차 대륙 회의를 열어 영국 상품을 사지 않겠다는 불매 운동을 벌였어요. 1775년, 영국 군대와 식민지 민병대의 전투가 시작되었고 1776년, 대륙 회의 측도 미합중국의 독립 선언을 공포했어요.

미국의 독립

미국이 독립운동을 시작하자 프랑스 등 많은 유럽 국가에서 도움을 주었어요. 그리고 1781년 10월, 요크타운에서 벌어진 전투에서 미국과 프랑스 군대는 영국군에 항복을 받아내 독립 전쟁에서 승리했지요. 결국 영국은 1783년 파리 회의에서 미국 식민지의 독립을 인정했어요. 이후 미국은 조지 워싱턴을 초대 대통령으로 선출했어요.

☞ **조지 워싱턴** 미국 독립 전쟁 때 총사령관을 맡아 전쟁을 승리로 이끌었어요. 미국의 첫 대통령이 되어 나라가 자리를 잡는 데 애썼으며, 4년 뒤 두 번째 대통령을 맡고 세 번째 대통령은 거절하고 스스로 물러났어요.

• 전쟁 •

아편 전쟁

💡 **영국은 왜 아편을 팔았을까?**

영국은 청나라에서 수입하는 홍차의 양이 늘어나 수출품보다 많아지자 수출을 더 많이 하기 위해 광저우뿐 아니라 다른 곳에서도 무역을 할 수 있게 해 달라고 요청했어요. 하지만 청나라가 이를 거부하자 정부의 허가 없이 아편을 거래했어요.

아편 전쟁은 왜 일어났을까?

1830년대 청나라는 아편 중독자가 점점 늘어나 금지령을 내렸지만 소용없었어요. 어느덧 홍차를 수출하는 양보다 아편을 수입하는 양이 더 많아졌지요. 그래서 1839년, 임칙서가 광저우에 가서 아편과의 전쟁을 선포했어요. 아편을 거래하는 사람들을 체포하고 아편을 보이는 대로 모두 불태웠지요. 그러자 영국은 중국에 함대를 보내 광저우와 톈진 등을 장악하고 1840년 아편 전쟁이 시작되었어요.

아편 전쟁의 결과

제2차 아편 전쟁

3년 동안 계속된 아편 전쟁에서 영국이 승리하고 청나라는 난징 조약을 맺었어요. 광저우를 비롯해 다섯 곳의 항구를 더 개방하고 홍콩을 영국에 넘겨주었지요. 그 뒤 영국 배 애로호 사건으로 제2차 아편 전쟁이 일어났어요. 그 결과 중국은 영국과 톈진 조약을 맺고 양쯔강 유역의 도시와 많은 항구를 개방해 외국 배들이 드나들 수 있게 되었어요.

• 전쟁 •

베트남 전쟁

베트남은 왜 둘로 나뉘었을까?

베트남은 1883년부터 프랑스의 식민지였어요. 제2차 세계 대전 때는 일본이 베트남을 점령했지만 베트남 해방 전사들이 되찾았어요. 그러나 프랑스가 다시 점령하면서 1946년에 전쟁이 시작되었지요.

1954년, 호치민이 프랑스를 몰아냈지만 베트남은 남과 북으로 나뉘었어요. 북쪽은 독립해서 호치민이 이끌고 남쪽은 미국의 지원을 받는 고딘디엠 정권이 들어섰어요. 하지만 고딘디엠의 가혹한 탄압이 시작되자 남베트남 무장 세력은 1960년 베트콩을 결성했어요. 이때 북베트남의 호치민이 베트콩을 지원했지요.

베트콩과 싸운 미국

미국은 베트콩을 없애려고 북베트남은 물론 남베트남도 무자비하게 폭격했어요. 3,000℃나 되는 열을 내뿜는 폭탄을 퍼붓고 나뭇잎을 말려 죽이는 고엽제를 뿌렸어요. 그로 인해 죄 없는 사람들까지 많이 죽고 말았지요. 하지만 베트콩은 게릴라 전투로 무너지지 않았어요.

베트남 전쟁은 쉽게 끝나지 않았고 미국을 비롯해 전 세계에서 전쟁 반대 시위를 벌였어요. 1969년, 미군은 결국 남베트남에서 철수했어요. 그 후 북베트남과 베트콩이 사이공을 점령하며 1975년 4월 남베트남은 항복했어요. 그리고 베트남은 사회주의 공화국으로 통일되었어요.

☞ **게릴라** 게릴라는 진지 없이 비정규적인 방법으로 하는 유격전을 말해요. 소규모 전투를 뜻하는 스페인어에서 유래했지요. 19세기 초 나폴레옹이 스페인을 침략할 때 민중들이 유격대를 만들어 대항한 것에서 시작됐어요.

읽은날: 월 일

오늘의 지식 하나
350

역사 주간

• 전쟁 •

한국 전쟁

> 💡 **한국 전쟁은 왜 일어났을까?**
>
> 제2차 세계 대전이 끝나고 우리나라도 해방을 맞이했지만 미국과 소련이 한반도를 남북으로 나누어 점령했어요. 삼팔선(38도 선)을 경계로 서로 다른 두 체제가 대립하다 1950년 6월 25일 새벽, 북한이 남한을 침략하면서 전쟁이 일어났어요.

인천 상륙 작전

아무런 준비 없이 전쟁을 겪게 된 우리나라는 북한군에 계속 밀렸어요. 사람들은 남쪽으로 피란을 가고, 대구와 부산 그리고 제주도를 제외한 전 지역을 북한군이 장악했어요. 한국과 유엔군이 연합 작전을 펼쳐 맥아더 장군이 인천 상륙 작전에 성공하면서 서울을 되찾을 수 있었어요.

한국전쟁 당시 공부하는 학생들
(국가 기록원)

1.4 후퇴와 휴전

국군과 연합군은 삼팔선을 넘어 압록강까지 밀고 올라갔어요. 압록강 가까이 갔을 때 엄청난 수의 중국군(중국 인민 지원군)이 내려왔어요. 유엔군은 인해 전술을 펼친 중국군에 어쩔 수 없이 후퇴를 해야 했지요. 1.4 후퇴로 서울을 빼앗기기도 했어요. 하지만 유엔군과 국군은 다시 서울을 되찾고 38선 부근까지 올라갔어요. 1953년 7월 27일, 전쟁을 멈추기로 합의하면서 휴전이 이루어졌어요.

☞ **인해 전술** 우수한 무기나 기술이 아닌 사람 수로 적을 압도하는 전술을 말해요. 낮에는 유격전을 하고 밤에 꽹과리나 징을 두드려 적을 혼란에 빠뜨리기도 하지요. 대량 살상 무기를 사용하는 현대에는 통하지 않아요.

오늘의 지식 하나 351

• 곤충 불가사의 •
십칠년매미

> 💡 **매미는 왜 시끄럽게 울까?**
>
> 매미는 불완전 변태를 하므로 번데기 시기가 없어요. 오랜 기간을 땅속에서 살다가 땅 위로 올라온 다음 3~4주 정도밖에 못 살아요. 그 사이에 짝짓기를 하고 알을 낳아야 하기 때문에 수컷이 소리 높여 암컷을 부르는 거예요.

십칠년매미는 어떤 매미일까?

매미는 보통 알을 낳은 해부터 치면 7년째에 성충이 되지만 털매미는 그보다 짧은 4년째에 성충이 되기도 해요. 반대로 북아메리카의 십칠년매미는 애벌레 기간이 17년이나 돼요. 17년 동안 땅속에 살다가 땅 위로 올라와 성충이 되지만 고작 5주를 지낸 후 알을 낳고는 죽는답니다.

종교에서의 매미

애벌레에서 허물을 벗고 성충이 되는 매미의 모습이 불교에서는 해탈을 상징해요. 해탈은 번뇌를 풀고 모든 괴로움에서 벗어나는 것을 말해요. 껍질을 벗고 새로운 몸을 얻어서 도교에서는 재생을 뜻하기도 하지요. 또한 유교에서는 매미를 덕이 많은 곤충으로 여겨 조선 시대에는 관리들이 쓰던 모자에 매미 날개 모양의 장식을 달기도 했어요.

☞ **변태** 동물이 성장하면서 성체가 되는 것을 말해요. 포유류나 조류, 파충류는 몸이 변하지 않고 발달하므로 변태라고 하지 않아요. 불완전 변태는 번데기를 거치지 않고 유충(애벌레)이 성충(어른벌레)이 되는 거예요. 매미를 비롯해 잠자리나 하루살이, 메뚜기 등이 불완전 변태를 해요.

곤충 불가사의
사마귀

💡 사마귀는 어떤 곤충일까?
사마귀 머리는 삼각형이고 낫처럼 생긴 앞다리는 길고 낫처럼 구부러졌으며 날카로운 가시가 돋아 있어요. 그래서 다른 벌레를 잡아먹는 데 사용하지요. 또 여러 개의 작은 낱눈이 모여 이루어진 겹눈을 가지고 있어 밤에도 움직이는 물체를 잘 알아볼 수 있어요.

뛰어난 사냥꾼

사마귀는 '숲속의 무법자'라고 불려요. 풀숲에서 몇 시간이든 숨어 있다가 기회를 엿봐요. 게다가 사냥 기술이 누구도 따를 수 없을 만큼 뛰어나며, 한 번 잡은 먹이는 절대로 놓치지 않지요. 사마귀는 상대가 자기보다 크더라도 도망가지 않고 맞서 싸워요. 곤충은 물론 개구리나 작은 도마뱀까지 잡아먹을 정도지요.

남편을 잡아먹는 사마귀

사마귀는 짝짓기가 끝나면 암컷이 수컷을 잡아먹어요. 암컷이 수컷보다 몸집이 더 크고 힘도 더 세다 보니 수컷은 꼼짝없이 잡아먹히고 말지요. 짝짓기가 끝나면 암컷은 커다란 고치 모양의 주머니에 200여 개의 알을 낳고 거품을 내서 알집을 만들어 알을 보호해요. 사마귀는 전 세계적으로 1,800여 종이 있어요. 열대 지방에는 보라색, 분홍색 사마귀도 있다고 해요. 몸 색깔을 이용해 꽃이나 나뭇가지처럼 보이게도 하지요.

👉 **사마귀의 눈** 사마귀는 눈이 툭 튀어나왔어요. 여러 개의 작은 낱눈이 모여 이루어진 겹눈으로 밤에도 움직이는 물체를 잘 볼 수 있지요. 밤이 되면 눈 색깔이 까맣게 변한다고 해요.

동물·식물·인체 주간

오늘의 지식 하나
353

읽은날: 월   일

• 곤충 불가사의 •
송장벌레

💡 송장벌레는 어떤 벌레일까?

송장벌레는 죽은 동물, 즉 송장을 먹고 산다고 해서 붙여진 이름이에요. 그리고 이름 그대로 장의사가 장례를 치르듯이 죽은 동물을 흙이나 낙엽으로 깨끗하게 묻어 주지요. 만약 자리가 마땅치 않으면 땅을 파기 적당한 곳으로 옮기기도 해요.

송장벌레는 어떻게 시체를 묻을까?

송장벌레는 죽은 동물을 묻기 전에 털이나 깃털을 뽑아요. 이때 배 끝에서 나오는 특수한 방부 물질을 발라 시체가 썩는 시간을 늦추어요. 그리고 죽은 동물의 몸 밑으로 들어가 흙을 파서 위로 올려 동물을 덮지요.

송장벌레가 죽은 동물을 땅에 잘 묻는 이유는 알을 낳기 위해서예요. 죽은 동물에 알을 낳으면 알에서 깨어난 애벌레가 먹고 자라게 되므로 다른 동물이나 벌레들이 먹어치우기 전에 얼른 땅속에 묻는 것이지요.

우리 아이들을 잘 부탁합니다….

송장벌레는 어떻게 생겼을까?

송장벌레는 알을 낳은 지 2~3주면 번데기가 돼요. 먹이가 다 썩어 없어지기 전에 얼른 성충이 되어야 하기 때문에 빨리 자라요. 다 자란 송장벌레는 검은색 몸에 날개에는 주황색 무늬가 있어서 눈에 잘 띄어요.

☞ **법의학 곤충** 송장벌레는 종류마다 시체에 모이는 시간이 달라요. 이것을 이용해 사람이 사망한 시간이나 원인을 알아내기도 하지요. 송장벌레 이외에 파리나 파리 유충인 구더기 그리고 구더기를 먹으러 오는 벌레들을 조사하면 사망 시간을 추측할 수 있다고 해요.

• 곤충 불가사의 •
톡토기

톡토기는 어떤 곤충일까?

흰개미처럼 생겼지만 톡톡 튀어 다닌다고 해서 톡토기라고 불러요. 톡토기는 고생대 대멸종 때도 살아남은 곤충이에요. 주로 습기가 있는 흙 속이나 이끼, 낙엽 아래 등에서 살지요. 작은 곤충이지만 톡토기가 깨끗하게 청소하는 덕분에 흙은 물질 순환이 잘될 수 있어요.

톡토기는 극한 환경에서도 살아갈 수 있어 사막에서는 몸이 바싹 말라도 버티다가 비가 오면 원래의 모습으로 회복해요.

남극의 톡토기

얼지 않은 액체인 부동액은 0℃가 되어도 얼지 않아요. 그래서 체액에 부동액 성분 글리콜이 있는 톡토기는 남극에서도 얼어 죽지 않아요. 남극 톡토기의 수명은 1~2년 정도밖에 안 되지만 온대 기후에 사는 톡토기보다 오래 사는 거예요. 남극 톡토기가 오래 사는 이유는 에너지를 절약하고 신진대사를 느리게 할 수 있는 능력 때문이에요. 그리고 기온에 따라 글리콜의 양도 조절할 수 있다고 해요.

· 곤충 불가사의 ·
폭탄먼지벌레

💡 폭탄먼지벌레는 어떤 벌레일까?
폭탄먼지벌레의 몸에는 독한 화학 물질을 분비하는 분비샘이 있어요. 이 화학 물질을 몸속에 저장하고 있다가 적이 나타나면 과산화수소와 효소를 섞어서 항문을 통해 발사하는 거예요. 마치 폭탄을 쏘는 것과 비슷하다고 해서 폭탄먼지벌레라고 하지요.

폭탄먼지벌레는 어떻게 생겼을까?
폭탄먼지벌레는 몸길이가 15~20mm 정도예요. 몸은 검은색이고 머리와 가슴, 다리는 노란색이에요. 그리고 정수리에 검은색 무늬가 있지요. 우리나라를 비롯해 일본과 중국 등에서 살며 낮에는 돌이나 낙엽 아래 등에 숨어 있다가 밤에 나와서 벌레를 잡아먹어요.

폭탄먼지벌레의 폭탄은 얼마나 지독할까?
작다고 폭탄먼지벌레를 얕보면 큰일 나요. 폭탄먼지벌레가 내뿜는 폭탄이 곤충은 물론 쥐와 같은 작은 동물의 얼굴에 닿으면 치명적이에요. 심지어 사람의 피부에 닿으면 염증을 일으키고 눈에 들어가면 시력을 잃을 정도로 지독하다고 해요. 냄새는 고약하지만 해충들을 잡아먹는 이로운 벌레예요.

☞ **스컹크** 스컹크는 항문에 있는 분비선에서 액체를 내뿜어요. 그런데 이 액체는 냄새도 지독할 뿐만 아니라 닿으면 피부가 화끈거리고 눈까지 멀 수 있어요. 게다가 2m 이상 떨어진 곳에 있는 적도 맞힐 수 있다고 해요.

곤충 불가사의
체체파리

💡 체체파리는 어떤 곤충일까?
사하라 사막 이남 아프리카에 사는 체체파리는 '소를 죽이는 파리'라는 뜻이에요. 체체파리에 물리면 파리 주둥이에 있던 파동편모충이 사람 몸속으로 들어올 수 있어요. 이 긴 파동편모충은 몸속을 돌아다니며 심장이나 신장 등 장기에 침범해 병을 일으켜요.

체체파리가 일으키는 수면병
체체파리에 물리면 작은 궤양이 생기고 열과 심한 두통이 나요. 그리고 시간이 지날수록 기운이 없어지고 기면증과 수면증이 나타나요. 수면증이라고 해서 단순히 잠을 자는 게 아니라 아무리 깨워도 일어나지 않을 정도예요. 만약 제때에 치료하지 않으면 뇌수막염으로 목숨을 잃을 수도 있어요.

체체파리에게 물리지 않으려면?
줄무늬가 있는 옷을 입으면 체체파리를 피할 수 있다고 해요. 아프리카의 얼룩말들은 원래 수면병에 약한 동물이었대요. 그런데 줄무늬를 만들어서 체체파리에 물리지 않게 되었다는 주장이 있어요. 그리고 실험 결과 정말로 얼룩말의 줄무늬가 체체파리로부터 보호하는 역할을 한대요.

☞ **사하라 사막** 아프리카 북부 대부분을 차지하는 세계 최대의 사막이에요. 모래와 암석, 자갈로 덮여 있지만 한때는 다양한 동식물이 살았어요. 기온의 변화 때문에 사막이 되었으며, 해마다 약 15km씩 넓어지고 있어요.

동물·식물·인체 주간

오늘의 지식 하나
357

읽은날: 　월　　일

• 곤충 불가사의 •
자벌레

자벌레는 왜 자벌레일까?

벌레의 이름은 생김새나 행동을 본떠 붙여지는 경우가 많아요. 자벌레는 기어가는 모습 때문에 붙여진 이름이에요. 꼭 나뭇가지의 길이를 자로 재듯이 앞으로 나아가는 모습에서 자벌레라고 하지요. 자나방의 애벌레인 자벌레는 몸이 가늘고 길어요. 기어갈 때 마치 한 뼘 두 뼘 재듯이 꼬리를 가슴 가까이 붙였다 떼었다 해요.

자벌레는 어떤 벌레일까?

자벌레는 발이 가슴에 세 쌍 있고, 배에 다리가 한 쌍밖에 없기 때문에 몸을 접었다 폈다 하면서 움직여요. 움직임은 독특하지만 자벌레를 발견하기는 어려워요. 몸의 색깔이 갈색이나 초록색으로 주위 나뭇잎이나 나무 색깔과 비슷해서 구분하기 어렵거든요. 또 나무에 붙어 있는 모습도 하늘을 향해 사선으로 뻗은 모양이라 나뭇가지처럼 보이기 때문에 쉽게 발견할 수 없어요.

☞ **의태** 자벌레처럼 자신의 모습을 주변 환경과 비슷하게 만들어 숨는 것을 '의태'라고 해요. 주로 힘 없는 곤충이나 벌레들이 자신의 몸을 보호하며 자연에 적응해 살아가는 방법이에요.

읽은날: 　월　　일

오늘의 지식 하나
358

세계·문화 주간

• 세계의 불가사의 •

피라미드

💡 피라미드가 뭘까?
피라미드는 사각뿔 모양의 깨로 만든 과자를 일컫는 그리스어 '피라미스(Pyramis)'에서 따온 말이에요. 이집트의 피라미드 중 가장 유명한 쿠푸왕의 피라미드는 세계 7대 불가사의로 꼽혀요. 피라미드와 함께 유명한 스핑크스는 사람 머리에 사자 몸을 하고 있지요.

피라미드의 놀라운 비밀

피라미드 안 중심에는 돌로 만든 관이 있는데 목걸이 등의 보석을 휘감고 황금 가면을 쓴 쿠푸왕의 미라가 누워 있어요. 고대 이집트 사람들은 죽은 뒤에도 살아 있을 때와 똑같이 생활한다고 믿었어요. 그래서 시체를 썩지 않게 미라로 만들어 무덤에 안치하고 물건들을 넣어 주었어요.

피라미드 파워

신기하게도 피라미드 안에 있는 음식은 썩지 않는다고 해요. 이것을 '피라미드 파워'라고 하는데, 실험으로 피라미드 파워가 존재한다는 것은 밝혔지만 신비한 힘이 작용하는 이유는 여전히 미스터리로 남아 있어요.

세계·문화 주간

오늘의 지식 하나
359

읽은날: 월   일

• 세계의 불가사의 •
만리 장성

> 💡 **인류 역사상 가장 큰 토목 공사?**
> 만리 장성은 도구도 기계도 없던 시절에 오로지 사람의 힘으로 쌓았다는 데 의미가 있어요. 춘추 시대 제나라 때 국경에 성벽을 쌓은 것을 시작으로 전국 시대에 여러 나라가 쌓았고, 진나라 시황제가 중국을 통일한 후 흉노족의 침입을 막기 위해 본격적으로 쌓았지요.

길고 긴 공사 기간

기원전 215년에 시작된 공사가 언제 끝났는지 정확하게 알려지지 않았지만 만리 장성 건설에 약 30만 명이나 동원되었다고 해요. 사마천의 <사기>에서는 동쪽 랴오둥(요동)에서 서쪽 린타오(임조)까지 건설된 장성의 길이가 '만여 리'라고 하여 '만리 장성'이 되었다고 해요.

오늘날 우리가 볼 수 있는 만리 장성은 17세기에 완성된 거예요. 세계적인 관광지이자 유네스코 세계 문화유산이에요.

읽은날: 월 일

오늘의 지식 하나
360

세계·문화 주간

• 세계의 불가사의 •

스톤헨지

> 💡 **외계인이 세웠다고?**
>
> 영국 잉글랜드 남서부에 있는 거대한 돌 구조물이에요. '공중에 걸쳐 있는 돌'이라는 뜻에서 '스톤헨지'라는 이름이 붙여졌지요. 1907년, 옥스퍼드 대학교 알렉산더 톰 교수는 스톤헨지가 정확한 측량 단위로 만들어졌다는 것을 밝혔어요. 외계인이 세웠다는 이야기도 있지요.

누가, 왜 만들었을까?

스톤헨지는 크게 3단계의 구조로 이루어져 있어요. 맨 바깥에는 도랑을 파 만든 둑이 있고, 그 안쪽에는 돌 30개가 원을 이루고 있어요. 그리고 가운데에 삼석탑(三石塔)이 말발굽 모양으로 늘어서 있지요. 기원전에 1,000년 동안 3단계에 걸쳐 건축된 것으로 추측해요. 하지만 스톤헨지를 누가, 왜 만들었는지는 알 수 없고 별을 관찰하던 곳으로 예상해요.

스톤헨지 가운데에 세워진 돌은 50톤이나 되며 약 385km 떨어진 프레셀리산에서 옮겨 왔다고 해요. 바다와 험한 길을 거쳐 어떻게 옮겨 왔는지 미스터리예요. 게다가 당시에는 도구도 없었을 텐데 어떻게 커다란 돌을 깎아 높은 곳에 올려놓았는지 놀라울 따름이에요.

세계·문화 주간

오늘의 지식 하나
361

읽은날: 월 일

• 세계의 불가사의 •

나스카 평원 지상화

 누가 그렸을까?

남아메리카 페루 남부의 나스카에는 500km² 넓이의 땅에 하늘에서만 내려다볼 수 있는 놀라운 그림이 있어요. 거대한 크기와 기하학적인 모형 때문에 외계인이 그렸다고 주장하는 사람도 있지요. 이 그림은 기원전 500년~기원후 500년 사이에 그려졌다고 해요.

놀라운 크기와 모양의 그림들

경비행기나 헬리콥터를 타고 300m 이상 올라가 내려다봐야 볼 수 있는 이 그림은 동물, 식물, 우주 정거장 등 여러 가지 모양이에요. 큰 그림은 도저히 사람이 그렸다고는 할 수 없을 정도로 엄청 커요. 삼각형, 사각형, 지그재그 등 기하학적 도형이 많이 그려져 있으며 강의 흔적이 있거나 울퉁불퉁해도 그 위의 선들은 일정하고 곧게 그려져 있지요.

풀리지 않는 수수께끼

나스카 평원의 흙이나 자갈을 5cm 정도 파내면 하얀색 지표면이 나타나요. 땅을 약 30cm 깊이로 판 다음 돌을 옆에 둑처럼 쌓는 방법으로 그렸을 것으로 추측해요. 연간 강수량이 10mm 이하로 아주 건조한 지역이라 기원전 그림이 여전히 남아 있는 거예요.

읽은날: 월 일

오늘의 지식 하나
362

세계·문화 주간

• 세계의 불가사의 •

이스터섬 모아이

💡 왜 이스터섬일까?

이스터섬은 칠레에서 서쪽으로 약 3,700km 떨어진 곳에 있어요. 4세기경에는 폴리네시아인들이 1,000년 동안 바깥세상과 단절된 채 살았대요. 1722년, 네덜란드의 해군 로게벤이 발견하면서 세상에 알려졌지요. 부활절날 발견해서 이스터(Easter)섬이 되었대요.

거대한 석상, 모아이

이스터섬에는 화산석으로 만들어진 거대한 '모아이' 석상이 있어요. 커다란 머리와 몸통만으로 이루어졌는데, 키는 평균 4m이고 무게는 20톤 정도예요. 가장 큰 것은 10m나 되는데 절벽과 해안을 따라 무려 1,000여 개나 세워져 있어요.

모아이 석상은 400년~1680년 사이에 만들어졌을 것으로 봐요. 하지만 누가, 어떻게 만들었는지는 정확히 알 수 없어요. 아틀란티스의 후예나 잉카인들이 만들었다고도 하고, 외계인이 만들었다고도 주장해요. 만들다 만 석상도 수백 개나 있는데 갑자기 석상 만드는 일이 중단될 만큼 큰 사건이 일어난 게 아닐까 추측해요.

세계·문화 주간

오늘의 지식 하나
363

읽은날: 　월　　일

• 세계의 불가사의 •
피사의 탑

> 💡 **왜 사탑이라고 할까?**
> 중세 도시 국가였던 피사가 팔레르모 해전에서 사라센 함대를 이긴 것을 기념하기 위해 세운 탑이에요. 남쪽으로 기울어져 '사탑'이라고 불리는 이 신기한 탑을 보기 위해 두오모 광장을 찾는 관광객들이 많아요.

기울었지만 무너지지 않는 신기한 탑

피사의 탑은 피사 두오모 광장에 있는 산타마리아 아순타 대성당의 종탑이에요. 3층까지 지었을 때 땅 한쪽이 무너져 몇 번이나 공사를 중단했다가 1350년에 기울어진 채 완성되었어요. 1990년에는 수직에서 4.5m나 기울어져 800년 만에 처음으로 탑을 폐쇄하기도 했어요.

세계 문화유산

종이 있는 피사의 탑 8층 꼭대기까지 가려면 294개의 나선형 계단을 올라가야 하는데 한 사람만 움직일 수 있을 정도로 좁게 만들어져 있어요. 중세 시대 건축 예술의 걸작으로 1987년 세계 문화유산에 등재되었어요.

👉 **피사의 탑과 갈릴레이** 피사의 탑은 갈릴레이가 낙하 실험을 한 곳으로도 유명해요. 하지만 이는 갈릴레이의 제자가 지어낸 이야기이며 실제 실험을 한 사람은 네덜란드의 수학자이자 물리학자인 시몬 스테빈이라고 해요.

읽은날: 월   일

오늘의 지식 하나 364

세계·문화 주간

• 세계의 불가사의 •

그랜드캐니언

자연이 만든 신비한 미로 협곡

그랜드캐니언은 미국 애리조나주에 있는 거대한 협곡이에요. 길이 약 450km, 너비 6~30km, 깊이 1.5km로, 콜로라도강과 바람이 고원을 깎아 미로와 같은 협곡을 만들었어요. 지구의 지질학 역사를 보여 주는 암석층으로 1979년 유네스코 자연유산이 되었어요.

언제 만들어졌을까?

1869년, 존 웨슬리 파월 일행이 급류를 타고 그랜드캐니언의 전체 모습을 조사했어요. 학자들의 수많은 연구 끝에 그랜드캐니언의 밑바닥을 이루는 고대 지형은 20억 년 이전에 만들어진 것임을 확인했지요.

한편, 콜로라도 주립대와 캘리포니아 공대 연구진은 협곡 서쪽 끝 부분의 지질 표본을 분석한 결과 7,000만 년 전에 만들어졌다고 주장했어요.

여러 가지 주장과 의문점

강물이 오랜 세월에 걸쳐 지층을 만들면 굴곡이 생기는데 그랜드캐니언의 지층은 평평해요. 지층의 화석도 사막에서 살았던 파충류와 육지의 양치식물, 곤충의 날개, 동물의 발자국은 있지만 바다 생물은 없어요. 그래서 그랜드캐니언이 홍수나 화산 활동으로 만들어졌다고도 주장해요.

• 세계사 연표 •

세계사 주요 연표

인류 문명의 시작은 농사가 잘되는 강가에서 시작되었어요. 사람들이 모여 집단을 이루고 지배자와 피지배자가 생겨났지요. 더 많은 땅과 자원을 얻기 위한 항해가 시작되었고, 지배만 받던 시민들은 자유롭고 평등한 사회를 꿈꾸며 민주주의를 발전시켰지요. 두 번의 세계 대전을 거치면서 냉전 시대를 겪기도 했지만 지구촌은 평화를 위해 애쓰고 있어요.

고대 사회

기원전(B.C.)

6000년경	신석기 문화 등장
3000년경	이집트·메소포타미아 문명 시작
2333년	한반도 최초의 나라 고조선 건국
508년	그리스 아테네, 민주 정치 성립
500년경	인도, 불교 탄생
334년경	알렉산드로스 대왕, 동방 원정 시작
221년	진시황제, 중국 통일
27년	아우구스투스, 로마 초대 황제에 오름
4년	예수 그리스도 탄생

기원후(A.D.)

313년	로마, 크리스트교 공인(밀라노 칙령)
375년	게르만 민족, 대이동 시작
486년경	프랑크 왕국 건국

중세 사회

610년	이슬람교 창시
676년	신라, 삼국 통일
962년	신성 로마 제국 성립
1096년	십자군 원정 시작(~1270년)
1206년	칭기즈 칸, 몽골족을 통일하고 칸이 됨
1215년	영국, 대헌장(마그나 카르타) 제정
1299년	오스만 튀르크(오스만 제국) 건국
1392년	이성계, 조선 건국
1453년	비잔티움(동로마) 제국 멸망
1492년	콜럼버스, 아메리카 항로 개척

근대 사회

1517년	루터의 종교 개혁
1526년	인도, 무굴 제국 건설
1536년	칼뱅의 종교 개혁
1543년	코페르니쿠스, 지동설 발표
1642년	영국, 청교도 혁명
1688년	영국, 명예 혁명
1689년	영국, 권리 장전 제정
1701년	프로이센 왕국 건국
1776년	미국, 영국으로부터 독립 선언
1789년	프랑스 혁명
1804년	나폴레옹, 프랑스 황제에 오름
1840년	영국·청나라 아편 전쟁 일어남(~1842년)
1861년	미국, 남북 전쟁 시작(~1865년)
1863년	미국 링컨, 노예 해방 선언
1871년	비스마르크, 독일 통일
1896년	제1회 올림픽 대회 개최

현대 사회

1904년	러·일 전쟁 일어남(~1905년)
1914년	제1차 세계 대전 일어남(~1918년)
1917년	러시아, 3월 혁명
1919년	베르사유 조약 체결
1922년	소련(소비에트 사회주의 공화국 연방) 수립
1929년	세계 대공황
1939년	제2차 세계 대전 일어남(~1945년)
1941년	태평양 전쟁 일어남(~1945년)
1945년	포츠담 선언. 일본, 연합군에 항복
1948년	대한민국 정부 수립
1950년	한국 전쟁 일어남(~1953년 휴전 협정)
1969년	미국 아폴로 11호, 달 착륙
1975년	베트남 전쟁 끝남
1989년	베를린 장벽 무너짐. 톈안먼 사건
1990년	독일(동서독) 통일
1991년	걸프 전쟁. 소련 해체
2001년	미국, 9.11 테러 발생
2003년	이라크 전쟁
2004년	폴란드 등 10개국 유럽 연합(EU) 가입
2011년	일본 쓰나미 강타, 후쿠시마 원전 사고

사진 출처

004.Ochoa54, CC BY-SA 4.0 <https://creativecommons.org/licenses/by-sa/4.0>, via Wikimedia Commons
005.Ralf Peter Reimann, CC BY-SA 2.0 <https://creativecommons.org/licenses/by-sa/2.0>, via Wikimedia Commons
007.Public domain, via Wikimedia Commons
010.Public domain, via Wikimedia Commons
011.Giorgio Vasari / Public domain
012.cjh1452000 / CC BY-SA (https://creativecommons.org/licenses/by-sa/3.0)
018. ©By Robert Linsdell from St. Andrews, Canada(Green Gables Heritage Place, Cavendish(471127)) [CC BY 2.0(https://creativecommons.org/licenses/by/2.0)], via Wikimedia Commons
029.Leonardo da Vinci, Public domain, via Wikimedia Commons
030.Jörg Bittner Unna / CC BY (https://creativecommons.org/licenses/by/3.0)
035. Roland zh, CC BY-SA 3.0 <https://creativecommons.org/licenses/by-sa/3.0>, via Wikimedia Commons
037.Creator:Hippocrates, Public domain, via Wikimedia Commons
037.Public domain, via Wikimedia Commons
040.French Painting, Public domain, via Wikimedia Commons
041.Davidd'Angers, Public domain, via Wikimedia Commons
045.Stefan Zachow of the International Mathematical Union; retouched by King of Hearts, Public domain, via Wikimedia Commons
047.Raga30, CC BY-SA 4.0 <https://creativecommons.org/licenses/by-sa/4.0>, via Wikimedia Commons
048.RanZag, Public domain, via Wikimedia Commons
050.Jebulon, CC0, via Wikimedia Commons
051.After Godfrey Kneller, Public domain, via Wikimedia Commons
052.Harris & Ewing Collection, Public domain, via Wikimedia Commons
053.refractor, CC BY 2.0 <https://creativecommons.org/licenses/by/2.0>, via Wikimedia Commons
054.National Numismatic Collection,National Museum of American History, Public domain, via Wikimedia Commons
055.Thomas Edison National Historical Park, Public domain, via Wikimedia Commons
056.Sofia Gisberg, uploaded and retouched by Jebulon, Public domain, via Wikimedia Commons
058.Ziggurat at Ur, Hardnfast / CC BY (https://creativecommons.org/licenses/by/3.0)
059.Comrogues from San Francisco, California, CC BY 2.0 <https://creativecommons.org/licenses/by/2.0>, via Wikimedia Commons
060.Oracle bone script, derivative work: Dragonbones / CC BY-SA (https://creativecommons.org/licenses/by-sa/3.0)
062.Entropy1963, Public domain, via Wikimedia Commons
063.runt35, CC BY 3.0 <https://creativecommons.org/licenses/by/3.0>, via Wikimedia Commons
064.John Taylor, Public domain, via Wikimedia Commons
065.Sergei Prokudin-Gorskii, Public domain, via Wikimedia Commons
066.AndrewHorne, Public domain, via Wikimedia Commons
068.Napoleon Sarony, Public domain, via Wikimedia Commons
068.Elisa.rolle, CC BY-SA 4.0 <https://creativecommons.org/licenses/by-sa/4.0>, via Wikimedia Commons
069.Anselm Rapp, CC BY-SA 3.0 <https://creativecommons.org/licenses/by-sa/3.0>, via Wikimedia Commons
071. Pieter Brueghel the Elder, Public domain, via Wikimedia Commons
074.Unknown author, Public domain, via Wikimedia Commons
075.ZEISS Microscopy from Germany, CC BY-SA 2.0 <https://creativecommons.org/licenses/by-sa/2.0>, via Wikimedia Commons
093.Loco Steve from Bromley , UK, CC BY-SA 2.0 <https://creativecommons.org/licenses/by-sa/2.0>, via Wikimedia Commons
094.JIP, CC BY-SA 4.0 <https://creativecommons.org/licenses/by-sa/4.0>, via Wikimedia Commons

095.Jakub Hałun, CC BY-SA 4.0 <https://creativecommons.org/licenses/by-sa/4.0>, via Wikimedia Commons

096.U.S. Army, Public domain, via Wikimedia Commons

096.Lambtron, CC BY-SA 4.0 <https://creativecommons.org/licenses/by-sa/4.0>, via Wikimedia Commons

097.Brian Jeffery Beggerly, CC BY 2.0 <https://creativecommons.org/licenses/by/2.0>, via Wikimedia Commons

098.by bdnegin (Brian Negin), CC BY-SA 3.0 <https://creativecommons.org/licenses/by-sa/3.0>, via Wikimedia Commons

100.Unknown authorUnknown author, Public domain, via Wikimedia Commons

105.Nyx Ning, CC BY-SA 3.0 <https://creativecommons.org/licenses/by-sa/3.0>, via Wikimedia Commons

106.Berthold Werner, Public domain, via Wikimedia Commons

107.Formerly attributed to George Gower, Public domain, via Wikimedia Commons

109.David, Public domain, via Wikimedia Commons

110. Adam Jones from Kelowna, BC, Canada / CC BY-SA (https://creativecommons.org/licenses/by-sa/2.0)

111.United Nations Information Office, New York, Public domain, via Wikimedia Commons

112.Bernard Gagnon, CC BY-SA 4.0 <https://creativecommons.org/licenses/by-sa/4.0>, via Wikimedia Commons

113.Doovele, CC BY-SA 4.0 <https://creativecommons.org/licenses/by-sa/4.0>, via Wikimedia Commons

115.No machine-readable author provided. Berger-commonswiki assumed (based on copyright claims)., CC BY-SA 3.0 <http://creativecommons.org/licenses/by-sa/3.0/>, via Wikimedia Commons

116.Unknown author, Public domain, via Wikimedia Commons

118.이강철, CC BY-SA 4.0 <https://creativecommons.org/licenses/by-sa/4.0>, via Wikimedia Commons

119.Public domain, via Wikimedia Commons

135.machu picchu, icelight from Boston, MA, US / CC BY (https://creativecommons.org/licenses/by/2.0)

136.Grossbildjaeger, CC BY-SA 3.0 <https://creativecommons.org/licenses/by-sa/3.0>, via Wikimedia Commons

140.yeowatzup, CC BY 2.0 <https://creativecommons.org/licenses/by/2.0>, via Wikimedia Commons

151.George Chernilevsky, Public domain, via Wikimedia Commons

153.USGS, Public domain, via Wikimedia Commons

154.Boaworm, CC BY 3.0 <https://creativecommons.org/licenses/by/3.0>, via Wikimedia Commons

155.Time Life PicturesCornischong at lb.wikipedia, Public domain, via Wikimedia Commons

156.Henry Hering (1814-1893), Public domain, via Wikimedia Commons

157.Unknown author, CC0, via Wikimedia Commons

158.Roland Zumbuehl, CC BY-SA 4.0 <https://creativecommons.org/licenses/by-sa/4.0>, via Wikimedia Commons

161.Kingkongphoto & www.celebrity-photos.com from Laurel Maryland, USA, CC BY-SA 2.0 <https://creativecommons.org/licenses/by-sa/2.0>, via Wikimedia Commons

166.ⒸDaderot at the English language Wikipedia[GFDL(http://www.gnu.org/copyleft/fdl.html) or CC-BY-SA-3.0(http://creativecommons.org/licenses/by-sa/3.0/)], via Wikimedia Commons

170.Alan Wilson, CC BY-SA 3.0 <https://creativecommons.org/licenses/by-sa/3.0>, via Wikimedia Commons

171.Public domain

172.Bthv, CC BY-SA 3.0 <https://creativecommons.org/licenses/by-sa/3.0>, via Wikimedia Commons

173.U.S. Fish and Wildlife Service Headquarters, Public domain, via Wikimedia Commons

174.Davepape, Public domain, via Wikimedia Commons

175.Souravdas1998, CC BY-SA 4.0 <https://creativecommons.org/licenses/by-sa/4.0>, via Wikimedia Commons

177.Aya_sofya, Robert Raderschatt / CC BY-SA (http://creativecommons.org/licenses/by-sa/3.0/)

178.Neuwieser, CC BY-SA 2.0 <https://creativecommons.org/licenses/by-sa/2.0>, via Wikimedia Commons

179.W. Bulach, CC BY-SA 4.0 <https://creativecommons.org/licenses/by-sa/4.0>, via Wikimedia Commons

187.Romesh Chunder Dutt]R. C. Dutta, Public domain, via Wikimedia Commons

187. KaDeWeGirl, CC BY 2.0 <https://creativecommons.org/licenses/by/2.0>, via Wikimedia Commons
190. Unknown author, Public domain, via Wikimedia Commons
193. Unknown author, Public domain, via Wikimedia Commons
200. NASA/W. Liller, Public domain, via Wikimedia Commons
204. Sebastiano del Piombo / Public domain
205. Abraham Cresques, Atlas catalan, Public domain, via Wikimedia Commons
207. Andrewrabbott, CC BY-SA 3.0 <https://creativecommons.org/licenses/by-sa/3.0>, via Wikimedia Commons
208. Daniel Georg Nyblin, Public domain, via Wikimedia Commons
209. Frederick Havill, Public domain, via Wikimedia Commons
220. Ryan Zierke, CC BY-SA 3.0 <https://creativecommons.org/licenses/by-sa/3.0>, via Wikimedia Commons
221. Foto von Hydro bei Wikipedia, CC BY-SA 4.0 <https://creativecommons.org/licenses/by-sa/4.0>, via Wikimedia Commons
222. Miyuki Meinaka, CC BY-SA 4.0 <https://creativecommons.org/licenses/by-sa/4.0>, via Wikimedia Commons
223. Jacek Halicki, CC BY-SA 4.0 <https://creativecommons.org/licenses/by-sa/4.0>, via Wikimedia Commons
224. Jacek Halicki, CC BY-SA 4.0 <https://creativecommons.org/licenses/by-sa/4.0>, via Wikimedia Commons
224. DURMERSHEIM, CC BY 3.0 <https://creativecommons.org/licenses/by/3.0>, via Wikimedia Commons
233. chee.hong, CC BY 2.0 <https://creativecommons.org/licenses/by/2.0>, via Wikimedia Commons
235. MelissaGarcia15, CC BY-SA 4.0 <https://creativecommons.org/licenses/by-sa/4.0>, via Wikimedia Commons
236. EquatorialSky, Public domain, via Wikimedia Commons
237. Acabashi, CC BY-SA 4.0 <https://creativecommons.org/licenses/by-sa/4.0>, via Wikimedia Commons
251. We El, Public domain, via Wikimedia Commons
253. David, CC0, via Wikimedia Commons
256. Rijksmuseum, CC0, via Wikimedia Commons
257. Munch, Public domain, via Wikimedia Commons
261. Arnold Genthe, Public domain, via Wikimedia Commons
262. Unknown author, CC BY-SA 3.0 NL <https://creativecommons.org/licenses/by-sa/3.0/nl/deed.en>, via Wikimedia Commons
263. unattributed, Public domain, via Wikimedia Commons
264. Véronique PAGNIER, CC BY-SA 3.0 <https://creativecommons.org/licenses/by-sa/3.0>, via Wikimedia Commons
265. Unknown (Mondadori Publishers), Public domain, via Wikimedia Commons
266. UPI, Public domain, via Wikimedia Commons
267. Ferdinand Reus from Arnhem, Holland, CC BY-SA 2.0 <https://creativecommons.org/licenses/by-sa/2.0>, via Wikimedia Commons
268. Bernard Gagnon, CC BY-SA 3.0 <https://creativecommons.org/licenses/by-sa/3.0>, via Wikimedia Commons
269. Diego Tirira, CC BY-SA 2.0 <https://creativecommons.org/licenses/by-sa/2.0>, via Wikimedia Commons
270. algodong, CC BY 2.0 <https://creativecommons.org/licenses/by/2.0>, via Wikimedia Commons
271. No machine-readable author provided. Migas assumed (based on copyright claims)., CC BY-SA 3.0 <http://creativecommons.org/licenses/by-sa/3.0/>, via Wikimedia Commons
272. Jocelyndurrey, CC BY-SA 4.0 <https://creativecommons.org/licenses/by-sa/4.0>, via Wikimedia Commons
273. No machine-readable author provided. Hagen Graebner assumed (based on copyright claims)., CC BY 3.0 <https://creativecommons.org/licenses/by/3.0>, via Wikimedia Commons
275. The logo is from the BIFF Official Website website. www.biff.kr, Public domain, via Wikimedia Commons
277. Roger Kastel, Public domain, via Wikimedia Commons
278. Helene C. Stikkel, Public domain, via Wikimedia Commons
278. No machine-readable author provided. Oriez assumed (based on copyright claims)., Public domain, via Wikimedia Commons

297.Pudelek, CC BY-SA 4.0 <https://creativecommons.org/licenses/by-sa/4.0>, via Wikimedia Commons
298.WolfmanSF, CC BY-SA 3.0 <https://creativecommons.org/licenses/by-sa/3.0>, via Wikimedia Commons
299.EduWiki, CC BY-SA 4.0 <https://creativecommons.org/licenses/by-sa/4.0>, via Wikimedia Commons
300.Mostafameraji, CC BY-SA 4.0 <https://creativecommons.org/licenses/by-sa/4.0>, via Wikimedia Commons
301.amanderson2, CC BY 2.0 <https://creativecommons.org/licenses/by/2.0>, via Wikimedia Commons
303.Lewis, George P. (Photographer), Public domain, via Wikimedia Commons
304.Yakov Vladimirovich Steinberg, Public domain, via Wikimedia Commons
307.Brandenburg Gate, Suicasmo / CC BY-SA (https://creativecommons.org/licenses/by-sa/4.0)
317.Dao Hoang Duong, CC0, via Wikimedia Commons
320.류류, CC BY-SA 4.0 <https://creativecommons.org/licenses/by-sa/4.0>, via Wikimedia Commons
326.Silas Low, CC BY-SA 4.0 <https://creativecommons.org/licenses/by-sa/4.0>, via Wikimedia Commons
346.© Traumrune / Wikimedia Commons
348.Richard Simkin, Public domain, via Wikimedia Commons
350.Unknown authorUnknown author, Public domain, via Wikimedia Commons
352.PiccoloNamek, CC BY-SA 3.0 <http://creativecommons.org/licenses/by-sa/3.0/>, via Wikimedia Commons
364.Tuxyso / Wikimedia Commons
365.Brandenburg Gate, Suicasmo / CC BY-SA (https://creativecommons.org/licenses/by-sa/4.0)

엮은이 조영경

아이들이 바른 생각과 따뜻한 마음을 키우는 데 도움이 될 책을 쓰고, 일본어를 우리 말로 옮기는 일을 하고 있어요. 지금까지 지은 책에 <자기주도> <자기주도 토론·논술쓰기> <내 공부 습관이 어때서> <초등 1학년 독서록 잘 쓰는 방법 20> <얼렁뚱땅 과자나라> <대한민국 트렌드> <5대짱 되는 좋은 습관 65가지> <호기심 특급 해결 - 인문학 상식> 등이 있으며, 일본어를 우리 말로 옮긴 책에 <니 안짱> <하나하나와 민미 이야기> 시리즈와 <크레용 왕국> 시리즈 등이 있어요.

그린이 권석란

공주대학교 만화애니메이션과를 졸업하고 현재 만화, 일러스트를 그리고 있어요. 대표작으로는 <우주처럼 신비한 뇌의 세계 - 뇌 과학> <어린이를 위한 법 이야기> <가로 세로 교과서 낱말 퍼즐> <호기심 특급 해결 - 세계의 불가사의> <수수께끼·퀴즈 700> 등이 있어요.

그린이 박지연

서울과학기술대학교에서 시각디자인을 공부했어요. 유아 출판사에 다니다가 프리랜서로 독립해 일러스트레이터로 활동 중이에요.
그린 책으로는 <펜 일러스트> <깜찍한 일러스트 그리기> <한 권 가득 일러스트 그리기> <그녀의 빈티지 컬러링 북> <베스트 클래식 100> 등이 있어요.

지식 타워 365층

2021년 11월 30일 초판 1쇄 발행

엮 은 이	조영경
그 린 이	권석란·박지연
펴 낸 이	김병준
펴 낸 곳	(주)**지경사**
주 소	서울특별시 강남구 논현로 71길 12
전 화	02)557-6351(대표) 02)557-6352(팩스)
등 록	제10-98호(1978. 11. 12)

ⓒ(주)지경사, 2021 Printed in Korea.

편집 책임 한은선 | **디자인** 이수연
ISBN 978-89-319-3392-5 73030

*잘못 만들어진 책은 구입하신 곳에서 바꾸어 드립니다.